Interessenvertretung bei der Europäischen Kommission

AF819505

Studien zum Öffentlichen Recht, Völker- und Europarecht

Herausgegeben von Prof. Dr. Eckart Klein

Band 11

PETER LANG
Frankfurt am Main · Berlin · Bern · Bruxelles · New York · Oxford · Wien

Matthias Schlotmann

Interessenvertretung bei der Europäischen Kommission

Am Beispiel des Rechtsetzungsverfahrens im Bereich der Umweltpolitik

PETER LANG
Europäischer Verlag der Wissenschaften

Bibliografische Information Der Deutschen Bibliothek
Die Deutsche Bibliothek verzeichnet diese Publikation in der Deutschen Nationalbibliografie; detaillierte bibliografische Daten sind im Internet über <http://dnb.ddb.de> abrufbar.

Zugl.: Potsdam, Univ., Diss., 2005

517
ISSN 1437-2037
ISBN 3-631-55100-2

© Peter Lang GmbH
Europäischer Verlag der Wissenschaften
Frankfurt am Main 2006
Alle Rechte vorbehalten.

Das Werk einschließlich aller seiner Teile ist urheberrechtlich geschützt. Jede Verwertung außerhalb der engen Grenzen des Urheberrechtsgesetzes ist ohne Zustimmung des Verlages unzulässig und strafbar. Das gilt insbesondere für Vervielfältigungen, Übersetzungen, Mikroverfilmungen und die Einspeicherung und Verarbeitung in elektronischen Systemen.

www.peterlang.de

Vorwort

Die vorliegende Arbeit wurde von der Juristischen Fakultät der Universität Potsdam im Wintersemester 2005/2006 als Dissertation angenommen. Für die Veröffentlichung habe ich das Manuskript aktualisiert und an einigen Stellen überarbeitet. Aktuelle Entwicklungen des europäischen Gesetzgebers sowie Literatur und Rechtsprechung wurden bis Anfang Mai 2006 berücksichtigt.

Ich danke sehr herzlich Herrn Professor Dr. iur. Eckard Klein, Inhaber des Lehrstuhls für Völker- und Europarecht, für die Begleitung der Dissertation, die konstruktive Betreuung und die Aufnahme in die vorliegende Schriftenreihe. Danken möchte ich auch Herrn PD Dr. iur habil. Andreas Haratsch für die zügige Erstellung des Zweitgutachtens.

Mein Dank gebührt auch dem leider kürzlich verstorbenen ehemaligen Hauptgeschäftsführer des Bundesverbandes Baustoffe – Steine und Erden e.V., Berlin, Herrn Dr. Wolfgang Mack, für seine vielfältige Unterstützung bei der Entstehung dieser Arbeit. Desweiteren möchte ich mich bei meiner Familie herzlich bedanken, insbesondere bei meinem Vater Herrn Gerhard Schlotmann und Herrn Wolfgang Wetzke.

Inhalt

Abkürzungsverzeichnis

a.A.	andere Ansicht
ABl.	Amtsblatt
a.F.	alte Fassung
AdR	Ausschuss der Regionen
AöR	Archiv des öffentlichen Rechts
Art.	Artikel
BAT	Best Available Technique
BauGB	Baugesetzbuch
BaWü	Baden-Württemberg
BayVBl.	Bayrische Verwaltungsblätter
BBodSchG	Bundes-Bodenschutzgesetz
Bd.	Band
BDI	Bundesverband der Deutschen Industrie e.V.
BImSchG	Bundes-Immissionsschutzgesetz
BIP	Bruttoinlandsprodukt
BMU	Bundesministerium für Umwelt, Naturschutz und Reaktorsicherheit
BNatSchG	Bundesnaturschutzgesetz
BRatDrs.	Bundesratsdrucksache
BUND	Bund für Umwelt und Naturschutz Deutschland
BVerfG	Bundesverfassungsgericht
BVerGE	Bundesverfassungsgerichtsentscheidung
BVerwG	Bundesverwaltungsgericht
BVerwGE	Bundesverwaltungsgerichtsentscheidung
bzw.	beziehungsweise
CCMI	Beratenden Ausschuss für Industriellen Wandel
ChemG	Chemikalien Gesetz
d.h.	das heißt
DÖV	Die öffentliche Verwaltung (Zeitschrift)
DVBl.	Deutsches Verwaltungsblatt
EEA	Einheitliche Europäische Akte
EEB	European Environmental Bureau

EG	Europäische Gemeinschaft/ Vertrag zur Gründung der Europäischen Gemeinschaft in der Fassung nach dem 1. Mai 1999
EGB	Europäischer Gewerkschaftsbund
EGKS	Europäische Gemeinschaft für Kohle und Stahl
EGV	Vertrag über die Europäischen Gemeinschaften in der Fassung vor dem 1.Mai 1999
endg.	endgültig
Env.	Environmental
EP	Europäisches Parlament
EU	Europäische Union
EuG	Europäisches Gericht 1. Instanz
EuGH	Europäischer Gerichtshof
EuR	Europarecht (Zeitschrift)
EUV	Vertrag über die Europäische Union
EuZW	Europäische Zeitschrift für Wirtschaftsrecht
EWG	Europäische Wirtschaftsgemeinschaft
f.	folgende Seite
ff.	folgende Seiten
FAZ	Frankfurter Allgemeine Zeitung
FS	Festschrift
G	Gesetz
GenTG	Gentechnikgesetz
GD	Generaldirektion der EG-Kommission
GG	Grundgesetz
ggf.	gegebenenfalls
GGO	Gemeinsame Geschäftordnung der Bundesministerien
GO	Geschäftsordnung
GO-EP	Geschäftsordnung des Europäischen Parlaments
GO-Kom	Geschäftsordnung der EG-Kommission
GrT	Greening the Treaty
Hndb.	Handbuch
HRG	Hochschulrahmengesetz
Hrsg.	Herausgeber
HStR	Handbuch des Staatsrechts

IHK	Industrie- und Handelkammer
IVU	Integrierte Vermeidung und Verminderung der Umweltverschmutzung
JZ	Juristen Zeitung
Kom.	Kommission/ EG-Kommission
KOM	Kommissionsdokument
Krw./AbfG	Kreislaufwirtschafts- und Abfallgesetz
LBauO	Landesbauordnung
MEP	Mitglied des Europäischen Parlaments
m.w.A.	mit weiteren Angaben
m.w.N.	mit weiteren Nennungen
NaBU	Naturschutz Bund Deutschland
NEEIP	Non Energy Extractive Industry Panel
NGO	Non-Governmental-Organization
NJW	Neue Juristische Wochenschau (Zeitschrift)
NRO	Nichtregierungsorganisation/en
NUR	Zeitschrift Natur und Recht
NVwZ	Neue Zeitschrift für Verwaltungsrecht
Rl.	Richtlinie
Rdnr.	Randnummer
RNotZ	Rheinische Notar-Zeitschrift
R-P.	Rheinland-Pfalz
Rspr.	Rechtsprechung
S.	Seite
Schl-H.	Schleswig-Holstein
sog.	so genannte oder so genannten
T&E	European Federation for Transport and Environment
u.a.	unter anderem
UAP	Umweltaktionsprogramm
UN/ECE	United Nations Economic Commission for Europe
UNICE	Union des Industries des pays de la Communauté européenne
vgl.	vergleiche
VVDStRL	Veröffentlichungen der Vereinigung der Deutschen Staatsrechtslehrer
VO	Verordnung
Vorbem.	Vorbemerkung
WEP	West European Politics (Zeitschrift)

WSA	Wirtschafts- und Sozialausschuss
WWF	World Wildlife Fund
z.B.	zum Beispiel
ZG	Zeitschrift für Gesetzgebung
ZEuS	Zeitschrift für Europarechtliche Studien
ZRP	Zeitschrift für Rechtspolitik

Einleitung

Die Europäische Union (EU)[1] besteht seit dem 01. Mai 2004 aus 25 Mitgliedstaaten und ist mit einer Bevölkerung von ca. 454 Millionen und einem BIP von 9.613 Milliarden Euro[2] einer der größten Wirtschaftsräume der Welt. Die Umweltpolitik ist einer der Handlungsschwerpunkte der EU. Ein Großteil der Umweltpolitik in Europa wird längst nicht mehr in den Nationalstaaten verabschiedet, sondern auf EU-Ebene in Brüssel und Straßburg und hat massive Auswirkungen auf das Recht der Mitgliedstaaten. Ungefähr 80 Prozent aller Gesetze, die in den Parlamenten der Mitgliedstaaten behandelt werden, sind bereits durch die Rechtsetzung der EU im Grundsatz vorgegeben.[3]

An der heutigen Rechtsetzung in der EU sind die europäischen Institutionen Rat, Parlament, Kommission, Wirtschafts- und Sozialausschuss und Ausschuss der Regionen beteiligt. Die Willensbildung dieser gemeinschaftlichen Institutionen wird nicht nur durch organinterne Prozesse und Faktoren, sondern auch durch organexterne Gegebenheiten und Aktivitäten beeinflusst.[4] Eine besondere Rolle spielen in diesem Zusammenhang die Interessenvertreter von Verbänden, Kammern, Unternehmensberatungen und Rechtsanwaltskanzleien. Diese versuchen, die am Rechtsetzungsverfahren beteiligten Gemeinschaftsorgane im Sinne ihrer Interessen zu beeinflussen.[5]

Interessenvertretung beim Rechtsetzungsprozess findet mit Billigung aller am Gesetzgebungsverfahren beteiligten Akteure statt, insoweit ist sie Teil einer Kooperation zwischen Interessenvertretern und den Institutionen. Das Kooperationsprinzip gehört neben dem Vorsorgeprinzip und dem Verursacherprinzip zu den wichtigs-

---

[1] Die Begriffswahl zwischen EU und EG ist oftmals verwirrend (vgl. auch Buholzer, Legislatives Lobbying, S. 2 Fn. 1; Sobotta, Transparenz in der EU, S. 23 Fn. 5). Die EU bildet seit der Ratifikation der Maastrichter Verträge das sog. Dach über den drei Pfeilern der Europäischen Gemeinschaft (EG), der Gemeinsamen Außen- und Sicherheitspolitik (GASP) und der Zusammenarbeit im Bereich Justiz und Inneres. In dieser Arbeit wird entsprechend dem allgemeinen Sprachgebrauch von der EU gesprochen, ausgenommen Zitate, die sich auf die Zeit vor Gründung der EU beziehen.

Die Vorschriften des Primärrechts werden wie folgt zitiert: EG steht für die Fassung durch den Vertrag von Nizza und soweit deutlich gemacht auch für den Vertrag von Amsterdam. EGV bezeichnet Vorschriften in der Fassung des Vertrages von Maastricht.

[2] Stand 2002, Quelle: Europäisches Informationszentrum Niedersachsen, im Internet: www.eiz-niedersachsen.de .

[3] Lehmann in Working paper „Lobbying in the EU: Current rules and practices", S. 2; Marziali, Lobbying in Brussels, S. 4, die Schätzungen weichen bezüglich dieser Zahlen voneinander ab; Greenwood, Representing Interests in the EU, S. 101 schreibt, dass 60 % der die Industrie betreffenden Gesetze von der EU beeinflusst werden. Er bezieht sich dabei auf Zahlen aus dem Jahr 1995, die von M.G. Cowles erhoben wurden; Hajo Friedrich schreibt in der FAZ v. 29. Juni 2004, S. 19, unter der Überschrift „Die fünfte Gewalt der Europapolitik", dass weit mehr als die Hälfte aller Regelwerke für die Unternehmen und die Verwaltungen ihren Ursprung auf der EU-Ebene haben.

[4] So Epiney, Umweltrecht, S. 45.

[5] Epiney, Umweltrecht, S. 45.

ten Grundsätzen des Umweltrechts. Nach dem Kooperationsprinzip ist der Staat zwar verpflichtet die Umwelt zu schützen, der Umweltschutz ist aber keine alleinige Domäne des Staates, sondern Aufgabe von Staat und Allgemeinheit.[6] Es besteht insoweit eine „gemeinsame Umweltverantwortung von Staat, Wirtschaft und Gesellschaft“[7]. Die zunehmende Berücksichtigung freiwilliger Selbstverpflichtungen der Wirtschaft als Alternative zu hoheitlichen Regelsetzungen steht beispielhaft für einen allgemeinen Trend der Kooperation zwischen EG-Kommission und Wirtschaft.[8]
Interessenvertretung, auch als Lobbying bezeichnet, könnte als integraler Bestandteil der europäischen Entscheidungsprozesse anzusehen sein.[9] Hajo Friedrich von der FAZ hat Interessenvertretung sogar als „die fünfte Gewalt der Europapolitik“ bezeichnet.[10]
Da gerade auf der europäischen Ebene der normale Bürger und selbst Wirtschaftsunternehmen kaum mehr in der Lage sind, ihre spezifischen Interessen selber wahrzunehmen, greifen sie (auch aus Kostenerwägungen) auf Interessengruppen zurück und organisieren sich in diesen zu Interessengemeinschaften, um eigene Interessen durchzusetzen. Im Bereich der Umweltpolitik und des Umweltschutzes ist „staatliches Handeln in Abkopplung von in Verbänden organisierten Interessen undenkbar geworden.“[11]
Diese Interessen werden aber gerade im Bereich der Umweltpolitik oftmals als Konfrontation zwischen Industrie und Umweltschutzinteressen dargestellt. Der Industrie wird dabei vorgeworfen, sich durch ein undurchsichtiges System von Anhörungs-, Beratungs- und Beteiligungsmöglichkeiten einzubringen.[12] Teilweise wird sogar die Rückkehr des mittelalterlichen Ständestaates befürchtet.[13]

Die zunehmende Verlagerung der hoheitlichen Steuerungskompetenz auf die Europäische Union hat zur Folge, dass es unumgänglich ist, seine Interessen auch auf europäischer Ebene zu artikulieren. Seit Mitte der 80er Jahre haben immer mehr nationale Verbände, Großunternehmen und substaatliche öffentliche Akteure Büros zur Interessenvertretung in Brüssel eingerichtet.[14] Auch dies spiegelt die gestei-

---

[6] Wilrich, Verbandsbeteiligung im UmweltR., S. 49; Kloepfer, UmweltR, 3. Auflage, § 4 Rdnr. 56.

[7] BverfGE 98, 83 (98).

[8] Mitteilung der Kommission über Richtlinien zum Umgang mit freiwilligen Vereinbarungen im Umweltrecht, KOM(96) 561; Sobotta, Transparenz i.d. Rechtsetzungsverfahren der EU, S. 116.

[9] Diese Ansicht vertritt Buholzer, Legislatives Lobbying in der EU, S. 4.

[10] Hajo Friedrich in FAZ vom 29. Juni 2004, S. 19.

[11] Kunig, Jura 1996, 493 (493).

[12] Heyde, Podiumsdiskussion, in Heyde/ Schaber, Demokratisches Regieren in Europa, S. 106: Das Podium war sich einig, dass auf der Ebene der EU bis auf weiteres noch ein hohes Maß an Intransparenz herrscht. Dies hänge auch mit der hochgradigen Spezialisierung der Gesetzgebung und dem Einfluss von Expertenwissen zusammen. Der Bürger wisse nicht, inwieweit die deutsche Gesetzgebung EG-bestimmt sei.

[13] Hilp, Weißbuch "Europäisches Regieren" und Bürgerbeteiligung, ZG 2003, 119 (129).

[14] Buholzer, Legislatives Lobbying in der EU, S. 4.

gerte Bedeutung der EU wieder.[15] Der hohe Stellenwert der Interessenvertretung auf EU-Ebene wird auch an der Behauptung deutlich, dass derjenige, der bei der fortschreitenden Europäisierung nicht „mitmischt", Kompetenz, Markt und Macht verliert.[16]

Die vorliegende Arbeit behandelt die Interessenvertretung bei der Rechtsetzung im Bereich der europäischen Umweltpolitik. Nach einer Einführung zur Themenstellung im ersten Teil wird das EU-Rechtsetzungsverfahren und die darin erfolgende Interessenvertretung dargestellt (zweiter und dritter Teil). Es werden Möglichkeiten und Grenzen der Beteiligung von Interessenvertretern bei der Kommission aufgezeigt (vierter Teil). Hierzu wird die Handlung der Interessenvertretung rechtlich begutachtet und es werden existierende Ansätze zur Strukturierung des Dialoges zwischen Kommission und Interessenvertretern aufgezeigt (fünfter Teil). Schließlich werden Verbesserungsvorschläge für diesen Dialog ausgearbeitet und kritisch betrachtet (sechster Teil). Der tatsächliche Einfluss der Verbände wird anhand ausgewählter Beispiele aus der EU-Rohstoffwirtschaft an den Stellen der Arbeit dargestellt, wo dies zur Verdeutlichung der Interessenvertretung erforderlich ist. Der siebte Teil am Schluss der Ausarbeitung enthält eine zusammenfassende Betrachtung.

---

15 Diese Ansicht vertritt Greenwood, Representing Interests in the EU, S. 55.

16 Böhret, Die Rolle des Staates auf dem Weg in die transindustrielle Gesellschaft, S. 36, 37; vgl. zum Thema Wirtschaft verstärkt ihre EU-Lobbyarbeit auch die FAZ vom 09.03.2004 S. 19, „Wir wollen Brüssel Anstöße geben".

Erster Teil: Einführung

A. EU-Rechtsetzungsverfahren und EG-Kommission

Rechtsetzungsverfahren sind alle Verfahren, die auf den Erlass von Rechtsnormen gerichtet sind und nicht auf unverbindliche Akte abzielen.[17] Im Gemeinschaftsrecht ergehen Rechtsakte meist in der Form von Verordnungen oder Richtlinien. Einzelfallregelungen werden als Entscheidungen erlassen.

I. Funktion der EG-Kommission im Rechtsetzungsverfahren

Die Kommission der Europäischen Gemeinschaften[18] ist eine der zentralen Institutionen in der EG/ EU. In der Literatur[19] wird im Wesentlichen zwischen fünf Funktionen der Kommission unterschieden:

- Hüterin der Verträge
- „Initiatorin" der EG-Rechtsetzung
- Nimmt an den Ratsitzungen teil und vermittelt dort zwischen den Mitgliedstaaten.
- Exekutivorgan der Gemeinschaft
- Repräsentantin der Gemeinschaft gegenüber Drittstaaten und internationalen Organisationen.

Die EG-Kommission ist am Rechtsetzungsverfahren der EU beteiligt und besitzt das Initiativrecht bei Rechtsetzungsakten, auch Vorschlagsmonopol genannt (Art. 250 EG).[20] Ihr kommt eine maßgebliche Rolle bei der Festlegung der Themen als sog. Agenda-Setter zu.[21]
Die für den Bereich Umwelt zuständige Generaldirektion ist eine von 36 Generaldirektionen (GD) und Diensten[22], aus denen sich die Europäische Kommission zusammensetzt. Hauptaufgabe der GD Umwelt ist es, neue Rechtsvorschriften im

---

[17] Wilrich, Verbandsbeteiligung im UmweltR, S. 86; Sobotta, Transparenz i.d. Rechtsetzungsverfahren d. EU, S. 92.

[18] Nachstehend wird aus Gründen der Einheitlichkeit von der „EG-Kommission" oder nur der „Kommission" gesprochen.

[19] Vgl. Rometsch, Die Rolle und Funktionsweise der Europäischen Kommission in der Ära Delors, S. 19; Cini, The European Commission, S. 11-32; Mazey/ Richardson The Commission and the lobby, 169ff., in Edwards/ Spence, The European Commission.

[20] Vgl. auch unten S. 154; so auch Sobotta, Transparenz i.d. Rechtsetzungsverfahren d. EU, S. 94. Vgl. dort die Übersicht über die Terminologie: Gesprochen wird von einem Vorschlagsrecht, einem Vorschlagsmonopol oder einem Initiativrecht der Kommission. Ruffert in Calliess/Ruffert, Kommentar zu EUV-EGV, Art. 211 Rdnr. 12, bezeichnet sie als das zentrale Rechtsetzungsorgan im EU-Rechtsetzungsprozess.

[21] Vgl. Bouwen, Corporate Lobbying in the EU-Towards a theory of access, S. 25; Cini, The European Commission, S. 143-146.

[22] Stand Juni 2004. Möglicherweise erfolgt durch die EU-Erweiterung auf 25 Mitgliedstaaten mit 25 Kommissaren eine Neuorganisation der EG-Kommission.

Umweltbereich zu initiieren und auszuarbeiten sowie sicherzustellen, dass Maßnahmen, die vereinbart wurden, in den Mitgliedstaaten auch tatsächlich umgesetzt werden. Die GD Umwelt ist hauptsächlich in Brüssel angesiedelt. Sie beschäftigt ungefähr 550 Mitarbeiter.[23]

Eine besondere Rolle nimmt bei der Interessenvertretung von Wirtschaftsverbänden die Generaldirektion Unternehmen ein. Diese GD ist nach eigenen Angaben verantwortlich für „Maßnahmen zur Stärkung der Wettbewerbsfähigkeit europäischer Unternehmen." Sie möchte zu einem unternehmensfreundlichen Umfeld beitragen, indem sie u.a. „einen vereinfachten Marktzugang und die Förderung von unternehmerischer Initiative und Innovation unterstützt." Sie setzt sich für eine Politik ein, die günstige Rahmenbedingungen für die Wirtschaft sicherstellt und gleichzeitig die besonderen Bedürfnisse einzelner Industriezweige stärker berücksichtigt. Sie glaubt, „dass der durch geeignete politische Maßnahmen unterschiedlicher Art unterstützte Ausbau der Wettbewerbsfähigkeit unserer Unternehmen entscheidend für ein nachhaltiges Wachstum in Europa ist und außerdem das Potenzial in sich birgt, den steigenden sozialen und ökologischen Anforderungen gerecht zu werden."[24]

II. Beschränkung der Untersuchung auf die EG-Kommission

Die Untersuchung der Interessenvertretung auf EU-Ebene soll auf die EG-Kommission beschränkt bleiben, da diese für die Interessenvertretung die größte Rolle spielt: Interessengruppen haben oft mehrere Ansprechpartner bei den jeweiligen europäischen Institutionen, um ein Thema zu bearbeiten. Im Vordergrund steht aber eindeutig die Kommission. Durch sie können Interessengruppen versuchen, ein Thema auf die europäische Agenda zu setzen. Zudem ist zur Sicherstellung eines erfolgreichen Einflusses bei der Entstehung von Rechtsakten eine Interessenvertretung im möglichst frühen Zeitpunkt der Ausarbeitung des Rechtsaktes am wirkungsvollsten.[25]

Die Interessenvertretung bei EP und Rat ist ebenfalls ein wichtiger Baustein einer umfassenden Interessenvertretung, tritt hinter der Möglichkeit der frühzeitigen Beeinflussung der Kommission aber zurück.[26] Das EP berät allein den Kommissionsvorschlag und muss Änderungsanträge auf diesen beziehen. Es kann keinen anderen Text zur Grundlage seiner Beratungen machen. Zudem ist der Bedarf an exter-

---

[23] Homepage der GD Umwelt: www.europa.eu.int/comm/dgs/environment/index_de.htm (abgerufen am 30.04.2006).

[24] Vgl. www.europa.eu.int/comm/dgs/enterprise/index_de.htm (abgerufen am 30.04.2006).

[25] Vgl. Buholzer, Legislatives Lobbying in der EU, S. 167; Lehmann in Working paper „Lobbying in the EU: Current rules and practices", S. 50; Cini, The European Commission, S. 146, 147.

[26] Buholzer, Legislatives Lobbying in der EU, S. 172, geht noch einen Schritt weiter und stuft EP, WSA und AdR lediglich als Informationsquellen für Interessenvertreter ein. Hinsichtlich der Bedeutung des EP kann dieser Wertung zumindest seit dem Inkrafttreten der Verträge von Amsterdam und Nizza mit der Folge der Ausweitung des Mitentscheidungsverfahrens nicht mehr zugestimmt werden.

nem Fachwissen in diesen Institutionen nicht derart ausgeprägt wie bei der Kommission:[27] Das EP muss keine Maßnahmenvorschläge ausarbeiten, es bekommt die Entwürfe ausgearbeitet „fertig auf den Tisch gelegt". Es kann Fachwissen aus dem internen „Research Department" beziehen (Directorate IV for Studies).[28] Es wird die Ansicht vertreten, dass die Mitglieder des EP weniger Antrieb hätten mit Interessenvertretern zusammenzuarbeiten, da sie direkt gewählt seien und ihnen ein Legitimations- und Demokratiedefizit, im Gegensatz zur Kommission, kaum vorgeworfen werde.[29]
Eine Beschränkung der Untersuchung auf die Kommission bietet sich auch aus dem Grund an, dass Lösungsvorschläge zur Verbesserung des Umgangs mit Interessenvertretern nicht für alle Institutionen gleich sein können, da die Institutionen hierfür zu unterschiedlich sind.[30] Überdies ist die Interessenvertretung im EP sehr vielfältig. Jedes Mitglied des Europäischen Parlaments ist kraft seines Amtes unabhängig und inoffizielle Kontakte zu Interessenvertretern lassen sich noch schwerer institutionalisieren als bei der Kommission.

Auch der Wirtschafts- und Sozialausschuss (WSA) und der Ausschuss der Regionen (AdR) müssen im Laufe des Gesetzgebungsverfahrens, je nach Verfahrensart, angehört werden, spielen aber bei der Interessenvertretung eine untergeordnete Rolle, da bei Erscheinen des offiziellen Kommissionsvorschlages schon im Vorfeld viele informelle Absprachen stattgefunden haben. Insoweit kann eine Beeinflussung von AdR und WSA nichts Grundsätzliches mehr ändern.[31] [32]

Der Rat nimmt für die Interessenvertretung ebenfalls eine wichtige Rolle ein, gleichwohl steht er nicht derart im Fokus der Interessenvertretung wie die Kommission, obwohl er die Rechtsakte im Mitentscheidungsverfahren zusammen mit dem EP verabschiedet. Die jeweiligen Ratsmitglieder müssen sich zur Beurteilung

---

[27] So auch Bouwen, Corporate Lobbying in the EU-Towards a theory of access, S. 29.

[28] Bouwen, Corporate Lobbying in the EU-Towards a theory of access, S. 28.

[29] Vgl. Bouwen, Corporate Lobbying in the EU-Towards a theory of access, S. 30; vgl. auch Fischer, Demokratiedefizit, S. 173, 174.

[30] Vgl. hierzu den Sonderbericht des europäischen Bürgerbeauftragten an das EP im Anschluss an die Initiativuntersuchung betreffend das Vorhandensein und die öffentliche Zugänglichkeit eines Kodex für gute Verwaltungspraxis in den verschiedenen Gemeinschaftsinstitutionen und -organen (OI/1/98/OV), S. 11 f., im Internet abrufbar unter: http://www.euro-ombudsman.eu.int/special/pdf/de/oi980001.pdf – abgerufen am 30.04.2006, S. 2.

[31] Vgl. Lehmann in Working paper „Lobbying in the EU: Current rules and practices", S. 41.

[32] Die Kommission hat sich in ihrer Mitteilung „„Hin zu einer verstärkten Kultur der Konsultation und des Dialogs - Allgemeine Grundsätze und Mindeststandards für die Konsultation betroffener Parteien durch die Kommission" für eine pro-aktivere Rolle der institutionalisierten Beratungsgremien eingesetzt. Dieser Mitteilung zufolge spielen der Wirtschafts- und Sozialausschuss (WSA) und der Ausschuss der Regionen (AdR) gemäß den Verträgen eine Schlüsselrolle beim Konsultationsprozess. Als institutionalisierte Beratungsgremien der EU verdeutlichen sie eine tief verwurzelte Tradition des Konsultierens. Die Kommission möchte ihre Erfahrung nutzen und sie ermutigen, eine proaktivere Rolle zu übernehmen.

der Auswirkungen eines Maßnahmenvorschlages auf ihren Mitgliedstaat ein genaues Bild der nationalen Lage machen. Des Weiteren erfordert die Umsetzung der Maßnahmen in nationales Recht eine detaillierte Kenntnis der nationalen Rechtslage, welche meistens durch die nationale Administration geliefert wird. Eine Informationsbeschaffung durch die Institution Rat selbst ist oft nur begrenzt möglich. Der Rat verfügt nur über eine kleine Verwaltung, das Generalsekretariat. Es ist politisch neutral, assistiert der Präsidentschaft und ist das organisatorische Rückgrat der Ratstreffen.[33] Dies erklärt das Interesse der Ratsmitglieder an Informationen, die auch durch die Kommission geliefert werden können.[34] Zudem wird die Ansicht vertreten, dass über die Mitgliedstaaten, also über die nationalen Verbände, der größte Einfluss auf Ratsentscheidungen ausgeübt werde und nicht über die europäischen Verbände in Brüssel. Bouwen schreibt hierzu, dass bei den Ministerräten die nationalen Verbände über den größten Einfluss verfügen, gefolgt von den europäischen Verbänden und dann erst den Untenehmen.[35] Für viele Unternehmen und Verbände ist der Weg der EU-Interessenvertretung über die Mitgliedstaaten auch der aus wirtschaftlichen Gründen einzig Mögliche, da Interessenvertretung vor Ort in Brüssel oder Straßburg sehr aufwendig und teuer ist. In den Mitgliedstaaten kann zudem auf bestehende Netzwerke und Kontakte zurückgegriffen werden.[36]

B. Interessenvertretung/ Lobbying

I. Hintergrund der Untersuchung

Gegenstand der Ausarbeitung ist die Interessenvertretung beim Rechtsetzungsverfahren in der EU.[37] Zur Geschichte der Interessenvertretung ist anzumerken, dass, seit es Politik gibt, Interessenvertreter immer wieder versucht haben, diese in ihrem Sinne zu beeinflussen. Während sich Bezeichnungen, Methoden und Techniken im Laufe der Zeit geändert haben, blieb der Zweck immer der Gleiche. Bereits 1513 legt Niccolò Machiavelli in seinem Werk „Il Principe" dar, wie Menschen und Gruppen an Politiker herantreten und um Fürsprache für ihre Interessen bitten und auch, wie Politiker, dies ge- und missbrauchen. [38] In der deutschen und europäischen Literatur sind zahlreiche Studien zur Interessenvertretung zu finden. Sie

---

[33] Vgl. Bouwen, Corporate Lobbying in the EU-Towards a theory of access, S. 31.

[34] Krämer, Arbeit und Konzeption der EG-Kommission, in Calliess/ Wegener, EU-UmweltR als Chance, S. 40.

[35] Vgl. Bouwen, Corporate Lobbying in the EU-Towards a theory of access, S. 25.; ähnlich auch Greenwood, Representing Interests in the EU, S. 31, 32.

[36] So auch Greenwood, Representing Interests in the EU, S. 32, 33; zu den unterschiedlichen "Traditionen" der Interessenvertretung in den EU-Mitgliedstaaten sei auf die Ausarbeitung von Lehmann in Working paper Lobbying in the EU: Current rules and practices, S. 41-43 verwiesen.

[37] Vgl. zu den Arten der Interessenvertretung: Buholzer, Legislatives Lobbying in der EU, S. 8.

[38] Ausführlich auf die Geschichte der Interessenvertretung geht Buholzer, Legislatives Lobbying in der EU, S. 5-9 ein, sowie Kaiser in Isensee/ Kirchhof, HStR., Band II, § 34 Rdnr. 13ff.

können in zwei Arten eingeteilt werden: relativ wenige Studien, die einen theoretischen akademischen Ansatz wählen und eine große Anzahl an praktischen Studien, wie Lobbying funktioniert (sog. „How to Studien"). Während in Deutschland insbesondere während der Verbändediskussion in den 70er Jahren zahlreiche Studien und Ausarbeitungen über Verbände anzutreffen sind[39], ist die Literatur über die Rolle organisierter Interessenvertreter in der EU keinesfalls reichhaltig.[40]

Dem steht gegenüber, dass durch die stetig zunehmende Bedeutung der EU auch die Interessenvertretung in Brüssel verstärkt wurde. Sie erfolgt horizontal durch Verbände wie UNICE (Industriedachverband, Arbeitgeberseite) und EGB (Dachverband der Gewerkschaften, Arbeitnehmerseite) und auch durch verschiedene sektorale Verbände und Organisationen.[41] Das Tätigwerden von „Lobbyisten" ist, zumindest in Deutschland, immer noch mit dem Beigeschmack der Mauschelei und Kungelei versehen. Dies ist sehr erstaunlich, wenn man sich bewusst macht, dass Interessenvertretung in Deutschland bereits im 19. Jahrhundert nachgewiesen werden kann.[42] Diese ablehnende Grundhaltung gegenüber Lobbyisten wird auf europäischer Ebene nicht geteilt. Lobbyisten werden, insbesondere von der Kommission, als ein Mittel zur Meinungsbildung angesehen.[43]

Schwerpunkt dieser Dissertation ist die rechtliche Würdigung der Struktur des politischen Entscheidungsprozesses. Mittel und Wege der Einflussnahme hängen von ihr ab. Der formale (de jure) Aufbau und die reale (de facto) Machtverteilung zwischen den öffentlichen Institutionen legen die Ansatzpunkte des Einflusses von Interessengruppen fest.[44]
Es wird untersucht, wie die Interessenvertretung mit der Rechtsetzung verbunden ist. Die Arbeit wird sich auch damit beschäftigen, wie „Regieren" in Europa erfolgt. Bereits 1958 analysierte Ernst Haas treffend, dass die Aktivitäten von Interessengruppen die Entwicklung und das Funktionieren der (damaligen) EWG erklären

---

[39] Vgl. Steinberg, Interessenverbände; Schröder, Gesetzgebung und Verbände; Brennecke, Normsetzung durch private Verbände, S. 34, 35 schreibt das die Versuche den Verbandseinfluss von staatlicher Seite zu regulieren in den siebziger Jahren mit der Diskussion um ein sog. Verbändegesetz ihren Höhepunkt hatten. Alle damaligen Vorschläge konnten sich nicht durchsetzen. Denn im Laufe dieser Diskussion wurde nicht nur das Problem des ungeregelten Einflusses der Verbände deutlich, sondern auch die Leistungen und Funktionen, die Verbände erbringen. Dies vor dem Hintergrund eines zunehmenden Bedarfs der „Staatsentlastung durch Verbände"; Vgl. auch aktuell Horn in Isensee/ Kirchhof, HStR, 3. Auflage, Bd. III, § 41.

[40] Vgl. Lehmann in Working paper Lobbying in the EU: Current rules and practices, S. 2; Buholzer, Legislatives Lobbying in der EU, S. 21-25; Bouwen, Corporate Lobbying in the EU-Towards a theory of access, S. 3,4.

[41] Vgl. auch Marziali, Lobbying in Brussels, S. 7ff.

[42] Schröder, Gesetzgebung und Verbände, S. 13, m.w.A.

[43] Lehmann in Working paper „Lobbying in the EU: Current rules and practices", S. 1, 2. Nach Lehmann werden "Lobbyisten" auch in Italien skeptisch betrachtet.

[44] Vgl. Buholzer, Legislatives Lobbying in der EU, S. 27; Marziali, Lobbying in Brussels, S. 16.

könnten.[45] Interessengruppen, so Haas, könnten eine Vermittlerrolle zwischen den Institutionen der damaligen EWG, den Mitgliedstaaten und der Bevölkerung einnehmen. Haas vertrat die Ansicht, dass dadurch das Demokratiedefizit gemindert werden könnte.
Auch die Beteiligungsrechte von Interessenvertretern im Gesetzgebungsverfahren sollen Gegenstand der Untersuchung sein. Es stellt sich in diesem Zusammenhang insbesondere die Frage, inwieweit eine Institutionalisierung der Interessenvertretung, z.B. durch ein formelles Konsultationsverfahren, rechtlich und tatsächlich anzustreben ist.
Oft wird argumentiert, dass ein Ungleichgewicht zwischen der mächtigen Industrielobby und den Nichtregierungsorganisationen (NRO) bzw. Bürgerinitiativen bestehe. Die Arbeit wird diesen Vorwurf anhand konkreter Beispiele untersuchen.

Die Arbeit wird Beispiele aus dem Sektor der EU-Rohstoffwirtschaft verwenden, da der Autor einen guten Einblick in diesen Sektor besitzt. Die Interessenvertretung in diesem Bereich ist gekennzeichnet durch Einflussnahme von Wirtschaftsverbänden und Umweltschutzorganisationen. Kammern und Gewerkschaften treten dahinter zurück und werden daher in dieser Ausarbeitung auch nur am Rande behandelt. Nicht Gegenstand der Ausarbeitung ist der gesamte Komplex der Tätigkeit von Verbänden auf arbeitsrechtlichem Gebiet. Die Untersuchung erstreckt sich in Übereinstimmung mit einer von der EG-Kommission gewählten Abgrenzung nur auf Vertretungsorganisationen im wirtschaftlichen Bereich, die nicht Sozialpartner im engeren Sinn sind.[46]
Die Arbeit verzichtet auf eine zusammenfassende Bestandsaufnahme der tatsächlichen Einflussnahme von Interessengruppen auf die EU-Rechtsetzung. Eine umfangreiche empirische Untersuchung zur Ermittlung des Einflusses von Verbänden in der EU wird nicht vorgenommen.[47] Nicht Gegenstand der Untersuchung ist auch die Beurteilung des Erfolges von Interessenvertretung. Der Erfolg einer Interessenvertretung ist schwer messbar, da man nie wird feststellen können, wie der Inhalt eines Rechtsaktes ohne Mitwirkung einer Interessenvertretung ausgesehen hätte.[48]

---

[45] Haas, The Uniting of Europe: Political, Economic and Social Forces, 1950-1957 (Stanford University Press 1958) zitiert aus Greenwood, Representing Interests in the EU, S. 1.

[46] Vgl. Die Definition der Europäischen Kommission in ihrer Mitteilung „„„Hin zu einer verstärkten Kultur der Konsultation und des Dialogs - Allgemeine Grundsätze und Mindeststandards für die Konsultation betroffener Parteien durch die Kommission“, KOM(2002) 704 endg.

[47] Vgl. zum Verbandseinfluss Reutter, Organisierte Interessen in Deutschland; zudem würden Befragungen bei der Kommission und bei Verbänden auch nur einen subjektiven Einblick in die stattfindende Interessenvertretung geben und sind daher nur eingeschränkt brauchbar. Diesen Ansatz wählt auch Schröder, Gesetzgebung und Verbände, S. 16.

[48] Diese Ansicht vertritt auch Lehmann in Working paper „Lobbying in the EU: Current rules and practices“, S. 1, 2; zur Taktik erfolgreicher Interessenvertretung vgl. Marziali, Lobbying in Brussels, S. 25ff.

II. Terminologie

Die Definition der „Interessengruppe" oder des „Lobbyisten" ist bis heute in der Literatur umstritten.[49] Schröder hat 1970 ausgeführt, dass es fast schon obligatorisch sei, in einer Arbeit, die sich mit Verbänden befasst, auch eine Definition und Typologie der Verbände voranzustellen, um dann in der Untersuchung davon Abstand zu nehmen.[50]

In der vorliegenden Untersuchung soll in Grundzügen auf die Definitionsproblematik eingegangen werden, da eine rechtliche Untersuchung der Interessenvertretung nur sachgerecht sein kann, wenn Interessenvertretung eingegrenzt und genau definiert wird. Der Galle-Bericht (vgl. unten S. 125) des Europäischen Parlaments definierte Interessenvertreter wie folgt: „Als Interessenvertreter gilt jede Person, die im Auftrag eines Dritten handelt und die Interessen dieses Dritten gegenüber dem Europäischen Parlament und sonstigen Gemeinschaftsinstitutionen vertritt oder regelmäßig Informationen verschafft oder zu diesem Zweck regelmäßig Kontakte zu den Mitgliedern des Europäischen Parlaments und den Bediensteten der Institutionen knüpft bzw. unterhält."[51] In Deutschland wird Interessenvertretung mit dem „Verbändewesen" gleichgesetzt. Als Fachausdruck ist der Terminus „Verbände" heute in der Staats- und Verfassungslehre, in der Politik- und in der Wirtschaftswissenschaft fest etabliert. Interessengruppen organisieren sich in Verbänden bzw. Interessenvertretungen.[52]

Im englischen Sprachraum konnte sich bislang kein einheitlicher Terminus für „Verbände" durchsetzen. Hier wird neben dem „lobbyist" auch von „pressure groups", „interest groups", „public affairs", „goverrnment relations" oder auch „special interest group" gesprochen.[53]

Im deutschen Staatsrecht findet sich eine umfangreiche Terminologie zur Interessenvertretung. Interessengruppen werden als nichtstaatliche Vereinigungen bezeichnet, die wirtschaftliche, soziale, kulturelle, egoistische oder altruistische Interessen ihrer Mitglieder wahrnehmen.[54] Sie sind auf Dauer angelegt, sind fähig einen gemeinschaftlichen Willen zu bilden, verfügen in der Regel über eine innere Ordnung in Gestalt einer Satzung. Die Abgrenzung zu sich spontan bildenden Gruppen ist fließend.[55] Interessengruppen wenden sich auch an die öffentliche Meinung und versuchen, vor allem Träger der öffentlichen Gewalt zu beeinflussen. Dabei stehen jeweils die Instanzen im Vordergrund, die für die Gruppe relevante Entscheidungen zu treffen haben: Parlament, Regierung und Verwaltung. Interessen-

---

[49] Vgl. zur Diskussion Buholzer, Legislatives Lobbying in der EU, S. 10; Greenwood, Representing Interests in the EU, S. 1, 2; Geiger, Lobbying – Anwaltliches Beratungsfeld der Zukunft?, NJW 2003, 2878 (2979); Steinberg, Parlament und organisierte Interessen in Schneider/ Zeh (Hrsg.) Parlamentspraxis, S. 217ff.

[50] Schröder, Gesetzgebung und Verbände, S. 16.

[51] PE 200.405/endg. (1992/4).

[52] Kaiser in Isensee/ Kirchhof, HStR., Band II, § 34 Rdnr. 6.

[53] Lehmann in Working paper „Lobbying in the EU: Current rules and practices", S. 2.

[54] Kaiser in Isensee/ Kirchhof, HStR., Band II, § 34 Rdnr. 2.

[55] Kaiser in Isensee/ Kirchhof, HStR., Band II, § 34 Rdnr. 4.

gruppen, die deutschen wie die europäischen, sind intern sehr unterschiedlich strukturiert[56], und es werden sehr unterschiedliche Interessen zur Geltung gebracht. Gemeinsam ist allen Interessengruppen, dass sie in dem intermediären Raum zwischen Individuum und öffentlicher Gewalt tätig sind. Unter Interessengruppierungen fallen auch organisierte Bürgerinitiativen[57] und Selbsthilfegruppen. Sie sind Ausdruck einer Dezentralisierung des sozialen Gefüges, die Freiräume schützt und einer Entfremdung entgegenwirkt. [58]
Öffentlich-rechtliche Anstalten und Körperschaften, wie z.B. Berufskammern, Gemeinden und Gemeindeverbände, zählen nicht zu den „Verbänden" und Interessenvertretungen im politologischen und staatsrechtlichen Sinn.[59] Von den Interessenvertretungen zu unterscheiden sind auch politische Parteien, die politische Interessen wahrnehmen. Anders als Interessengruppen sind sie auf die unmittelbare politische Willensbildung im Parlament und auf die Übernahme von Regierungsverantwortung ausgerichtet und müssen sich in allgemeinen Wahlen dem Urteil des Wählers stellen.[60] Kirchen werden nicht zu den Verbänden gezählt.[61]
In der vorliegenden Untersuchung werden „Verbände" auch als Interessenvertretungen oder als Interessengruppen bezeichnet, da dies eher der europäisch englischen Terminologie der „Interest Groups" entspricht.

C. Umweltrecht

Gegenstand des „Umweltrechts" in der EU ist die „Umwelt", genauer deren Schutz.[62] Der Begriff der Umwelt umfasst die unberührte Natur genauso wie die vom Menschen geschaffene künstliche Umgebung.[63]
Die europäische Zusammenarbeit war in den 50er und 60er Jahren als reine Wirtschaftsgemeinschaft geplant, deren Hauptaufgabe es war, Wettbewerbsstörungen zu vermeiden und Handelsnachteile zu beseitigen. Seit den 70er Jahren forciert die EU immer stärker ihre Bestrebungen in der Umweltpolitik. Grund hierfür ist, dass Umweltschutz zur Lösung der Umweltprobleme von seiner Natur her eine europäische, transnationale Perspektive und Behandlung begünstigt.[64] Umweltverschmutzung hat eine grenzüberschreitende Dimension. Gerade im Umweltschutz kann ein Handeln der EG positive Aspekte in Form eines „europäischen Mehrwerts" mit

---

[56] Vgl. Kaiser in Isensee/ Kirchhof, HStR., Band II, § 34 Rdnr. 2.

[57] Zur Bürgerinitiative vgl. Schuppert, AöR 1977, S. 369ff.

[58] Kaiser in Isensee/ Kirchhof, HStR., Band II, § 34 Rdnr. 3.

[59] Kaiser in Isensee/ Kirchhof, HStR., Band II, § 34 Rdnr. 5.

[60] Kaiser in Isensee/ Kirchhof, HStR., Band II, § 34 Rdnr. 3.

[61] Kaiser in Isensee/ Kirchhof, HStR., Band II, § 34 Rdnr. 8.

[62] Epiney, Umweltrecht, S. 3.

[63] So auch Epiney, Umweltrecht, S. 3. Der Begriff der „Umwelt" ist streitig. Der Streit soll hier nicht näher vertieft werden.

[64] Lehmann in Working paper „Lobbying in the EU: Current rules and practices", S. 7; zur Entwicklung der Umweltpolitik vgl. auch Peterson/ Bomberg, Decision-Making, S. 173177.

sich bringen.[65] Umweltpolitische Vorschriften wurden nach und nach immer mehr in den EG-Vertrag eingefügt und sind dort in einem eigenen Titel in den Artikeln 174-176 EG geregelt.[66] Daneben ist der Umweltschutz ausdrücklich in den Artikeln 2, 3 und der Querschnittsklausel des Art. 6 EG integriert.
Die EG wird teilweise bereits als „Umweltgemeinschaft" bezeichnet oder es wird geäußert, dass sie sich zu einer solchen entwickeln wird.[67] Diese Aussage wird durch die Tatsache bekräftigt, dass die Umweltgesetzgebung derzeit rund 500 Richtlinien und Verordnungen umfasst.[68] Zu betonen bleibt, dass weder das nationale noch das europäische Umweltrecht einseitig dominiert, vielmehr beeinflussen sich gegenseitig.[69]
Bei den Aufgaben der Umweltgesetzgebung muss unterschieden werden zwischen der Umweltschutzermöglichung und dem Umweltschutzausgleich.[70] Umweltschutzermöglichung bedeutet, dass die Umweltgesetzgebung den normativen Rahmen für eine effiziente Bewältigung der vielfältigen Umweltprobleme bereitstellen muss. Auf der anderen Seite hat die Umweltgesetzgebung die Aufgabe, einen Ausgleich zwischen den konkurrierenden Umweltschutzinteressen zu schaffen. Dies umfasst den Interessenausgleich zwischen Schädigern und Geschädigten der Umwelt. In diesem Interessenausgleich sind Rechtswerte wie Grundrechte, Vertrauensschutz, Verhältnismäßigkeitsgebot eine Grenze für die Durchsetzung umweltpolitischer Zielvorstellungen.[71]

Die starke Stellung der Umweltpolitik spiegelt sich auch bei der Interessenvertretung wider. Die Zahl der Interessenvertreter, die sich hauptsächlich mit der Umweltpolitik beschäftigen, hat stark zugenommen.[72] Die Umweltpolitik bietet sich daher zur Darstellung der Interessenvertretung bei der Rechtsetzung an.

---

[65] Calliess in Calliess/Ruffert, Kommentar zu EUV-EGV, Art. 174, Rdnr. 2.

[66] Zur Entstehung der gemeinschaftlichen Umweltpolitik vgl. Krämer in Groeben/Schwarze, EU-Kom., Vorbem. zu den Artikeln 174-176 EG, Rdnr. 1-9.

[67] So Rengeling in der Einführung zum Hndb. EU UmwR., S. 2 der die Unübersichtlichkeit des EG-Umweltrechts unterstreicht; Sparwasser/ Engel/ Voßkuhle stellen in Umweltrecht, § 1 Rdnr. 95 heraus, dass dem europäischen Umweltrecht bei der „Europäisierung" der nationalen Rechtsordnungen eine durchaus prominente Rolle zukommt; insgesamt verneinend: Calliess in Calliess/Ruffert, Kommentar zu EUV-EGV, Art. 174, Rdnr. 5 und 6, vgl. auch Greenwood, Representing Interests in the EU, S. 180ff.; Peine/ Samsel, EWS 2003, 297ff.

[68] FAZ, 27.01.2004, S. 19, „Deutscher Gesetzgeber baut angeblich hohe Hürden auf".

[69] Rengeling in Vorwort zum Hndb. EU UmwR., S. V; Kloepfer, UmwR, 3. Auflage, § 9 Rdnr. 118; andere Ansicht: Frenz, EU UmweltR, Vorwort, wonach das europäische Umweltrecht das nationale vielfach weitgehend vorzeichnet.

[70] Kloepfer, UmweltR, 3. Auflage, § 1 Rdnr. 25.

[71] Kloepfer, UmweltR, 3. Auflage, § 1 Rdnr. 25.

[72] Lehmann in Working paper „Lobbying in the EU: Current rules and practices", S. 7.

D. Rohstoffindustrie als Sektorauswahl für Beispiele

I. Definition der europäischen Rohstoffindustrie

Anhand von Beispielen aus der Rohstoffindustrie lässt sich die Rechtsetzung bei der Interessenvertretung in der EU anschaulich und repräsentativ darstellen. Der Verfasser hat in diese Industrie aufgrund seiner beruflichen Tätigkeit einen tiefen Einblick.[73] Die Rohstoffindustrie produziert Rohstoffe, indem sie diese aus der „Erde" gewinnt. Auf europäischer Ebene hat sich für diese Industrie auch die Bezeichnung „extractive industry" eingebürgert, deren von der Kommission benutzte deutsche Übersetzung „mineralgewinnende Industrie" aber geologisch nicht korrekt ist. Vielmehr bietet sich die Übersetzung Rohstoffindustrie an.
Aufgabe des Industriezweiges ist die Gewinnung aller festen Minerale für die Volkswirtschaft. Innerhalb der Rohstoffindustrie wird unterschieden zwischen der energetischen und der nichtenergetischen Rohstoffindustrie. Die nichtenergetische Rohstoffindustrie umfasst mineralische Rohstoffe und hauptsächlich alle Rohstoffe für die Baustoff-, Steine und Erden Industrie. Die energetische Rohstoffindustrie beinhaltet die Förderung von Braun- und Steinkohle sowie Uran mit wiederum vielen Besonderheiten, die aus dem Stellenwert der Energiegewinnung für Europa resultieren. Europa als Kontinent mit wenigen Rohstoffen, die zur Energiegewinnung genutzt werden können, hat ein politisches Interesse an der Förderung der wenigen vorhandenen Energieträger wie Kohle und Gas. Dies wird dadurch unterstrichen, dass die Europäische Union ihre Wurzeln in der EGKS hat, der Europäischen Gemeinschaft für Kohle und Stahl.

II. Massive Betroffenheit der Rohstoffindustrie durch EU-Maßnahmen

Die Kommission stuft die Bedeutung der Rohstoffindustrie sehr hoch ein, da die ausreichende Versorgung eines Landes mit mineralischen Rohstoffen eine bedeutende Grundlage seiner Volkswirtschaft ist. Die EU hat weltweit den größten Mineralverbrauch, was die Abhängigkeit vieler bedeutender Fertigungszweige von Mineralien und Rohstoffen widerspiegelt (z.B. Bauwirtschaft, Stahl, Papier, Keramik).[74]
Die Europäische Union, namentlich die EG-Kommission, hat verschiedene Maßnahmen im Umweltbereich ergriffen, um die Rohstoffindustrie in der EU zu fördern und zu reglementieren und um die auftretenden Interessenkonflikte der verschiedenen betroffenen Belange zu lösen. Die Rohstoffindustrie ist von EU-Maßnahmen auf dem Gebiet des Umweltrechts massiv betroffen. Die Umweltpolitik der EG verfolgt wenn nötig immer noch sektorale Ansätze, obwohl generell

---

[73] Der Verfasser war von August 2001 bis August 2004 Referent für die Europapolitik beim Bundesverband Baustoffe - Steine und Erden e.V., Berlin.

[74] Vgl. die Mitteilung der Kommission KOM(2000) 265 vom 3.5.2000: Promoting sustainable development in the EU non-energy extractive industry, S. 3-5.

eine umfassende, gesamthafte und tendenziell abgestimmte Konzeption angestrebt wird.[75]

Der Konflikt zwischen den Schädigern der Umwelt und den Geschädigten lässt sich anhand von Beispielen aus der Rohstoffindustrie darstellen. Besonderheit der Rohstoffgewinnung ist die unvermeidbare Inanspruchnahme von Natur und Landschaft zur Gewinnung von mineralischen Rohstoffen. In Umweltgüter wie Fauna, Flora und auch Habitat greift die europäische Rohstoffindustrie bei der Rohstoffgewinnung massiv ein, wenn auch nur vorübergehend. Sie konkurriert mit den verschiedenen anderen räumlichen Nutzungsansprüchen, wie z.B. der Land-, Forst- und Wasserwirtschaft, der Naherholung, dem Tourismus, dem Landschaft- und Naturschutz, der Bebauung aller Art. Durch die Gewinnung von Rohstoffen können Umweltschäden verursacht werden. Erst 1998 haben sich zwei schwerwiegende Unfälle im Erzbergbau ereignet. In der rumänischen Stadt Baia Mare und im spanischen Aznàrcollar brachen zwei Dämme von Rückhaltebecken mit metallhaltigen Flüssigkeiten und verursachten große Umweltschäden.[76]

Stillgelegte Gruben und nicht rekultivierte Steinbrüche sind markante Beispiele für unbefriedigende ökologische Leistungen dieser Industrie in der Vergangenheit. Der Gedanke der Nachhaltigkeit spielt in dem Sektor eine große Rolle, da Planung und Rohstoffabbau sich über Zeiträume von mehreren Jahrzehnten erstrecken.

Eine weitere Besonderheit der mineralgewinnenden Industrie ist, dass die Betriebe lagerstättengebunden und damit standortgebunden sind. Im Gegensatz zu einer herkömmlichen Fabrik, die geschlossen und andernorts wieder aufgebaut werden kann, kann die Förderung von Rohstoffen nicht einfach verlagert werden: Rohstoffe können nur dort abgebaut werden, wo sie geologisch vorkommen. Gute Rahmenbedingungen in der EU, die eine Interessenvertretung versucht zu erreichen, sind für den Sektor besonders wichtig, da eine räumliche Verlagerung nicht möglich ist.

III. Das Referat „Mining & Quarrying and Minerals“ der EG-Kommission

Innerhalb der EG-Kommission[77] ist in der GD Unternehmen das Referat E2 „Mining & Quarrying and Minerals“ (vormals Metals and Mining) der Unit „Steel, Non-Ferrous-Metals and other Materials“ für die nichtenergetische Rohstoffindust-

---

[75] Calliess in Calliess/Ruffert, Kommentar zu EUV-EGV, Art. 175, Rdnr. 3.

[76] Vgl. die Internetseite der GD Umwelt zu diesen Unfällen im Bergbau und zu dem deswegen ausgearbeiteten Richtlinienvorschlag über die Bewirtschaftung von Abfällen in der mineralgewinnenden Industrie, http://www.europa.eu.int/comm/environment/waste/mining/index.htm. In der Literatur wurde der Unfall in Aznalcóllar behandelt von Ginige, Mining Waste: the Aznalcóllar taillings pond failure, European Env. Law Review 2002, S. 76-88 und 102-113.

[77] Zur internen Organisation vergleiche Dorsel, Aufgaben und Funktionsweise der Europäischen Kommission, RNotZ 2002, S. 47, 48.

rie zuständig.[78] In der GD Umwelt ist es das Referat A2, „Production, Consumption and Waste".

E. Beispiel Mining-Waste-Richtlinie

Zur anschaulichen Erläuterung der Interessenvertretung im EU-Umweltbereich wird auf das Beispiel der Ausarbeitung der Richtlinie über die Bewirtschaftung von Abfällen in der mineralgewinnenden Industrie, auch Mining-Waste-Richtlinie genannt, zurückgegriffen.[79]

Hintergrund der Erarbeitung dieser Richtlinie ist, dass Abfälle aus der Rohstoffgewinnung einen großen Abfallstrom in der EU darstellen. Die Kommission führt zu diesen Abfällen wie folgt aus: „Sie umfassen Stoffe, die entfernt werden müssen, um Zugang zu den mineralischen Ressourcen zu gewinnen, z.B. Oberboden, Deckgebirge und taubes Gestein, sowie Bergematerial, das nach der Gewinnung des Minerals aus dem Erz zurückbleibt. Der Anteil dieser Abfälle an der jährlichen Gesamtabfallmenge in der EU wird bei einem jährlichen Volumen von über 400 Mio. Tonnen auf etwa 29 % geschätzt."[80]

Ziel der Mining-Waste-Richtlinie ist es, durch neue Reglementierungen Unfälle und Umweltverschmutzung in der mineralgewinnenden Industrie zu verhindern oder zu verringern. Inhaltlich ist die Mining-Waste-Richtlinie als Tochterrichtlinie zur EU-Abfallrahmenrichtlinie konzipiert. Damit wird nur Material von der Richtlinie erfasst, welches nach der europäischen Abfallrahmenrichtlinie als Abfall einzustufen ist. Die Abfallrahmenrichtlinie wurde in Deutschland durch das Kreislaufwirtschafts- und Abfallgesetz und zahlreiche Nebengesetze umgesetzt. Soweit die Mining-Waste-Richtlinie anzuwenden ist, fallen Abfälle aus der mineralgewinnenden Industrie als Spezialregelung unter diese Richtlinie.

Zum Gesetzgebungsverfahren der Richtlinie ist anzumerken, dass die Kommission im Jahr 2003 ihren Richtlinienvorschlag zu Mining-Waste veröffentlichte.[81] Dieser ist untergliedert in einen erläuternden Teil und den eigentlichen Richtlinientext. Der erläuternde Teil dient der Begründung des Tätigwerdens der EU sowie der Information der anderen zu beteiligenden Institutionen EP, Rat und Wirt-

---

[78] Für die Energierohstoffe wie Kohle, Erdöl und Gas ist innerhalb der Kommission die Generaldirektion Energie und Verkehr zuständig.

[79] Richtlinie 2006/21/EG des Europäischen Parlaments und des Rates vom 15. März 2006 über die Bewirtschaftung von Abfällen aus der mineralgewinnenden Industrie und zur Änderung der Richtlinie 2004/35/EG, ABl. L 102/15 v. 11.04.2006.

[80] KOM(2000) 319, S. 2.

[81] KOM(2003) 319 endg. vom 02.06.2003; Einen Überblick über den Richtlinienvorschlag und die damit Zusammenhängende Problematik bergbaulicher Abfälle gibt Carstens, European Voice 2-8 - October 2003, S. 20-22; Ginige, Mining Waste: the Aznalcóllar taillings pond failure, European Env. Law Review 2002, S. 76-88 und 102-113; vgl. auch die Internetseite der GD Umwelt: http://www.europa.eu.int/comm/environment/waste/mining/index.htm.

schafts- und Sozialausschuss. Die Richtlinie soll gemäß diesen Erläuterungen nur das unbedingt Notwendige regeln.
Dem Richtlinienvorschlag der Kommission gingen zwei Mitteilungen der Kommission über die „nichtenergetische mineralgewinnende Industrie" in der EU voraus, mit denen die Kommission auf Unglücke im Metallerzbergbau in Spanien und in Rumänien reagierte. Am 3. Mai 2000 veröffentlichte die Kommission die von der GD Unternehmen federführend ausgearbeitete Mitteilung: „Promoting sustainable development in the EU non-energy extractive industry"[82], gefolgt von der Kommissionsmitteilung vom 23.10.2000 „Sicherheit im Bergbau: Untersuchung neuerer Unglücke im Bergbau und Folgemaßnahmen"[83], die federführend von der GD Umwelt ausgearbeitet wurde. In der zweiten Mitteilung werden drei Schlüsselaktionen beschrieben, die für mehr Sicherheit bei der Bewirtschaftung von Abfällen aus der mineralgewinnenden Industrie sorgen sollen. Diese sind: a) Änderung der Seveso II-Richtlinie[84], um die Erzaufbereitung und die Bewirtschaftung von Abfällen aus der mineralgewinnenden Industrie in den Geltungsbereich der Seveso II-Richtlinie einzubeziehen; b) eine Initiative für eine neue Richtlinie zur Behandlung von Abfällen aus der mineralgewinnenden Industrie (Mining-Waste-Richtlinie); und c) die Entwicklung eines BAT-Dokuments (Best Available Technique) über beste verfügbare Techniken im Bereich der Bewirtschaftung von taubem Gestein und Rückständen aus der mineralgewinnenden Industrie (vgl. unten S. 174).[85]
Die damalige Umweltkommissarin Margot Wallström äußerte sich in einer Presseerklärung zur Veröffentlichung des Mining-Waste-Richtlinienvorschlages im Jahr 2003 wie folgt: „The proposed Directive will help prevent serious accidents resulting from the mismanagement of mining waste, like the disaster in Baia Mare in 2000, where the whole of the Danube was polluted with cyanide. It will also minimize chronic pollution of lakes and rivers by waste facilities that are badly operated and monitored. In short, the proposed Directive will make management of waste from the extractive industries safer. We are currently embarking on a historic enlargement of the EU and must ensure that the best environmental standards are applied across Europe."[86]

Für die europäische Rohstoffindustrie war eine der Hauptfragen während des Entstehungsprozesses der Richtlinie, ob sich die Richtlinie allein auf Abfälle bezieht oder auf alle Materialien des Rohstoffabbaus. Falls letzteres eingetreten wäre, hätte dies allein für die Steine-und-Erden-Industrie in Deutschland erhebliche jährliche

---

[82] KOM(2000) 265 final.

[83] KOM(2000) 664 endg.

[84] Richtlinie 96/82/EG des Rates vom 9. Dezember 1996 zur Beherrschung der Gefahren bei schweren Unfällen mit gefährlichen Stoffen (ABl. 1997/ L 10/ 13 vom 14.1.1997).

[85] KOM(2000) 319, S. 3.

[86] Presseerklärung der GD Umwelt vom 02.06.2003, IP/03/784, im Internet abzurufen unter http://www.europa.eu.int/rapid/start/cgi/guesten.ksh?p_action.gettxt=gt&doc=IP/03/784|0|RAPID&lg=EN&display= (abgerufen am 30.04.2006).

Mehrkosten zur Folge gehabt.[87] Dies verdeutlicht die Bedeutung der Richtlinie für diesen Sektor und die massiven Lobbying-Bemühungen der Industrie wie auch der Umweltschützer.
Die Industrie organisierte die Interessenvertretung in dieser Angelegenheit über ein Verbändegremium, das sich NEEIP bezeichnet (Non-Energy Extractive Industry Panel) und in dem alle europäischen Rohstoffverbände vertreten sind.[88] Von Seiten der Umweltverbände waren insbesondere WWF[89] und das EEB[90] sehr aktiv und gaben eigene Stellungnahmen ab.

---

[87] Angaben des Bundesverband Baustoffe, Steine und Erden e.V. Berlin, www.baustoffindustrie.de .

[88] Dies sind CEPMC (Baustoffhersteller), Cembureau (Zementindustrie), Cerame-Unie (Keramik), EuLA (Kalk), Eurogypsum (Gips), Euromines (Bergbau), Eurorock (Naturwerkstein), IMA-Europe (Industrieminerale), UEPG (Zuschlagstoffe, Kies und Sand, Natursteine).

[89] Der WWF gab im November 2003 eine Stellungnahme zum Richtlinienvorschlag Mining-Waste (http://www.panda.org/downloads/europe/finalwwfpositionminingwastedirective.pdf), im Dezember 2004 eine zum Bericht des EP Berichterstatters (http://www.panda.org/downloads/europe/wwfeebminingwastedirectivemepbriefingdec03.pdf) und im Juni 2004 eine Position zu den Ratsverhandlungen (http://www.panda.org/downloads/europe/wwfeebminingwaste envicouncilbriefing10junefnal.pdf) ab (zuletzt abgerufen am 20.12.2004).

[90] Die Stellungnahme des EEB zur Abfallpolitik ist abzurufen unter http://www.eeb.org/activities/waste/main.htm (zuletzt abgerufen am 7.7.2004). Die dort vertretenen Grundprinzipien wendete das EEB auch auf die Mining-Waste-Richtlinie an.

Zweiter Teil: Das EU-Rechtsetzungsverfahren im Umweltrecht

Interessenvertretung muss sich am Rechtsetzungsverfahren ausrichten.[91] Das EU-Rechtsetzungsverfahren ist aufgrund seiner vielen verschiedenen Verfahren auch noch nach Revision des EG-Vertrages in der Fassung von Nizza[92] vielfältig und kompliziert, auch weil es sich wesentlich von den Rechtsetzungsverfahren in den Mitgliedstaaten unterscheidet. Das im Umweltbereich mit Abstand wichtigste Verfahren ist das Mitentscheidungsverfahren gemäß Art. 251 EG.[93] Zur Darstellung der Interessenvertretung bei der Rechtsetzung bietet es sich an, das Rechtsetzungsverfahren in Phasen einzuteilen: Die Initiativphase bei der Kommission, die Mitwirkungsphase bei EP, WSA und AdR, sowie die Entscheidungsphase im Rat.
Durch die verschiedenen Rechtsetzungsverfahren werden Rechtsakte verabschiedet, wobei die in Artikel 253 EG genannten Rechtsformen im Vordergrund der gemeinschaftlichen Umweltpolitik stehen. Die Richtlinie und die Verordnung spielen die entscheidende Rolle in der EU-Rechtsetzung im Umweltrecht[94], aber auch von dem im EG-Vertrag nicht ausdrücklich vorgesehenen politischen Instrument der Entschließung wird häufig Gebrauch gemacht. Auch das politische Instrument der „Schlussfolgerung des Rates" wird oft angewendet und dient der Initiierung bestimmter Aktivitäten und Setzung politischer Ziele.[95]

A. Initiativphase - Kommission

Das Rechtsetzungsverfahren beginnt mit der Initiativphase. In dieser Phase erarbeitet die Kommission, im Rahmen ihres Initiativmonopols den Richtlinienvorschlag, der beim Mitentscheidungsverfahren gestützt wird auf Art. 251 Abs. 2 S. 1 EG.[96] Der veröffentlichte Kommissionsvorschlag wird anschließend Rat und EP zur Entscheidung vorlegt.[97] Die EG-Kommission wird teilweise sogar als das zentrale Rechtsetzungsorgan im EU-Rechtsetzungsprozess bezeichnet.[98]

---

[91] Marziali, Lobbying in Brussels, S. 16.

[92] Vgl. zum Vertrag von Nizza: Epiney/ Freiermuth/ Mosters, Der Vertrag von Nizza, DVBl. 2001, S. 941ff.

[93] Vgl. zum Zusammenhang der Ausweitung des Mitentscheidungsverfahrens und Zunahme der Interessenvertretung, Peterson/ Bomberg, Decision-making, S. 25.

[94] Vgl. zu den Rechtsetzungsformen allgemein auch Heyde, 50 Jahre deutsche Gesetzgebung im Lichte des europäischen Einigungsprozesses, 13 (16).

[95] Vgl. insgesamt Breier/ Vygen in Lenz/Borchardt, EU-und EG-V, Art. 175 Rdnr. 3.

[96] Vgl. zur Funktion der Kommission bei der Interessenvertretung auch Marziali, Lobbying in Brussels, S. 18-20.

[97] Vgl. Sobotta, Transparenz i.d. Rechtsetzungsverfahren d. EU, S. 98.

[98] Vgl. Ruffert in Calliess/Ruffert, Kommentar zu EUV-EGV, Art. 211 Rdnr. 12; Sobotta, Transparenz i.d. Rechtsetzungsverfahren d. EU, S. 94; Zur Funktionsweise der Kommission vgl. Dietz/ Fabian, Das Räderwerk der Europäischen Kommission; Mehde, Verwaltungsreformen in der Kommission, ZEuS 2001, S. 403ff.

Der Verankerung des Initiativrechts bei der EG-Kommission als zentraler, unabhängiger Instanz mit weit reichenden Informationsmöglichkeiten und sachverständigen Vertretern lag die Erwartung der Gründerstaaten zugrunde, die Kommission sei durch die Verpflichtung auf das Gemeinwohl in besonderer Weise geeignet, eine Lenkungsfunktion zu übernehmen.[99]

Außerhalb der normierten Initiativrechte ist die Kommission bei der Entwicklung von Initiativen rechtlich ungebunden. Die Initiativphase der Gesetzgebung ist für den Inhalt des späteren Gesetzes von großer Bedeutung, da 80 % der Kommissionsvorschläge im späteren Verfahren keine substanziellen Veränderungen mehr erfahren. Auch werden durch den Kommissionsvorschlag wesentliche Leitlinien der inhaltlichen Ausgestaltung eines Vorhabens festgelegt. Die Initiativphase ist von den politischen Zielen der Kommission, der Lösung der jeweiligen Sachfragen und der Vorbereitung eines eventuellen Kompromisses geprägt.[100]

Das Initiativrecht der Kommission beinhaltet gemäß Art. 250 Abs. 2 EG auch das Recht der Kommission, ihren Vorschlag jederzeit zu ändern oder zurückzunehmen, solange ein Beschluss des Rates nicht ergangen ist.[101]

Eingegrenzt wird dieses Vorschlagsrecht der Kommission zwar nicht juristisch, aber doch politisch, da Rat und ggf. auch das EP dem Vorschlag zustimmen müssen und die Kommission dies bei der Ausarbeitung eines Vorschlages beachten sollte.[102]

Damit unterscheidet sich das europäische Rechtsetzungsverfahren in diesem Punkt wesentlich vom deutschen, bei dem aus der Mitte von Bundestag und Bundesrat nach Art. 76 Abs. 1 GG Gesetzesinitiativen erfolgen können. Das alleinige Initiativrecht der Kommission wurde auch bei den Verhandlungen im Konvent zur Reform der EU nicht angetastet.[103]

I. Kriterien für die Entstehung von Kommissionsinitiativen

Initiativen für das Tätigwerden der Kommission können durch formelle oder informelle Aktivitäten angestoßen werden.

Generell gilt, dass die große Mehrzahl der Kommissionsvorschläge auf Anregungen von außen sowie auf Rechtsetzungsaufträge des Primär- und Sekundärrechts zurückgehen, insbesondere durch Verträge und Regierungskonferenzen. Weniger als

---

[99] Von Buttlar, Initiativrecht der Europäischen Kommission, S. 17.

[100] Sobotta, Transparenz i.d. Rechtsetzungsverfahren d. EU, S. 98 ff.

[101] Vgl. zu diesem Komplex auch Von Buttlar, Initiativrecht der Europäischen Kommission, S. 68ff.

[102] Vgl. zu diesen taktischen Überlegungen Von Buttlar, Initiativrecht der Europäischen Kommission, S. 24.

[103] Vgl. Vertrag über eine Verfassung für Europa, ABl. 2004/ C 310/ 01 vom 16.12.2004, S. 1ff.; Wuermeling, Europa neu verfasst, BayVBl. 2004, S. 577 (582f.): Ein umfassendes Initiativrecht des EP wurde nicht einmal von diesem selbst gefordert.

15 % der Initiativen werden von der Kommission selbst angestoßen.[104] Rechtsetzungsaufträge können auch aus völkerrechtlichen Verpflichtungen resultieren. Die Kommission nimmt Anregungen vielfach von den Mitgliedstaaten, von Instanzen wie der WTO, dem Europarat oder der OECD auf, und sie berücksichtigt Vorschläge von privaten Akteuren wie den Interessenverbänden.[105]
Anlass für eine Gesetzesinitiative der Kommission sind oftmals auch Unfälle oder Katastrophen, bei denen sich ein Regelungsdefizit zeigt. Als Beispiel ist auf die Mining-Waste-Richtlinie zu verweisen, bei der die Initiative zur Ausarbeitung der Richtlinie durch zwei Unfälle im Erzbergbau in Spanien und Rumänien ausgelöst wurde. Besonders einflussreich sind auch die Mitgliedstaaten der EU, vorzugsweise wenn sie ein relativ hohes heimatliches Regelungsniveau auf EU-Ebene durchsetzen möchten.
Rat und EP können die Kommission nach Artikel 208 und 192 EG auffordern, ihnen Vorschläge zu unterbreiten und die hierfür notwendigen Nachforschungen anzustellen.[106] Die Frage der Rechtsverbindlichkeit dieser Aufforderungen wurde durch den EuGH noch nicht geklärt, jedoch kommt die Kommission zumindest den Aufforderungen des Rates in aller Regel nach. In der Literatur ist die Frage umstritten,[107] wobei nach überwiegender Ansicht die Kommission zu einer ermessensfehlerfreien Entscheidung verpflichtet ist.[108] Der Ermessenspielraum der Kommission ist hinsichtlich des „ob" des Tätigwerdens beschränkt. Hinsichtlich des „wie" wird der Kommission ein weiter Gestaltungsspielraum eingeräumt.[109]
Neben Mitgliedstaaten, Rat und EP steht auch WSA in Art. 262 EG und AdR in Art. 265 Abs. 5 EG das Recht zu, aus eigener Initiative Stellungnahmen zu Rechtsetzungsbedürfnissen abzugeben und damit die Kommission zu einem Tätigwerden in einem bestimmten Bereich anzuregen. Beide Ausschüsse geben auf dieser Basis Initiativstellungnahmen ab, wobei insbesondere der WSA ein Forum für Interessenvertreter ist.[110]

---

[104] Vgl. Von Buttlar, Initiativrecht der Europäischen Kommission, S. 94, der den Anteil der Kommissionseigenen, unabhängigen Initiativen auf weniger als 15% schätzt.

[105] Vgl. den Bericht der Kommission: „Für eine Bessere Rechtsetzung" für das Jahr 1998 KOM(1998) 715.

[106] Vgl. Epiney, Umweltrecht, S. 26. Streitig ist hierbei, ob die Kommission an eine derartige Aufforderung des Rates gebunden ist oder nicht; vgl. hierzu die ausführliche Ausarbeitung bei Von Buttlar, Initiativrecht der Europäischen Kommission, S. 157ff.

[107] Vgl. die Darstellung bei Hix in Schwarze, EU-Kommentar, Art. 208, Rdnr. 6; Jorna in Schwarze, EU-Kommentar, Art. 211, Rdnr. 30.

[108] So auch Hix in Schwarze, EU-Kommentar, Art. 208, Rdnr. 7; Schweitzer in Grabitz/ Hilf, EU-Kommentar, Art. 208 Rdnr. 3.

[109] Hix in Schwarze, EU-Kommentar, Art. 208, Rdnr. 7.

[110] ABl. 1974/ L 228/ 01; Sobotta, Transparenz i.d. Rechtsetzungsverfahren d. EU, S. 100f.

Im Umweltbereich ist zudem zu beachten, dass die Kommission einen großen Teil der Vorschläge aufgrund vorher ausgearbeiteter Mitteilungen[111], Programme (z.B. 6. Umweltaktionsprogramm[112]) und Strategien (z.B. die Ressourcenstrategie[113], die Abfall- und Recycling Strategie[114] und die Bodenschutzstrategie[115]) erlässt. Diese Programme oder Strategien geben dann die zukünftige Vorgehensweise in dem jeweiligen Bereich für die nächsten Jahre (z.T. 25 Jahre wie bei der Ressourcenstrategie) vor. Für von Buttlar ist diese Entwicklung auch der Grund, warum die spontane Fortentwicklung des Gemeinschaftsrechts derzeit eher die Ausnahme ist, ohne dass er dies als Schwächephase der Kommission deutet.[116]

Für Verbände oder Einzelpersonen gibt es keinen formellen Verfahrensweg, die Kommission zu einer Gesetzgebungsinitiative aufzufordern.[117]

Die Kommission ist mit Blick auf die Initiativen Einzelner gemäß Art. 21 III EG zumindest zu einer Antwort verpflichtet. Sie schließt die Vorbereitung des Rechtsetzungsvorhabens dadurch ab, dass sie dem Rat den in Art. 250 EG genannten Vorschlag vorlegt.

II. Arbeitsweise der Kommission nach ihrer Geschäftsordnung

Um Interessen bereits in einem frühen Verfahrensstadium vertreten zu können, muss der Interessenvertreter das interne Verfahren der EG-Kommission, Gesetzesvorschläge auszuarbeiten, nutzen.

Die Arbeitsweise der Kommission[118] wird durch folgendes Zitat aus dem Editorial des Jahrbuches für Europäische Verwaltungsgeschichte der Universität Greifswald sehr schön verdeutlicht: "Versucht man...eine Summe zu ziehen, so hat an erster Stelle sicherlich die Feststellung zu stehen, dass die EG-Verwaltung von höchst eigener Art ist. Sie ähnelt gänzlich weder der Verwaltung eines Nationalstaats noch der Verwaltung einer internationalen Organisation. In ihr kommt die Einzigartigkeit der mehrdeutigen, kompromisshaften politischen Arrangements zum Ausdruck, auf welche die EG sich stützt. Sodann ist hervorzuheben, dass ihre Organisations-

---

[111] Z.B. Mitteilung der Kommission vom 3.5.2000, "Promoting sustainable development in the EU non-energy extractive industry" (COM(2000) 265 final); Mittelung der Kommission „Sicherheit im Bergbau: Untersuchung neuerer Unglücke im Bergbau und Folgemaßnahmen" vom 23.10.2000 (KOM(2000) 664 endg.).

[112] Umweltaktionsprogramm 2001-2010 der Europäischen Gemeinschaft.

[113] Mitteilung der Kommission: Entwicklung einer thematischen Strategie für die nachhaltige Nutzung der natürlichen Ressourcen, KOM(2003) 572 endg. v. 1.10.2003.

[114] Mitteilung der Kommission: Eine thematische Strategie für Abfallvermeidung und Recycling, KOM(2001) 301 endg. v. 27.05.2003.

[115] Mitteilung der Kommission: Hin zu einer spezifischen Bodenschutzstrategie, KOM(2002) 179 endg. v. 16.04.2004.

[116] Von Buttlar, Initiativrecht der Europäischen Kommission, S. 96.

[117] Von Buttlar, Initiativrecht der Europäischen Kommission, S. 97.

[118] Vgl. zur Arbeitsweise auch Mazey/ Richardson, The Commission and the lobby, 169ff., in Edwards/ Spence, The European Commission.

muster und Handlungsstile einem recht schnellen Wandel unterworfen waren....Beachtung verdienen ferner, ..., die Auswirkungen informeller Netzwerke persönlicher Beziehungen, deren Grundlage sehr oft, aber nicht nur, nationale oder ideologische Gemeinsamkeiten bildeten. In einer stark segmentierten Verwaltungswelt stellten sie bedeutsame Koordinierungselemente dar und ermöglichten damit die für die EG-Politik so kennzeichnenden sektorübergreifenden Paketlösungen, freilich um den Preis einer weiteren Verkomplizierung und Verdunklung ohnehin nur schwer einsehbarer Entscheidungsprozesse. Das Gewicht dieser persönlichen Beziehungen lässt sich kaum überschätzen."[119] Im Laufe der Zeit hat sich dabei immer stärker herauskristallisiert, dass sich Verwaltungsfragen zunehmend in Fragen politischer Natur verfangen haben.[120] Die Kommission versucht, dieses Problem der Politisierung der Verwaltung durch eine Geschäftsordnung (GO-KOM) zu lösen, die das Verfahren der Erarbeitung eines offiziellen Kommissionsvorschlages zum Teil festlegt:
Die GO-KOM stützt sich auf Art. 218 Abs. 2 S. 1 EG und soll ein ordnungsgemäßes Arbeiten der Kommission und ihrer Dienststellen nach Maßgabe des EG-Vertrages ermöglichen. Bereits die 1967 geschaffene gemeinsame Kommission der Europäischen Gemeinschaften schuf sich eine Geschäftsordnung. Sie übernahm dabei vorläufig wesentliche Bestimmungen ihrer Vorgängerin, der EWG-Kommission. Diese vorläufige Geschäftsordnung wurde lange beibehalten. Erst 2000 hat die Kommission ihre Geschäftsordnung von Grund auf überarbeitet.[121]
Die GO-KOM regelt die Struktur der Behörde EG-Kommission: Der Kommission stehen zur Vorbereitung und Durchführung ihrer Amtstätigkeit eine Reihe von Dienststellen zur Verfügung, die in Generaldirektionen und gleichgestellte Dienste gegliedert sind. In der Regel sind die Generaldirektionen und die gleichgestellten Dienste in Direktionen, die Direktionen in Referate (engl. Units) gegliedert (Art. 19 GO-KOM).
Die Dienststellen der Kommission sind gehalten, so eng wie möglich zusammenzuarbeiten, um die Effizienz der Amtstätigkeit der Kommission sicherzustellen (Art. 21 Abs. 1 GO-KOM).

III. Ausarbeitung eines Kommissionsvorschlages

Die Vorarbeiten zur Vorlegung eines Gesetzesvorschlages koordinieren die zuständigen Generaldirektionen. Für die Grobkoordination ist das Generalsekretariat der Kommission zuständig, das auch die Beziehungen zu den anderen Organen und

---

119 Heyen, Erk Volkmar/ Wright, Vincent, Universität Greifswald, Jahrbuch für europäische Verwaltungsgeschichte 4/1992, Die Anfänge der Verwaltung der Europäischen Gemeinschaft, Editoral.

120 Heyen, Erk Volkmar/ Wright, Vincent, Universität Greifswald, Jahrbuch für europäische Verwaltungsgeschichte 4/1992, Die Anfänge der Verwaltung der Europäischen Gemeinschaft, Editoral.

121 Derzeit gilt die GO-KOM veröffentlich im ABl. 2000/ L 308/ 26 vom 8.12.2000, zuletzt geändert in ABl. 2002/ L 21/ 23; Breier in Lenz/Borchardt, EU- und EG-V, Art. 219 Rdnr. 2-5.

den Mitgliedstaaten betreut und faktisch die Aufgabe hat, „die Räder der Kommission zu schmieren"[122].

Die zuständige Generaldirektion führt ihre erforderlichen Vorarbeiten in einem Spannungsfeld unterschiedlicher Einflüsse durch.[123] Die Ausarbeitung erfolgt unter der Prämisse der Unabhängigkeit der Bediensteten, die auch als Leitlinie für eine gute Verwaltungspraxis gilt.[124]

Ein Schwerpunkt in der Phase der Erarbeitung eines Rechtsaktes liegt bei der Abstimmung mit den Mitgliedstaaten in Arbeitsgruppen nationaler Experten. Außerdem können die jeweiligen Dienststellen der Kommission die organisierten Interessen in Politik und Wissenschaft, sowie auch die Interessenvertreter konsultieren. Dieser Abstimmungsprozess mit Mitgliedstaaten, Wissenschaft, Interessengruppen und sonstigen interessierten Kreisen sowie Experten kann in verschiedenen von der Kommission organisierten und finanzierten Fachausschüssen erfolgen[125] oder auf informellem Weg. Zum Teil wird davon ausgegangen, dass diese Ausschüsse die großen Linien der Kommissionsentwürfe maßgeblich bestimmen, allerdings kann dies für die Mining-Waste-Richtlinie nur eingeschränkt bestätigt werden, da die dort arrangierten Stakeholder-Meetings nicht den Charakter eines Ausschusses hatten. Auch dies verdeutlicht die Vielfalt der Möglichkeiten der Meinungsbildung in der Kommission und den großen Ermessensspielraum, den die Kommission besitzt. Je nachdem welche Generaldirektion den Vorgang gerade bearbeitet, kann dabei eine Tendenz zu einer einseitigen Konsultation entstehen. So wird der GD Unternehmen nachgesagt, sie sei besonders industrieverbunden eingestellt, während die GD Umwelt besonders den Umweltschutzgruppen nahe stehe.[126]

1. Informationsphase

Die Kommission trägt zu Beginn der Erarbeitung von Gesetzgebungsvorschlägen Auskünfte, Unterlagen und sonstige Informationen zusammen und wertet sie aus. Hierzu werden auch statistische Informationen aus den Mitgliedstaaten und von Eurostat miteinbezogen ebenso wie die einschlägigen Gesetze auf EU-und Mitgliedstaatenebene. Auf der Grundlage dieser Informationen erarbeitet der zuständige Referent ein Arbeitspapier (Working Dokument), das einen Überblick über die Materie enthält und schon erste Lösungsmöglichkeiten aufzeigen kann.[127] In diesem Arbeitspapier wird auch eine erste Einschätzung über die rechtliche Grundlage der

---

[122] Buholzer, Legislatives Lobbying in der EU, S. 169.

[123] Sobotta, Transparenz i.d. Rechtsetzungsverfahren der EU, S. 115. Vgl. Demmke, Die Verwaltung (1994), 49 (60ff.); Mazey/ Richardson in ders., Lobbying in the EC, Introduction, S. 4.

[124] Kodex für gute Verwaltungspraxis in den Beziehungen der Bediensteten der europäischen Kommission zur Öffentlichkeit, 2000 L 308/32 vom 8.12.2000 als Anhang zur Geschäftsordnung der Kommission.

[125] Buholzer, Legislatives Lobbying in der EU, S. 170, der dieses Ausschusswesen als äußerst komplex und sehr heterogen beschreibt.

[126] Sobotta, Transparenz i.d. Rechtsetzungsverfahren der EU, S. 116.

[127] Vgl. Von Buttlar, Initiativrecht der Europäischen Kommission, S. 98ff.

Maßnahme abgegeben[128], wenngleich der juristische Dienst die Rechtmäßigkeit des Richtlinienvorschlages erst sehr spät kurz vor der Veröffentlichung prüft.
Zur Vorbereitung des Mining-Waste-Richtlinienvorschlages wurden insgesamt drei Arbeitspapiere vorgelegt.[129]

2. Konsultationsphase

a. Arbeitspapiere, Stakeholder-Konsultationen

In ihrem Weißbuch über die Reform der EG-Kommission[130] bekennt sich die Kommission zum Prinzip des "open government". Teil dieses Prinzips ist die Anhörung der verschiedenen Interessengruppen in Konsultationen, um die Gestaltung der Politik zu verbessern und die Effizienz der Gesetzgebung zu erhöhen. Auf Grundlage von Arbeitspapieren („Working Documents"), die im Falle Mining-Waste auch alle im Internet veröffentlicht wurden[131], führt die Kommission häufig ein Stakeholder-Meeting durch.[132] Diese Arbeitspapiere sind Ausdruck der „open door policy" der Kommission, die grundsätzlich Jedermann zu Stellungnahmen auffordert und stellen keine offiziellen Kommissionsdokumente dar, sondern geben nur den Kenntnisstand bzw. die Meinung der zuständigen ausarbeitenden Generaldirektion wieder.
Die stattfindenden Stakeholder-Meetings, also die Anhörung der betroffenen Interessengruppen, beweisen, dass die Kommission bereits in diesem Stadium Interessenvertreter aktiv einbindet. Im Fall der Mining-Waste-Richtlinie wurden nach

---

[128] Die Wahl der richtigen Rechtsgrundlage richtet sich in ständiger Rechtsprechung des EuGH nach objektiven Gesichtspunkten, d.h. nach Ziel und Inhalt des Rechtsaktes (EuGH, C- 155/91, Kommission/ Rat, Slg. 1993, I- 939 ff.). Diese Kriterien müssen objektiv aus dem Rechtsakt ablesbar sein. Unmittelbare oder mittelbare Auswirkungen einer Maßnahme auf andere Politikbereiche bleiben außer Betracht. Berührt ein Rechtsakt inhaltlich verschiedene Politikbereiche, können mehrere Rechtsgrundlagen in Betracht kommen, wenn die Verfahrensregelungen identisch sind (EuGH, Rs. 165/ 87, Kommission/ Rat, Slg. 1988, 5545, 5561). Eine Doppelabstützung kommt nicht in Betracht, wenn die verfahrensmäßig garantierten Rechte des EP nach dem Verfahren der Zusammenarbeit entleert würden (EuGH, C- 300/89, Kommission und EP/ Rat, Slg. 1991, I-2867, 2898 ff.). Es kommt somit bei der Wahl der richtigen Rechtsgrundlage immer auf die konkrete Ausgestaltung des jeweiligen Rechtsaktes an (Vgl. Breier, EuR 1995, 46 ff.; Breier/ Vygen in Lenz/Borchardt, EU- und EG-V, Art. 175 Rdnr. 6 ff., zur EuGH Rechtsprechung zur Wahl der richtigen Rechtsgrundlage).
Für umweltschützende Regelungen kommen neben Artikel 175 EG auch Kompetenznormen aus anderen Politikbereichen des EG-Vertrages in Betracht, es sei denn der Schwerpunkt des Rechtsaktes liegt im Bereich des Umweltschutzes. Kompetenznormen anderer Politikbereiche können sein Artikel 37, 71, 80, 93, 94, 95 und 133 EG (Breier/ Vygen in Lenz/Borchardt, EU- und EG-V, Art. 175 Rdnr. 5.).

[129] Homepage zum Mining-Waste-Richtlinienvorschlag:
http://www.europa.eu.int/comm/environment/waste/mining/index.htm .

[130] KOM(2000) 200.

[131] Vgl. http://europa.eu.int/comm/environment/waste/mining/index.htm (zuletzt abgerufen am 20.12.2004).

[132] Vgl. zu den Stakeholder Meetings auch Bombay, Role of Environmental NGOs, European Env. Law Review, 2001, S. 228 (230).

Veröffentlichung jedes Arbeitspapiers Vertreter der Industrie und von Umweltorganisationen zu einer Anhörung geladen. Mitgliedstaaten wurden separat angehört. Diese Konsultationen haben zum Ziel, die Entwürfe weitestgehend praxisnah zu gestalten und die Gegebenheiten in den Mitgliedstaaten und auch der jeweils betroffenen Wirtschaft so weit wie möglich zu berücksichtigen[133]. Stakeholder-Konsultationen sind auf der EU-Ebene sehr zahlreich, ihre Zahl wird auf 2000 pro Jahr geschätzt. Sie sind sehr sinnvoll, denn die Kommission ist aufgrund der oftmals sehr komplexen Sachverhalte nicht in der Lage, alle direkten und indirekten Auswirkungen ihrer Vorhaben auf nationale Interessen der Mitgliedstaaten und auch auf Wirtschaft, Industrie und Handel vorauszusehen. Zudem hat die Einbeziehung der Mitgliedstaaten den Vorteil, die Behörden, die die Richtlinie später umsetzen müssen, einzubinden.[134]
Neben der in der Praxis erfolgenden Absprache zwischen Kommission und den verschiedenen Interessengruppen, muss die Kommission bei der Erarbeitung eines Gesetzesvorschlages auch die Haltung des EP prognostizieren und berücksichtigen. Daher konsultiert sie auch die zuständigen Parlamentsausschüsse, besonders interessierte Abgeordnete und die Fraktionen.[135]
Die Konsultationsphase gibt den betroffenen Interessengruppen und auch den Mitgliedstaaten die Möglichkeit, direkt auf die Gestaltung des Kommissionsvorschlages Einfluss zu nehmen. Sie ist für Interessenvertreter der entscheidende Ansatzpunkt des Lobbying. Von Buttlar bezeichnet diese Phase als „most fluid stage" des gesamten Rechtsetzungsprozesses.[136] Der Stellenwert der Stellungnahmen der interessierten Kreise, sowie von Rat, EP und WSA bzw. AdR drückt sich auch darin aus, dass die Kommission diese oftmals in einer eigenen Mitteilung oder in der Erläuterung des Richtlinienentwurfs zusammenfasst.[137]
Zeitlich kann sich die Konsultationsphase sehr unterschiedlich lang ausdehnen und ist daher schwer einzugrenzen. Im Falle der Erarbeitung der Mining-Waste-Richtlinie erstreckte sie sich von der Veröffentlichung des 1. Arbeitspiers im Juni 2000 bis zur Veröffentlichung von Arbeitspapier Nr. 3 Anfang 2003 hin.

b. Grün- und Weißbücher

Ein weiteres Mittel der Kommission zur Bekanntgabe gesetzgeberischer Pläne und zur Einbeziehung der breiten Öffentlichkeit ist die Ausarbeitung von sog. Grün-

---

[133] Vgl. Hierzu auch Von Buttlar, Initiativrecht der Europäischen Kommission, S. 99, der die Wichtigkeit der Einbeziehung nationaler Bedürfnisse betont.

[134] Vgl. Von Buttlar, Initiativrecht der Europäischen Kommission, S. 102, 103.

[135] Sobotta, Transparenz i.d. Rechtsetzungsverfahren der EU, S. 117.

[136] Vgl. Von Buttlar, Initiativrecht der Europäischen Kommission, S. 99.

[137] So wurden die Ergebnisse der Konsultation über das Weißbuch Europäische Regieren in einem eigenen Bericht (KOM(2002) 705 endg.) zusammengefasst. Beim Richtlinienvorschlag Mining-Waste (KOM(2003) 319 endg.) fasst der erläuternde Teil, der dem Richtlinientext vorangestellt ist, die Ergebnisse der Konsultation der interessierten Kreise zusammen.

und Weißbüchern.[138] Der Einsatz von Grün- und Weißbüchern dient der Kommission seit 1984 zur Veröffentlichung ihrer gesetzgeberischen Absichten. Durch diese frühen Veröffentlichungen ermöglicht sie der breiten Öffentlichkeit und auch Interessenvertretern, zu diesen Themen Stellung zu nehmen. Sie nutzt diese Grün- und Weißbücher zur Umsetzung ihrer politischen Ziele (wie sie sich z.B. aus Aktionsprogrammen wie dem 6. Umweltaktionsprogramm ergeben können) bei bestimmten Themen. Auf der Homepage der Europäischen Kommission stammt das älteste Grünbuch aus dem Jahr 1984, das älteste Weißbuch aus dem Jahr 1985.[139]

Beide Arten von Büchern behandeln ihrem Ziel entsprechend spezielle Themen, sind innerhalb dieser Themen aber allgemein gefasst. Sie spiegeln den Meinungsstand der Kommission wieder. Die Kommission definiert diese Mitteilungen folgendermaßen: „Grünbücher werden zur Vorbereitung bestimmter Politiken ausgearbeitet, Weißbücher enthalten Wegweisungen zu wichtigen aktuellen Themen."[140]

Grünbücher zeigen dabei einen Problembereich auf und fragen nach möglichen Lösungen. Sie enthalten themenbezogene Diskussionsgrundlagen für die beteiligten Kreise und werden zur Vorbereitung bestimmter Politiken ausgearbeitet. Grünbücher rufen auch regelmäßig zur Partizipation an dem ihnen zugrunde liegenden Vorhaben auf. Sie können sich auf Rechtsetzungsvorhaben und auf politische Maßnahmen beziehen.[141]

Weißbücher sind legislative Programme, die Wegweisungen zu wichtigen aktuellen Themen enthalten.[142] Sie halten regelmäßig einen bereits gefestigten Meinungsstand fest. Sie entwickeln sich aus der durch Grünbücher angeregten Diskussion mit interessierten Kreisen. Sie sind Grundlage für die ggf. erforderliche Ausarbeitung von Richtlinienvorschlägen durch die EG-Kommission und laden oftmals zu weiteren Stellungnahmen interessierter Kreise gegenüber der Kommission ein.

Insgesamt ist es das Ziel der Weiß- und Grünbücher, der Kommission einen umfassenden Überblick über die rechtliche und wirtschaftliche Ausgangslage in den Mitgliedstaaten zu geben.[143]

Der Unterschied zwischen Grün- und Weißbüchern einerseits und Mitteilungen der Kommission zu bestimmten Themen andererseits liegt weniger in ihrer Struktur,

---

[138] Vgl. auch Hartmann, Institutionelle Möglichkeiten der Gesetzesfolgenabschätzung, ZG 2003 S. 74 (76).

[139] Das erste Grünbuch:„Fernsehen ohne Grenzen: Grünbuch über die Errichtung des gemeinsamen Marktes für den Rundfunk, insbesondere über Satellit und Kabel" (KOM(84) 300); Das erste Weißbuch: „Vollendung des Binnenmarktes: Weißbuch der Kommission an den Europäischen Rat" (KOM(85) 310).

[140] Ruffert in Calliess/Ruffert, Kommentar zu EUV-EGV, Art. 211 Rdnr. 14.

[141] Sobotta, Transparenz i.d. Rechtsetzungsverfahren der EU, S. 131, 132. Er weißt auf die Gefahr hin, dass sehr früh veröffentlichte Grünbücher als Instrumente ritueller Politik missbraucht würden, um eine Initiative vorzutäuschen, die überhaupt nicht auf einen Rechtserfolg abzielt. Er stellt fest, dass rechtliche Maßstäbe für den Einsatz dieser Bücher fehlen.

[142] Ruffert in Calliess/Ruffert, Kommentar zu EUV-EGV, Art. 211 Rdnr. 14.

[143] Von Buttlar, Initiativrecht der Europäischen Kommission, S. 101.

ihrem Inhalt und ihrem Aufbau als vielmehr in der geringeren Aufmerksamkeit, die eine Mitteilung erzielen soll.[144]

c. Programme und Strategien

Eine weitere derzeit sehr aktuelle Vorgehensweise der EU im Umweltbereich ist die Ausarbeitung von Maßnahmenprogrammen, wie dem 6. Umweltaktionsprogramm, die dann Stück für Stück systematisch umgesetzt werden. Zu beachten ist, dass eine doppelte Konsultation stattfindet: Bei der Erstellung des Maßnahmenprogramms haben interessierte Kreise die Möglichkeit zur Stellungnahme und können ihre Position erneut bei der konkreten Umsetzung der einzelnen Maßnahmen angeben.

Am Beispiel des aktuellen Vorgangs der Ressourcenstrategie (Thematische Strategie für eine nachhaltige Nutzung natürlicher Ressourcen) lässt sich diese Vorgehensweise der EU, einen zunächst sehr abstrakten und weitgehenden Sachverhalt in einzelnen Stufen abzuarbeiten, verdeutlichen:

Die EU setzt das 6. UAP um, indem sie sich einer Reihe von sog. „Strategien" bedient, z.B. der Ressourcenstrategie, der Abfall- und Recyclingstrategie und der Bodenschutzstrategie.[145] Die Kommission veröffentlichte am 1.10.2003 ihre erste Mitteilung zur Ressourcenstrategie.[146] In dieser Mitteilung bekräftigte die Kommission ihre Absicht, eine Strategie auszuarbeiten und gab erste diskussionsfähige Grundansätze wieder, über die mit den Stakeholdern diskutiert werden sollte. Die Ressourcenstrategie soll Anwendung finden auf alle natürlichen Ressourcen, also Rohstoffe, wie Minerale, einschließlich Metallerze und fossile Energieträger, sowie auf Biomasse, den physikalischen Raum (Landnutzung), die Umweltmedien und strömende Ressourcen. Die Strategie will eine Entkopplung des Wirtschaftswachstums von den Umweltauswirkungen der Ressourcennutzung erreichen, ebenso eine effiziente Nutzung der Ressourcen und ist auf 25 Jahre angelegt.

Die Kommission bedient sich zur Ausarbeitung der Ressourcenstrategie einer Stakeholder-Konsultation in Form zweier Working Groups, einem Advisory-Forum und einem Steering-Committee. Ziel ist, die Wissenssammlung über Umweltauswirkungen während des gesamten Lebenszyklus der Ressource und die Integration der Strategie in andere Politikbereiche sicherzustellen.

In den einzelnen Meetings der Working Groups waren Vertreter von Umwelt- und Industrieorganisationen sowie zahlreicher geologischer Dienste der EU-Mitgliedstaaten vertreten. Vertreter verschiedener Generaldirektionen der Kommission waren ebenfalls präsent, verfolgten die Diskussionen aber nur als Beobachter. Die Stakeholder-meetings wurden auch nicht von Kommissionsvertretern, sondern von ausgewählten Stakeholdern selbst geleitet. Diese Chairmen fassten die Ergebnisse der Konsultationen in einem Abschlussbericht zusammen, der der Kommission übermittelt wurde. Die Kommission legte erst daraufhin ihre zweite

---

[144] Sobotta, Transparenz i.d. Rechtsetzungsverfahren der EU, S. 131.

[145] Vgl. die zu dem Thema eingerichtete Homepage der GD Umwelt: http://europa.eu.int/comm/environment/natres/index.htm (zuletzt abgerufen am 30.04.2006).

[146] KOM(2003) 572 endg. vom 01.10.2003.

Mitteilung zur Ressourcenstrategie vor.[147] Sie behält sich das Recht vor, den Inhalt des Abschlussberichts zu berücksichtigen. Die von der Kommission ausgearbeitete Strategie enthält Absichtserklärungen, aber auch konkrete Maßnahmenvorschläge, die durch Rechtsakte wie Richtlinien und Verordnungen umgesetzt werden.
Dieses Beispiel zeigt, dass die Kommission sehr systematisch arbeitet, indem sie ihre Maßnahmenprogramme zunächst durch Aufteilung in Themenbereiche und dann durch ausfüllende Dokumente bis schließlich zu Rechtsetzungsmaßnahmen immer feiner ausarbeitet.

3. Interservice-Konsultationen

Der Veröffentlichung des offiziellen Kommissionsentwurfes geht die Phase der sog. „Interservice-Konsultationen" voraus. Die federführende Dienststelle sollte bemüht sein, einen Vorschlag zu erarbeiten, der die Zustimmung der gehörten Dienststelle findet (Art. 21 Abs. 3 GO-KOM). Sie hat, bevor der Kommission eine Vorlage unterbreitet wird, alle nach den Zuständigkeitsbereichen oder nach der Natur der Sache beteiligten oder zu informierenden Dienststellen rechtzeitig zu hören. Dieses Verfahren wird als „Interservice-Konsultation" bezeichnet. Der Entwurf des Code of Conduct der Kommission vom 5. März 1999, Version 10, Ziffer 4.4.1 verlangt diese Abstimmung der Kommissionsdienste untereinander für jeden Fall der Repräsentation der Kommission nach außen. Dokumente, die vor den offiziellen Kommissionsvorschlägen veröffentlicht werden, diese werden oft als Arbeitspapiere bezeichnet, fehlt daher regelmäßig die politische Legitimation durch die gesamte Kommission. Dementsprechend waren die beim Mining-Waste-Vorgang von der GD Umwelt veröffentlichten drei Arbeitspapiere keine offiziellen Kommissionsdokumente, da sie lediglich die Ansicht der GD Umwelt widerspiegelten.
Erst nach Konsultation der einzelnen Generaldirektion durch die ausarbeitende GD wird der offizielle Kommissionsvorschlag veröffentlicht. Die zuständige Generaldirektion arbeitet in Kenntnis der ggf. durchgeführten Konsultationen einen Vorentwurf aus, der den übrigen beteiligten Generaldirektionen und den Kabinettschefs der zuständigen Kommissare vorgelegt wird. Diese bilden eine Arbeitsgruppe (working party), der häufig der Generalsekretär der Kommission vorsteht und den Vorentwurf redigiert.[148]
Bei der Ausarbeitung des Mining-Waste-Richtlinienvorschlages hat die GD Umwelt der Kommission Ende Februar 2003 das Interservice-Dokument vorgelegt, die Interservice-Konsultationen dauerten bis Juni 2003. An solchen Interservice-Konsultationen sind grundsätzlich alle Generaldirektionen zu beteiligen. Im Fall der Mining-Waste-Richtlinie haben insbesondere die Generaldirektion Unternehmen, die Generaldirektion Transport und die Generaldirektion Soziales ihr Interesse an dem Vorgang bekundet.

---

[147] KOM(2005) 670 endg. vom 21.12.2005.

[148] Von Buttlar, Initiativrecht der Europäischen Kommission, S. 101.

Vor seiner Veröffentlichung wird der Richtlinienentwurf dem Juristischen Dienst zur Beurteilung zugeleitet. Dieser prüft den Vorschlag unter rechtlichen Gesichtspunkten und nach der inhaltlichen Übereinstimmung in allen Amtssprachen. Er wird insoweit als zentraler Akteur in der Kommission angesehen.[149] Die mit den Haushalten sowie mit Personal und Verwaltung befassten Generaldirektionen sind ebenfalls immer anzuhören (Art. 21 Abs. 2 GO-KOM).

4. Verabschiedung durch die Kommissare

Der Kommissionsentwurf wird schließlich über die zuständige Generaldirektion in die wöchentliche Sitzung der Kabinettschefs geleitet. Zuvor ist der durch die Interservice- Konsultationen bereits abgestimmte Entwurf unmittelbar vor der Abstimmung im Kollegium allen Dienststellen zu übermitteln.[150] Technische Details sind zum Zeitpunkt der Diskussion bei den Kabinettschefs weitgehend geklärt, es dominieren hier politische Aspekte die Diskussion. Die Kabinette koordinieren die Vorschläge und teilen die Vorgänge in A- und B-Punkte ein. A-Punkte sind Vorgänge, bei denen bereits auf der Stufe der Kabinettschefs, bei Übereinstimmung aller Generaldirektionen, Einigung erzielt werden konnte. Sie werden dem Kollegium der Kommissare zugeleitet und im sog. "A-Punkt-Verfahren" verabschiedet.[151] Bei B-Punkten werden zwei Verfahren angewendet: Je umstrittener und bedeutender ein Vorgang ist, desto eher wird im mündlichen Verfahren entschieden, in dem eine Diskussion möglich ist. Der Entwurf wird auf der wöchentlichen Kommissionssitzung erörtert und offiziell als Vorschlag gemäß Art. 4 GO-KOM verabschiedet. Beim schriftlichen Umlaufverfahren gilt ein Vorschlag als angenommen, wenn kein Kommissionsmitglied innerhalb einer bestimmten Frist, meist eine Woche, einen Einwand erhebt. Die Kommission entscheidet als Kollegium grundsätzlich mit einfacher Mehrheit, in den meisten Fällen per Zustimmung und nicht durch Ablehnung.[152] Stimmt eine Dienststelle dem Entwurf nicht zu, oder hat eines der Kommissionsmitglieder Bedenken gegen den Textentwurf, wird ein Kompromiss gesucht. Wird kein Kompromiss gefunden, wird innerhalb der Kommission kontrovers diskutiert und letztendlich mehrheitlich beschlossen, wenn auch nach außen die Kommission einheitlich auftritt. Ihre Abstimmungen bleiben vertraulich. Die Kommissionsverhandlungen sind gemäß Art. 9 GO-KOM geheim.[153]

---

[149] Buholzer, Legislatives Lobbying in der EU, S. 169.

[150] Manuel des procédures operationelles der Kommission, 7. Auflage 1994, S. 12ff.: Danach setzt erst die Vorlage eines weit entwickelten Vorschlages beim Kollegium oder die offizielle Darstellung eines Vorhabens gegenüber Mitgliedstaaten oder Drittstaaten eine Interservice Konsultation voraus; Krämer, Arbeit und Konzeption der EG-Kommission, in Calliess/ Wegener, EU-UmweltR als Chance, S. 38.

[151] Vgl. auch Buholzer, Legislatives Lobbying in der EU, S. 171.

[152] Von Buttlar, Initiativrecht der Europäischen Kommission, S. 101, 102; vgl. zum Abstimmungsverfahren des Kollegium die Artikel 4, 12 und 13 der GO-KOM; Buholzer, Legislatives Lobbying in der EU, S. 171.

[153] Krämer, Arbeit und Konzeption der EG-Kommission, in Calliess/ Wegener, EU-UmweltR als Chance, S. 38.

IV. Problem der Unterbesetzung der Kommission

Einem Gesetzgebungsvorschlag der Kommission geht oftmals ein breit angelegtes Konsultationsverfahren mit den betroffenen Institutionen und interessierten Wirtschaftskreisen voraus.[154] Es wird vielfach die Ansicht vertreten, dass die Kommission den permanenten Kontakt mit Interessenvertretern suche, weil sie personell unterbesetzt sei und ohne Informationsfluss von außen ihre Aufgaben nicht bewältigen könne.[155] Das Ausarbeiten von Maßnahmenvorschlägen durch die Kommission verlange ein hohes Fachwissen und die Beamten verfügten zudem kaum über eigene Erfahrungen in der Wirtschaft. Insoweit geschehe die Einbeziehung von Interessengruppen und sonstigen Experten nicht freiwillig, vielmehr sei die Kommission von auswärtigen Quellen abhängig, um sich das nötige Fachwissen zu besorgen.[156] Zudem werde die Kommission seitens der Mitgliedstaaten mit immer neuen Aufgaben betraut, ohne ihr dementsprechende Ressourcen zur Bewältigung zur Verfügung zu stellen.[157]

Diese Gesichtspunkt, dass die Kommission auf das Fachwissen von Externen angewiesen ist, sind nicht zu widerlegen. Sie verkennen aber die positiven Aspekte, die eine Nutzung externen Expertenwissens bietet: Die Europäische Kommission stützt sich auf externe Informationen, um gemeinsame europäische Interessen und Probleme zu erkennen.[158] Der Kontakt mit Interessenvertretern wird auch gesucht, weil die finanziellen Ressourcen der Kommission begrenzt sind und sie es sich finanziell nicht leisten kann, zu jeder Frage einen Gutachter zu bestellen. Ein weiterer Grund, weshalb die Kommission das Gespräch mit Personen und Institutionen von außerhalb sucht, ist der immer wieder erhobene Vorwurf der mangelnden demokratischen Legitimation und des Demokratiedefizits in der Kommission.[159] Ohne Zweifel benötigt die Kommission auch die Ansichten der interessierten Beteiligten und der beteiligten Institutionen, um einen mehrheitsfähigen sachgerechten Kompromissvorschlag vorlegen zu können.

Insbesondere die Unternehmen selbst und die europäischen Interessensverbände sind für die Kommission als Gesprächspartner interessant, da diese die unterschiedlichen nationalen Interessen bereits intern zusammenführen.[160] Unternehmen

---

[154] Jorna in Schwarze, EU-Kommentar, Art. 211, Rdnr. 31.

[155] Diese Ansicht vertreten Bouwen, Corporate Lobbying in the EU-Towards a theory of access, S. 24; Röscheisen, Einfluss der Umweltverbände auf die Gesetzgebung der EG, in Calliess/ Wegener, EU UmweltR als Chance, S. 73; Buholzer, Legislatives Lobbying in der EU, S. 143; Greenwood, Representing Interest in the EU, S. 1f; zum Informationsdefizit der EU-Institutionen vgl. auch Marziali, Lobbying in Brussels, S. 23f.

[156] Buholzer, Legislatives Lobbying in der EU, S. 143, 144.

[157] Mehde, Verwaltungsreformen in der Kommission, ZEuS 2001, S. 403 (407).

[158] So auch Bouwen, Corporate Lobbying in the EU-Towards a theory of access, S. 24.

[159] Diese Ansicht vertreten Bouwen, Corporate Lobbying in the EU-Towards a theory of access, S. 27.

[160] Vgl. Bouwen, Corporate Lobbying in the EU-Towards a theory of access, S. 34. Er vertritt die Ansicht, dass Unternehmen den besten Zugang zur Kommission haben. Danach kommen europäische Verbände und danach erst die nationalen Verbände.

können der Kommission die Auswirkungen einer Maßnahme konkret an Beispielen schildern. Europäische Verbände haben für die Kommission den Vorteil, dass sie ihr bereits mit einer „europäischen Position" der Kommission gegenübertreten und verschiedene Interessen bereits koordiniert und gebündelt haben.
Aus rechtlicher Sicht begibt sich die Kommission auch nicht in eine Abhängigkeit von Interessengruppen, da sie allein bestimmen kann, welchen Expertenwissens sie sich bedient.

B. Exkurs: Mitwirkungsphase

Anhand des Mitentscheidungsverfahrens lässt sich ein vollständiger Überblick über die Einflussmöglichkeiten von Interessengruppen während der sog. Mitwirkungsphase bei EP, WSA und AdR aufzeigen.[161] In der Mitwirkungsphase erfolgt die Beteiligung der Organe EP, WSA und AdR, in Abhängigkeit der einschlägigen Primärnorm des EG-Vertrages.[162]

I. Europäisches Parlament

Insbesondere dem EP kommt in diesem Verfahren eine mächtige Rolle zu.[163] Das durch den Maastrichter Vertrag neu eingeführte Verfahren der Mitentscheidung räumt dem EP erstmals ein Mitentscheidungsrecht ein. Es kann einen Rechtsakt scheitern lassen oder ihn gemeinsam mit dem Rat erlassen.[164]

Das EP zeichnet sich durch seinen „supranationalen Charakter" aus[165] und ist daher, zusammen mit der Kommission, die treibende Kraft des europäischen Einigungsprozesses.
Das EP betrachtet die Vorschläge aus europäischem Blickwinkel, berücksichtigt aber besonders die jeweiligen nationalen Auswirkungen.[166] Die Rolle der Interessenvertreter im Parlament wird durch das Wahlsystem beeinflusst: Da die Wahl auf nationaler Ebene erfolgt, sollte der Parlamentarier einen guten Kontakt zu seinem Wahlkreis halten, um wiedergewählt zu werden. Für die Interessenvertretung bedeutet dies, dass die Parlamentarier insbesondere daran interessiert sind, mit nationalen oder sogar regionalen Interessenvertretungen zusammenzuarbeiten, um Besonderheiten und Probleme ihres Wahlkreises auf EU-Ebene zu berücksichtigen.

---

[161] Vgl. hierzu auch Buholzer, Legislatives Lobbying in der EU, S. 178-187; Gellermann in Streinz, EUV-EGV, Art. 251 Rdnr. 2,3.

[162] Vgl. Epiney, Umweltrecht, S. 32; Gellermann in Streinz, EUV-EGV, Art. 251 Rdnr. 10-34.

[163] Vgl. zur Funktion des EP bei der Interessenvertretung auch Marziali, Lobbying in Brussels, S. 20,21.

[164] Zum genauen Verfahrensablauf sei auf die Darstellung bei Koenig/ Haratsch, Europarecht, Rdnr. 320-325 sowie bei Hetmeier in Lenz/Borchardt, EU- und EG-V, Art. 251 Rdnr. 1 ff., verwiesen.

[165] Bouwen, Corporate Lobbying in the EU-Towards a theory of access, S. 28.

[166] Vgl. Bouwen, Corporate Lobbying in the EU-Towards a theory of access, S. 29.

Hieraus leitet Bouwen seine These her, dass gegenüber dem EP europäische Verbänden den besten Zugang haben, vor nationalen Verbänden und Unternehmen.[167] Die gestiegene Bedeutung des EP für die Interessenvertretung verdeutlicht auch die geschätzte Zahl von jährlich ca. 70.000 Individualkontakten zwischen Lobbyisten und Parlamentariern.[168]
Dem EP kommt im Umweltbereich beim oft anzuwendenden Mitentscheidungsverfahren eine entscheidende Rolle zu. Ihm wird ein „Vetorecht" eingeräumt und seit dem Vertrag von Amsterdam ist eine Verabschiedung von Rechtsakten im Mitentscheidungsverfahren ohne Zustimmung des EP nicht mehr möglich. Das Letztentscheidungsrecht des Rates wurde aufgegeben. Dies hat Auswirkungen auf die Interessenvertretung, die auch beim EP ansetzen muss. Über Einflussnahme auf MEP´s besteht die Möglichkeit, eine Rechtsvorschrift zu verhindern bzw. abzuändern. Auf der anderen Seite droht immer die Gefahr, durch Eingaben des EP Vorschriften zu verschlechtern. Der Interessenvertreter muss dies beim Mitentscheidungsverfahren immer im Auge behalten. Demgegenüber fallen WSA und dem AdR nur rein beratende Aufgaben zu.[169]

Die Vorschläge werden mit Kommissionsvertretern in den Ausschüssen des EP diskutiert. Das „Know-how" der Kommissionsvertreter, erworben durch jahrelange Beschäftigung mit dem Thema, verschafft ihnen erhebliches Gewicht.[170] Eine wichtige Rolle bei der Entscheidungsfindung im EP spielen die Fraktionen. Diese bestimmen nach einem Punktesystem den jeweiligen Berichterstatter in einem Ausschuss. Dem Berichterstatter des federführenden Ausschusses kommt, neben dem Ausschussvorsitzenden, das größte Gewicht zu. Er entwirft einen Bericht für den Ausschuss, in dem er eine Bewertung des Kommissionsvorschlages vornimmt und Änderungsanträge vorschlägt. Er gehört zu den wichtigsten Meinungsbildern im EP.[171] Jede Fraktion bestimmt zudem sog. Schattenberichterstatter, die ebenfalls einen großen Einfluss auf die Meinungsbildung in einer Fraktion haben.[172]
In der Mining-Waste-Angelegenheit wurde zum Berichterstatter des federführenden Umweltausschusses (ENVI) Herr Jonas Sjöstedt von der Konföderalen Fraktion der Vereinigten Europäischen Linken/Nordische Grüne Linke ernannt. Berichterstatterin des Industrieausschusses (ITRE) war Frau Marjo Matikainen-Kallström von der Fraktion der Europäischen Volkspartei (Christdemokraten) und europäischer Demokraten.

---

[167] Bouwen, Corporate Lobbying in the EU-Towards a theory of access, S. 35.

[168] Studie von Wessels, W., zitiert aus Lehmann in Working paper „Lobbying in the EU: Current rules and practices", S. 33.

[169] Vgl. die umfassende Ausarbeitung zu WSA und AdR bei Siebeke, Institutionalisierte Interessenvertretungen.

[170] Krämer, Arbeit und Konzeption der EG-Kommission, in Calliess/ Wegener, EU-UmweltR als Chance, S. 38; Buholzer, Legislatives Lobbying in der EU, S. 183.

[171] Vgl. auch Lehmann in Working paper „Lobbying in the EU: Current rules and practices", S. 43.

[172] Vgl. insgesamt hierzu Buholzer, Legislatives Lobbying in der EU, S. 186.

Interessengruppen sollten sich daher vor allem mit dem Berichterstatter und dem Schattenberichterstatter auseinandersetzen und sie kontaktieren, um Einfluss auszuüben. Das EP sieht in der Nutzung der Ressourcen der Interessengruppen einen Weg seine öffentliche Resonanz zu vergrößern.[173]
Folgende Aktivitäten wurden in der Mining-Waste-Angelegenheit von der Industrie gegenüber dem EP unternommen:

- Findung einer gemeinsamen Position
- Analyse und Bewertung der Änderungsanträge
- Kontaktaufnahme mit Berichterstattern und Schattenberichterstattern.

Umweltschutzorganisationen wie der WWF haben, wie oben auf S. 32ff. dargelegt, ähnliche Aktivitäten unternommen. Die Professionalität der Arbeit der Umweltschutzorganisationen wird beispielsweise durch die WWF-Stellungnahme zur Mining-Waste Problematik deutlich, die mit wissenschaftlicher Hilfe fundiert erarbeitet wurde und auch vom Layout her durch Grafiken sehr ansprechend gestaltet ist.

II. Trilog

Ein wichtiger Bestandteil effizienter Rechtsetzung sind die sog. „Triloge", dies sind vorbereitende „Dreiersitzungen" zwischen Rat, EP und Kommission. Sie sind im EG-Vertrag nicht vorgesehen und wurden unter spanischem Vorsitz im zweiten Halbjahr 1995 als informelle Veranstaltung zur Vorbereitung der ersten und zweiten Lesung und von Sitzungen des Vermittlungsausschusses eingeführt. Sie haben informellen Charakter und dienen dazu, Positionen zu klären, strittige Punkte zu ermitteln und Kompromisse zu erarbeiten. Ziel ist die Verfahrensdauer zu verkürzen. Die Effizienz der Triloge wird beeinflusst vom teilnehmenden Personenkreis und der Kontinuität der sich herausbildenden Kontakte und Beziehungen.[174]

C. Exkurs: Entscheidungsphase

In der Entscheidungsphase wird die entsprechende Norm endgültig beschlossen. Hiermit wird das Rechtsetzungsverfahren formell abgeschlossen.[175]
Der Rat ist für die Verabschiedung von Rechtsakten zuständig.[176] Ihm kommt damit eine entscheidende, wichtige Rolle im EU-Rechtsetzungsverfahren zu.[177] Auch nach Einführung des Mitentscheidungsverfahrens ist sein Einfluss ungebrochen, wenngleich ihm vor dem Inkrafttreten des Maastrichter und Amsterdamer Vertra-

---

[173] Buholzer, Legislatives Lobbying in der EU, S. 187.

[174] Böhner, Mitentscheidung des EP, ZG 2001, 85 (87).

[175] Vgl. Epiney, Umweltrecht, S. 32.

[176] Vgl. Bouwen, Corporate Lobbying in the EU-Towards a theory of access, S. 31; Röhl, Rechtsetzung im Ministerrat, EuR 1994, S. 409ff.

[177] Vgl. zur Funktion des Rates bei der Interessenvertretung auch Marziali, Lobbying in Brussels, S. 16-18.

ges noch größerer Einfluss im EU-Rechtsetzungsverfahren zukam.[178] Beim Mitentscheidungsverfahren teilt sich der Rat seine Verabschiedungskompetenz mit dem Parlament. Der Rat kann sich im Mitentscheidungsverfahren über die Beschlüsse des EP nicht mehr hinwegsetzen. Wenn er diese nicht übernehmen will, kommt es zu einem Vermittlungsverfahren, in dem Rat und EP gleichberechtigt eine Lösung suchen. Die Kommission nimmt an den Arbeiten teil und versucht Kompromisse herauszuarbeiten. Sie spielt nur die Funktion eines Maklers und hat kein Stimmrecht.[179]
Im Vergleich zu Kommission und Parlament ist der Rat die am stärksten nationalstaatlich geprägte Institution auf EU-Ebene. Er spiegelt den Einfluss der Mitgliedstaaten auf die EU-Politik wieder. Als der „große" Rat wird das Treffen der Staats- und Regierungschefs bezeichnet. Die Ministerräte sind die Treffen der Fachminister bzw. deren Vertreter. Die Mitgliedstaaten sind bestrebt, ihre nationalen Interessen soweit wie möglich zu verteidigen und durchzusetzen. Die Entscheidungen des Rates sind oft Kompromisse zwischen den Mitgliedstaaten, die mitunter einem Tauschhandel ähneln.

Lehmann schreibt zur Rolle des Rates bei der Interessenvertretung: „Still, the Council of Ministers is often called the least accessible institution for lobbyists. The Council secretariat keeps no listing of lobbyists and takes the position that "all contact with lobbyists and NGOs is handled by the European Commission."[180]
Bei der Analyse der Funktion von Interessengruppen auf Ratsebene ist zu berücksichtigen, dass die Ständigen Vertreter des zukünftig und des derzeit präsidentschaftführenden Landes (vgl. auch Art. 207 EG zum COREPER, dem Ausschuss der Ständigen Vertreter[181]) wichtige Ansprechpartner für Interessenvertreter bilden, da jede Präsidentschaft ein eigenes halbjährliches Arbeitsprogramm und eine eigene Prioritätenliste erstellt. Die Präsidentschaft kann dabei zwar die Prioritäten beeinflussen, weniger aber das Programm selber. Sie initiiert häufig wichtige nichtlegislative Initiativen gemäß ihren eigenen nationalen Prioritäten.[182]
Die jeweiligen Ratsmitglieder müssen sich zur Beurteilung der Auswirkungen eines Maßnahmenvorschlages auf ihren Mitgliedstaat ein genaues Bild der nationalen Lage verschaffen. Des Weiteren erfordert die Umsetzung der Maßnahmen in nationales Recht eine detaillierte Kenntnis der nationalen Rechtslage. Benötigt werden insbesondere Informationen, die in den Ratsberatungen verwendet werden können. Diese Details werden durch die nationale Administration geliefert, fachliche Zuarbeit erfolgt aber auch durch Interessengruppen und natürlich durch die Kommission[183]. Eine Informationsbeschaffung durch die Institution Rat selbst ist oft nur be-

---

[178] Greenwood, Representing Interests in the EU, S. 31.

[179] Buholzer, Legislatives Lobbying in der EU, S. 183.

[180] Lehmann in Working paper „Lobbying in the EU: Current rules and practices", S. 52.

[181] Zum COREPER: Röhl, Rechtsetzung im Ministerrat, EuR 1994, S. 409ff.

[182] Buholzer, Legislatives Lobbying in der EU, S. 167, 168.

[183] Zur Unterstützung des Rates durch die Kommission vgl. Krämer, Arbeit und Konzeption der EG-Kommission, in Calliess/ Wegener, EU-UmweltR als Chance, S. 40; Eine Einbeziehung der

grenzt möglich. Der Rat verfügt nur über eine kleine Verwaltung, das Generalsekretariat (Art. 207 Abs. 2 EG). Es ist politisch neutral, assistiert der Präsidentschaft und ist das organisatorische Rückgrat der Ratstreffen.[184]
Adressaten der Interessenvertretung im Rat sind damit vor allen Dingen das Ratssekretariat, die Ständigen Vertreter und die nationalen Regierungen und Ministerien, welche die eigentlichen Entscheidungsträger sind.[185] Greenwood vertritt die Auffassung, dass der am meisten Erfolg versprechende Weg, seine Interessen gegenüber dem Rat durchzusetzen, über die nationale Schiene erfolgt.[186] Unterstützung erhält diese Auffassung auch durch Bouwen, wonach gegenüber dem Ministerrat die nationalen Verbände über den größten Einfluss verfügen, gefolgt von den europäischen Verbänden und dann erst den Unternehmen.[187] Dies verdeutlicht, dass es nicht ausreicht, allein in Brüssel Interessenvertretung zu betreiben, vielmehr ist nach wie vor eine Interessenverfolgung in den Mitgliedstaaten zu empfehlen. Lehmann gibt einen sehr aufschlussreichen Überblick über die verschiedenen Traditionen der Interessenvertretung in den Mitgliedstaaten. Demnach besteht insbesondere bei Unternehmen aus Großbritannien die Tendenz, direkt in Brüssel vorstellig zu werden, z.B. durch ein eigenes Büro und eine „Dual-Lobbying-Strategie“ auf nationaler und europäischer Ebene. Deutsche Unternehmen bevorzugen demgegenüber eine Vertretung ihrer Interessen über den nationalen Dachverband, der oftmals zugleich ein eigenes Büro in Brüssel unterhält und so eine Duale-Interessenvertretung vornimmt. Gleichwohl besteht auch bei großen deutschen Unternehmen die Tendenz, ein eigenes Büro in Brüssel zu eröffnen.[188]

Im Ergebnis sind Ratsentscheidungen stark politisch beeinflusst und daher nur schwer berechenbar. Für Interessenvertreter ist es daher insgesamt effizienter, bei der Kommission und im EP ihre Interessen vorzubringen. Buholzer bringt es auf den Punkt, wenn er schreibt „die Schwierigkeit des Rats-Lobbying liegt in der Tatsache, dass die Verhandlungen und Paketlösungen wenig transparent sind.“[189] Fachlich fundierte und ausgewogene Kommissionsvorschläge werden in diesem Verfahren häufig in den Mühlen des politischen Tauschhandels zermahlen und sind dann in der Praxis nur noch schwer umzusetzen.

Zur Funktion der Kommission in diesem Verfahrensabschnitt ist anzumerken, dass gemäß Artikel 250 Abs. 2 EGV die Kommission ihren Vorschlag vor der Beschlussfassung des Rates ändern kann. Dieses Recht schließt auch die Rücknahme

---

Interessenvertreter wird teilweise auch auf das dem Rat vorgeworfene Demokratiedefizit hergeführt, wobei dieses Argument in der Praxis keine Bestätigung findet.

[184] Vgl. Bouwen, Corporate Lobbying in the EU-Towards a theory of access, S. 31.

[185] Buholzer, Legislatives Lobbying in der EU, S. 184.

[186] Greenwood, Representing Interests in the EU, S. 31.

[187] Vgl. Bouwen, Corporate Lobbying in the EU-Towards a theory of access, S. 25.

[188] Lehmann in Working paper „Lobbying in the EU: Current rules and practices“, S. 42.

[189] Buholzer, Legislatives Lobbying in der EU, S. 185.

des Vorschlages ein, als „negative“ Ausübung des Vorschlagsmonopols.[190] Während die Kommission dieses Recht so auslegt, dass sie jederzeit einen Vorschlag zurückziehen kann, beurteilt der Rat die Änderungsbefugnis des Art. 250 Abs. 2 enger: Er ist der Ansicht, dass eine „missbräuchliche“ Rücknahme des Vorschlags kurz vor Entscheidung des Rates unzulässig sei. Diese Frage ist vor dem EuGH noch nicht geklärt, da die Kommission bisher Rücknahmen von Vorschlägen meist als rein technisch qualifiziert hat, z.B. zum Zweck der Ersetzung einer Rechtsgrundlage.[191]

D. Exkurs: Umsetzung des Rechtsaktes, Komitologieverfahren

Der Vollständigkeit halber soll an dieser Stelle noch kurz auf den weiteren Weg eines Rechtsaktes nach Verabschiedung durch Rat und ggf. EP eingegangen werden: Die Umsetzung des erlassenen Rechtsaktes obliegt regelmäßig den Mitgliedstaaten. Kommission und EuGH überprüfen, ob das Gemeinschaftsrecht tatsächlich richtig angewandt wurde. Dem EuGH obliegt das Monopol der letztverbindlichen Auslegung des Gemeinschaftsrechts.[192].

Der Rat überträgt gemäß Art. 211 Abs. 4 i.V.m. Art. 202 3. Spiegelstrich, der Kommission die Durchführungsbefugnisse für Vorschriften, die er erlässt. Diese Befugnisse werden in der Regel durch einen aus Experten der Mitgliedstaaten bestehenden Ausschuss wahrgenommen. Die Einzelheiten der Übertragung sind durch die Entscheidung 1999/468/EG neu geregelt worden. Dieses sog. Komitologie-Paket besteht neben dieser Entscheidung noch aus drei im Amtsblatt veröffentlichten Erklärungen (ABl. 1999 Nr. C 203/1). Der Problemkreis „Komitologie“ im institutionellen Dreieck zwischen Rat, Parlament und Kommission ist sehr umstritten.[193] Er spielt für die Interessenvertretung nur eine untergeordnete Rolle, da allein Vertreter der Kommission und der Mitgliedstaaten in den Komitologieausschüssen vertreten sind.[194] Dies ist ein Grund, warum von Seiten der Interessengruppen häufig gefordert wird, sog. Beratende Ausschüsse (vgl. unten S. 170f.) bei der Umsetzung anzuhören, da diese auch mit Interessenvertretern besetzt sind.

E. Fazit EU-Rechtsetzungsverfahren

Rechtsetzungsverfahren sind grundsätzlich alle Verfahren, die auf den Erlass von verbindlichen Rechtsnormen abzielen. Die EU weist in ihrem Rechtsetzungssystem eine andere Legitimationsstruktur auf als die Mitgliedstaaten[195], dennoch lässt sich

---

[190] Jorna in Schwarze, EU-Kommentar, Art. 211, Rdnr. 28.

[191] Jorna in Schwarze, EU-Kommentar, Art. 211, Rdnr 28.

[192] Vgl. Epiney, Umweltrecht, S. 33.

[193] Vgl. Jorna in Schwarze, EU-Kommentar, Art. 211, Rdnr 36, 37.

[194] Vgl. zum Komitologieverfahren Pedler/ Schaefer, Shaping European Law and Politics: The Role of Committees and Comitology in the Political Process; Cini, The European Commission, S. 160-163; Mehde, Verwaltungsreformen in der Kommission, ZEuS 2001, S. 403 (410f.).

[195] Fischer, Demokratiedefizit, S. 173.

das Rechtsetzungsverfahren gerade im Bereich der Umweltpolitik mit dem dort vorherrschenden Mitentscheidungsverfahren, wie in den Mitgliedstaaten auch, einteilen in eine Informations- und Initiativphase, eine Mitwirkungsphase und eine Entscheidungsphase, gefolgt von der Umsetzungs- und Vollzugsphase.
Die Kurzform „The Commission proposes, the Council disposes" trifft heute so allein nicht mehr zu. Seit dem Vertrag von Nizza verabschieden im Mitentscheidungsverfahren Rat und EP gemeinsam Rechtsakte, dem EP fällt damit eine maßgebliche Stellung zu.
Für Interessengruppen liegt der Schwerpunkt ihrer Tätigkeit bei der Kommission, die den Rechtsakt gemäß ihrem Vorschlagsmonopol allein ausarbeitet und ein „offenes Ohr" für alle Interessengruppen hat. Die Erfolgsaussichten der Interessenvertretung sind im frühen Verfahrensstadium am größten. Der Ausarbeitungsprozess eines Rechtsaktes durch die Kommission wird durch die Geschäftsordnung der Kommission in Teilen vorgegeben, dem ausarbeitenden Referat (Unit) in der zuständigen Generaldirektion verbleibt aber ein großer Ausarbeitungsspielraum. Dieser Spielraum kann zur Informationsgewinnung genutzt werden. Die Generaldirektionen der Kommission nutzen Instrumente wie Stakeholder-Konsultationen zur Gewinnung externen Wissens. Durch ihre personelle Unterbesetzung ist die Kommission auf dieses externe Wissen angewiesen, wenngleich nicht von ihm abhängig, da sie viele Möglichkeiten hat, es zu erlangen (Interessengruppen, Sachverständige, Mitgliedstaaten) und ihr die Berücksichtigung im Legislativvorschlag freisteht.
Die bei einem Vorgang federführende Generaldirektion veröffentlicht Zwischenergebnisse häufig in Arbeitspapieren, die aber keinen offiziellen Status haben, da sie nicht mit den anderen Generaldirektionen abgestimmt sind. Die Nutzung von Grün- und Weißbüchern sowie von Programmen und Strategien gibt der Kommission weitere Instrumente in die Hand, gemäß ihrem Vorschlagsmonopol einen Kommissionsvorschlag auszuarbeiten und externe Informationen mit einzubeziehen.
Während der Rat, im Gegensatz zu seiner Funktion im Rechtsetzungsverfahren, nur eine untergeordnete Funktion für Interessengruppen hat, spiegelt sich die gestiegene Bedeutung des EP, insbesondere durch das Mitentscheidungsverfahren, auch im Umgang mit Interessenvertretern wider.

Dritter Teil: Interessenvertretung in der EG-Umweltpolitik

A. Funktionen der Interessenvertretung

Nachdem auf S. 27 bereits die grundsätzliche Terminologie der Interessengruppe erläutert wurde, wird im Folgenden auf die Funktion der Interessenvertretung eingegangen.[196]

I. Aus Sicht der Vertretenen

Aus Sicht der in den Interessengruppen vertretenen „Auftraggeber“ lassen sich die Funktionen der Interessenvertretung in die drei Grundfunktionen Beobachtung (Monitoring), Analyse und Ausführung einteilen, aus denen die moderne Interessenvertretung im Wesentlichen besteht. Dabei ist es unerheblich, ob der Interessenvertreter für Industrie, Handel, Banken oder Umweltschutz tätig wird.[197]

1. Monitoring

Interessenvertreter haben die Aufgabe, den Umweltbereich aktiv zu beobachten, um relevante Entwicklungen frühzeitig zu erkennen (Monitoring). Interessengruppen haben insoweit eine „Radarfunktion“, wobei sich das Monitoring auf ein breites Themenspektrum beziehen muss, damit nichts übersehen wird. Nur so kann ein frühzeitiges und effizientes Eingreifen in den Entscheidungsprozess gewährleistet werden.

Diese Aktivität umfasst die kontinuierliche Beobachtung der Entwicklung politisch relevanter Prozesse und deren Umfeld. Gesellschaftliche, wirtschaftliche und politische Entwicklungen sollen so früh wie möglich aufgespürt werden.[198] Relevant sind hierbei alle Informationen, die auf die Tätigkeit der vertretenen Gruppe Auswirkungen haben könnten.

2. Analyse und Bewertung der gewonnenen Informationen

Diese Informationen müssen beurteilt und bewertet werden. Die Interessenverbände bedienen sich zur Analyse der Beobachtungen interner Gremien, der Ausschüsse bzw. der Arbeitskreise, bei europäischen Verbänden auch als Working Groups oder Task Force bezeichnet. An den Ausschusssitzungen nehmen die Mitglieder der jeweiligen Verbände oder deren Vertreter teil. Diese Ausschüsse dienen neben der Analyse der gesammelten Beobachtungen auch zum Informationsaustausch und zur Verbreitung der Informationen. Zwischen den Ausschusssitzungen werden die Mitglieder der Ausschüsse durch Rundschreiben über aktuelle Entwicklungen informiert. Interessenverbände verarbeiten also Input aus dem Innen- und Außenverhältnis, formen diese in einem Verarbeitungsprozess in Leistungen um

---

[196] Vgl. auch Marziali, Lobbying in Brussels, S. 3ff.

[197] Buholzer, Legislatives Lobbying in der EU, S. 39; Geiger, Lobbying – Anwaltliches Beratungsfeld der Zukunft?, NJW 2003, 2878 (2879f.).

[198] Vgl. Buholzer, Legislatives Lobbying in der EU, S. 44.

und geben diese an Mitglieder und Personen außerhalb des Verbandes, insbesondere Politiker und Beamte, ab.[199] Man kann durchaus behaupten, dass die Verbände von diesen Ausschüssen leben, da sie die Verbindung des Verbandes zur Mitgliederbasis darstellen. In diesen internen Ausschusssitzungen wird nach der jeweiligen Analyse der Auswirkungen eines Gesetzesprojektes auf die Praxis auch die Handlungsstrategie und Positionierung des Verbandes festgelegt. Eine Interessengruppe muss somit im ständigen Austausch mit ihren Mitgliedern und ihrem Umfeld stehen, um erfolgreich agieren zu können.[200]

3. Handeln

Aufbauend auf Monitoring und Analyse der gewonnenen Informationen wird die Interessengruppe versuchen, gegebenenfalls auf den Entscheidungsprozess Einfluss auszuüben. Die Art und Weise dieser Einflussnahme wird durch die institutionellen Besonderheiten des jeweiligen Rechtsetzungsverfahrens dominiert. Es werden Handlungsalternativen entwickelt,[201] wobei die Wahl der Handlungsstrategie und die Chance der Beeinflussbarkeit einer Gesetzesvorlage von verschiedenen Faktoren abhängen:[202]

- der Phase der Entscheidungsfindung (je früher desto besser),
- der Charakteristik der Vorlage (je fachspezifischer, desto besser),
- den verfügbaren Kapazitäten der Interessenvertretung,
- dem nutzbaren Beziehungsnetz,
- der Haltung der öffentlichen Meinung (je unterstützender desto besser),
- der Übereinstimmung mit der generellen Doktrin der Politiker und Beamte (je identischer desto besser),
- dem Verhalten konkurrierender und unterstützender Interessengruppen,
- der möglichen Bildung von Allianzen.

Je größer der Einfluss des Gesetzesprojektes auf die vertretende Interessengruppe und je besser die Aussicht auf eine erfolgreiche Beeinflussung ist, desto aktiver werden die Bemühungen der Interessenvertretung sein.
Weitere Gesichtspunkte neben den Erfolgsaussichten und der Wichtigkeit für die Interessenvertretung sind:

- das Kosten-Nutzen-Verhältnis,
- die Glaubwürdigkeit des Lobbyings,
- die Auswirkungen des Lobbyings auf andere Gesetzesprojekte und auf die Zusammenarbeit mit Behörden (einschl. der EG Kommission).

---

[199] Buholzer, Legislatives Lobbying in der EU, S. 42, 43. Buholzer interpretiert diese Beziehungen als Tausch. Er greift dabei auf politikwissenschaftliche Theorien (Korporatismus), auf die Neue Politische Ökonomie und auf betriebswirtschaftliche Marketingtheorien zurück.

[200] So auch Buholzer, Legislatives Lobbying in der EU, S. 44.

[201] So Buholzer, Legislatives Lobbying in der EU, S. 40.

[202] Buholzer, Legislatives Lobbying in der EU, S. 46.

Oftmals verspricht das aktive Lobbying größere Erfolgsaussichten als die defensive Interessenvertretung. Die Beeinflussung ist immer einfacher, wenn Veränderungen aktiv mitgestaltet werden.[203] Defensive Interessenvertretung ist nur sinnvoll, wenn entweder Zeit gewonnen werden soll oder der zu verteidigende Zustand so lukrativ ist, dass jeder Tag, den er aufrechterhalten werden kann, einen beträchtlichen Vorteil für die Gruppe bedeutet.[204]

II. Aus Sicht der Institutionen

Aus Sicht der EU-Institutionen können sich Interessenvertreter in das Rechtsetzungsverfahren positiv einbringen:

1. Nutzung des Sachverstandes

Die Nutzbarmachung des Sachverstandes von Interessengruppen ist das Hauptargument der Beteiligung derselben an der Rechtsetzung. Ziel dieser Beteiligung ist die Verbesserung der Qualität der Gesetzgebung. Entscheidend für die Notwendigkeit der Heranziehung dieses Expertenwissens der Interessengruppen ist die Tatsache, dass die Rechtsetzung immer komplizierter und spezialisierter wird. Gerade im Bereich des Umweltschutzes kann oft nur der von einem Rechtsakt Betroffene dem Gesetzgeber mitteilen, inwieweit er betroffen ist und wie sich dies praktikabel gestalten lässt.[205] Zudem sei im Zusammenhang mit der Kommission auf das oben erwähnte Problem der Unterbesetzung der Kommission verwiesen. Es ist aber zu bedenken, dass Verbände diese Informationsmöglichkeit für ihre Zwecke nutzen werden und es daher wichtig ist, dass jede Interessengruppe Informationen aus ihrer Sicht weitergeben kann.[206]

2. Interessenausgleich

Die Hinzuziehung von Interessengruppen wird oft mit der Hoffnung verbunden, dass dadurch ein tragfähiger Kompromiss erreicht werden kann innerhalb der organisierten Mitglieder eines Verbandes, der Verbände untereinander und im Verhältnis Verband zum Staat.[207] Hierzu ist es notwendig, dass eine Interessengruppe sich zunächst intern abstimmt und die Mitglieder eine gemeinsame Position festlegen. Dann ist zusätzlich eine Abstimmung der betroffenen Interessengruppen sinnvoll, die sich aber in der Praxis häufig als schwierig erweist. Diese Abstimmung ist auch im Interesse der Institutionen, da es für diese mit einem erheblichen Mehr-

---

[203] So auch Buholzer, Legislatives Lobbying in der EU, S. 47.

[204] Buholzer, Legislatives Lobbying in der EU, S. 48.

[205] Schröder, Gesetzgebung und Verbände, S. 25, dessen Aussage aus dem Jahr 1975 bezogen auf die Bundesrepublik Deutschland, damals in Zusammenhang mit der Diskussion um ein Verbändegesetz, immer noch Gültigkeit besitzt, auch auf EU-Ebene; vgl. auch Steinberg, Interessenverbände, S. 246.

[206] Vgl. zur Nutzung des Sachverstandes der Verbände auch Brohm in Isensee/ Kirchhof, HStR., Band II, § 36.

[207] Vgl. Schröder, Gesetzgebung und Verbände, S. 26.

aufwand verbunden ist, sich Kenntnis über die Ansicht jedes einzelnen Betroffenen zu verschaffen. Neben dem zwischenverbandlichen Interessensausgleich ist auch eine Abstimmung zwischen den Interessengruppen und dem Staat sehr sinnvoll, da sonst die Gefahr besteht, dass die getroffenen Maßnahmen nicht rigoros genug oder sogar zu streng sind und abgelehnt werden. Wichtig ist, dass jede Interessengruppe die Möglichkeit zur Äußerung und Weitergabe ihrer Belange erhält, kein Aushandeln zu Lasten Dritter erfolgt und dass der Abstimmungsprozess möglichst transparent erfolgt.[208] Schröder schreibt insoweit zutreffend: „Ein Bargaining zwischen Staat und Verbänden muss vermieden werden."[209]

3. Erleichterung der Durchsetzung

Die Nutzung des Expertenwissens der Interessengruppen verhindert nicht nur den Widerstand dieser Gruppen gegen den zu erlassenden Rechtsakt, sie verbessert auch die tatsächliche Befolgung und Durchsetzung, falls der Gesetzgeber dieses Expertenwissen nicht nur zur Kenntnis nimmt, sondern auch berücksichtigt. So kann theoretisch gewährleistet werden, dass nichts normiert wird, was die Betroffenen gar nicht leisten können. Es besteht aber die Gefahr, dass faule Kompromisse geschlossen werden.[210]

4. Kontrolle

Schröder brachte in der deutschen Verbändediskussion in den 70er Jahren das Argument vor, dass durch die Beteiligung der Verbände an der Gesetzgebung der Entscheidungsprozess der staatlichen Organe kontrolliert werde.[211] Durch die Beteiligung werde die Verwaltung als unparteiische Instanz erkannt und akzeptiert. Diese Kontrollfunktion der Verbände sei aber nur hinsichtlich der Berücksichtigung der Verbandsinteressen wirksam.[212] Dieses Argument ist zutreffend, allerdings erfolgt eine Kontrolle der staatlichen Organe im Wege der Gewaltenteilung und auch durch die Medien, denen hierzu weitaus größere personelle und finanzielle Kapazitäten als den Verbänden zur Verfügung stehen.

B. Die Verbändesituation in Brüssel

Brüssel hat sich in den letzten Jahren zu einem „Lobbying-Mekka" entwickelt und ist nach Washington der zweitgrößte Arbeitsplatz für Interessenvertreter.[213] Schätzungsweise 13.000 Lobbyisten arbeiten in der belgischen Hauptstadt.[214] Im Jahr 2000 hatten ca. 2600 Interessengruppen ein ständiges Büro in Brüssel[215], heute

---

208 Vgl. Schröder, Gesetzgebung und Verbände, S. 26.

209 Schröder, Gesetzgebung und Verbände, S. 27.

210 Schröder, Gesetzgebung und Verbände, S. 28.

211 Schröder, Gesetzgebung und Verbände, S. 28.

212 Schröder, Gesetzgebung und Verbände, S. 29.

213 Buholzer, Legislatives Lobbying in der EU, S. 11.

214 Marziali, Lobbying in Brussels, S. 3.

215 Lehmann in Working paper „Lobbying in the EU: Current rules and practices", S. iii.

dürften es noch weitaus mehr sein. Gareth Harding schreibt zutreffend in der Washington Times: "there are not many growth industries in Brussels, capital of Belgium and headquarter of the EU, but lobbying is definitely one of them."[216] Im Bereich der europäischen Umweltpolitik sind zwei „Kategorien" von Interessenvertretern besonders aktiv: Die europäischen und nationalen Industrie- und Wirtschaftsverbände und die Umweltverbände, die in erster Linie im Europäischen Umweltbüro (EUB bzw. Englisch EEB) zusammengeschlossen sind.[217]

I. Die Brüsseler Verbandslandschaft

Die Brüsseler Verbandslandschaft ist sehr vielfältig und kaum zu überblicken: Die gleichen Interessen können durch verschiedene Organisationen wahrgenommen werden.[218] Oft erfolgt die Wahrnehmung für ein Unternehmen auf verschiedenen Wegen, durch ein Portfolio an Lobbying Optionen.[219] Welcher Weg beschritten wird, hängt von der erwarteten Effizienz und dem möglichen Erfolg ab. Die Effizienz wird bestimmt von der Anzahl der Verbände, die zwischen Unternehmen und der EU zwischengeschaltet sind, in Deutschland können es beispielsweise Landesverband, Nationaler Bundesverband, Europäischer Fachverband sein, und der Effizienz der Entscheidungsgremien innerhalb der Verbände.[220] Je mehr Verbände mitarbeiten, desto bürokratischer und uneffektiver wird die Arbeit.[221]

Die europäischen Verbände unterhalten oftmals ein eigenes Büro in Brüssel. Ihre Arbeit ist charakterisiert durch die Bearbeitung eines großen Aufgabenfeldes mit relativ wenigen Mitarbeitern. Die europäischen Verbände zeichnen sich ferner dadurch aus, dass sie vom eigentlichen Marktgeschehen weit entfernt sind.[222] Ihre Stärke liegt in der Zusammenführung der verschiedenen Interessen der nationalen Mitgliedsverbände und von Unternehmen aus verschiedenen Mitgliedstaaten.[223] Sie sollten in der Lage sein, die europäischen Institutionen mit detaillierten Informationen über die Situation in den Mitgliedstaaten zu versorgen.

Aufgrund der gesteigerten Bedeutung der EU unterhalten immer mehr nationale Verbände eigene Büros in Brüssel. Die Stärke der nationalen Verbände in Brüssel

---

[216] Harding, Washington Times, 8 März 2005.

[217] Epiney, Umweltrecht, S. 45, 46; Zur allgemeinen Brüsseler Interessengruppenlandschaft vgl. Buholzer, Legislatives Lobbying in der EU, S. 11-16; Greenwood, Representing Interests in the EU, S. 101 ff., der die großen Verbände erläutert und Zahlen nennt; vgl. auch Lehmann in Working paper „Lobbying in the EU: Current rules and practices", S. 5ff.

[218] Vgl. Hierzu die Aufstellung von Marziali, Lobbying in Brussels, S. 6-15.

[219] Bouwen, Corporate Lobbying in the EU-Towards a theory of access, S. 16.

[220] Vgl. Bouwen, Corporate Lobbying in the EU-Towards a theory of access, S. 18.

[221] Auch Bouwen, Corporate Lobbying in the EU-Towards a theory of access, S. 18, unterstützt diese Ansicht.

[222] Bouwen, Corporate Lobbying in the EU-Towards a theory of access, S. 20.

[223] So auch Bouwen, Corporate Lobbying in the EU-Towards a theory of access, S. 20.

liegt darin, dass sie die EU-Institutionen mit Detailkenntnissen über die Lage in ihrem Land versorgen können. Oftmals führt das breite Aufgabenspektrum auf nationaler und EU-Ebene aber zu gemindertem Expertenwissen.[224]

Als Organisationsformen der Interessengruppen ist zu unterscheiden zwischen Verbänden mit reiner Verbandsmitgliedschaft (sog. Verbände der Verbände), Verbänden mit direkter Firmenmitgliedschaft[225] und Verbänden mit beidem. Zudem haben Unternehmen die Möglichkeit, ihre Interessen durch private Lobby-Organisationen (sog. „third party representation") in Form von „Consultants" durchführen zu lassen.[226] Diese Form der Interessenvertretung hat den Vorteil, dass sie maßgeschneidert erfolgt:[227] Der Consultant wird nur für ein Problem in einem speziellen Fall tätig. Der Nachteil dieser Art der Interessenvertretung ist, dass sie für das Unternehmen im Vergleich zu einer Verbandsvertretung finanziell sehr teuer sein kann. Sie hat aber den Vorteil, keine eigene Präsenz in Brüssel unterhalten zu müssen. Sie wird meist gewählt, wenn eine Wahrnehmung der Interessen durch Verbände keine Aussicht auf Erfolg verspricht, die Firma zu klein ist, um ihre Interessen in einem Verband zu artikulieren[228] bzw. keine Verbandsvertretung in Brüssel erfolgt. Für das Unternehmen lohnt sich diese Art der Interessenvertretung auch finanziell, wenn es nur für eine kurze Zeit oder nur für einzelne Vorgänge in Brüssel vorstellig werden muss. Bei seiner Vorgehensweise analysiert der Consultant zunächst, welche Schritte sein Mandant bereits unternommen hat und welches Ziel erreicht werden soll. Dann nimmt er Kontakt zu den maßgeblichen Brüsseler Stellen in den jeweiligen EU-Institutionen auf. Der Consultant schlüpft während des Lobbying in die Rolle der Organisation oder des Unternehmens, für das er tätig wird. Er vertritt seinen Mandanten vor den EU-Institutionen. Diese, vor allem in den USA, sehr verbreitete Art der Interessenvertretung ist in Brüssel derzeit selten anzutreffen, wird aber immer populärer.[229]

Die Interessenvertretung kann auch direkt durch das Unternehmen erfolgen, wenn ein eigenes Büro in Brüssel unterhalten wird. Besonders große, multinationale Konzerne wählen diese Art der Interessenvertretung. Für diese Konzerne ist die EU ein wichtiger Gesprächspartner, da die EU auf die rechtlichen und politischen Rahmenbedingungen dieser Unternehmen massiven Einfluss ausübt.[230] Ihr Brüsseler Büro stellt die Kommunikation zwischen Unternehmen und EU her. Ein Grund für direkte Interessenvertretung von Unternehmen in Brüssel kann auch die nicht

[224] Bouwen, Corporate Lobbying in the EU-Towards a theory of access, S. 21.
[225] Vgl. Bouwen, Corporate Lobbying in the EU-Towards a theory of access, S. 14.
[226] Vgl. Geiger, Gastkommentar EuZW 13/ 2003: Marziali, Lobbying in Brussels, S. 12, 13.
[227] Bouwen, Corporate Lobbying in the EU-Towards a theory of access, S. 15.
[228] So auch Bouwen, Corporate Lobbying in the EU-Towards a theory of access, S. 15.
[229] Bouwen, Corporate Lobbying in the EU-Towards a theory of access, S. 22.
[230] Bouwen, Corporate Lobbying in the EU-Towards a theory of access, S. 15.

vorhandene oder unzureichende Vertretung durch den eigenen nationalen oder europäischen Verband sein.[231]

II. Infrastruktur und Informationsquellen

Um Interessen zu vertreten, ist eine Infrastruktur notwendig, die die Voraussetzung für zielgerichtetes, systematisches und folgerichtiges Handeln ist. Insbesondere ein effizientes Informations- und Datenmanagement ist erforderlich.[232] Neben dem Telefon spielt das Internet bei der Interessenvertretung auf EU-Ebene heute eine ganz entscheidende Rolle. Die EG-Kommission veröffentlicht nahezu alle Arbeitspapiere und Gesetzesentwürfe im Internet. So hat sie im Rohstoffbereich eine Web-Seite speziell zum Thema Mining-Waste eingerichtet.[233]
Trotz der ortsunabhängigen Nutzung des Internets ist eine Vertretung „vor Ort" in Brüssel unabdingbar. Der persönliche Kontakt zu anderen Interessenvertretern und zu Beamten und Parlamentariern kann nicht ersetzt werden. Gerüchte und Trends können nur „vor Ort" aufgefangen werden. Auf der anderen Seite muss die Informationsauswertung durch Spezialisten bzw. durch die Geschäftsführung erfolgen. Diese müssen nicht in Brüssel ansässig sein.

Als Informationsquellen kommen in Betracht die Dokumente von den Institutionen der EU, Newsletter von verschiedenen politischen Akteuren, private Newsletter allgemeiner und thematisch spezialisierter Art, Tages- und Wochenpresse[234], Online-Datenbanken von EU-Institutionen[235] und von privaten Beratungsfirmen, Homepages der EU-Institutionen[236] und wissenschaftlicher Forschungsinstitute im World Wide Web.[237]

Der Lobbyist „vor Ort" in Brüssel transportiert diese Informationen dann in geeigneter Weise an den jeweiligen Personenkreis.

---

[231] So Bouwen, Corporate Lobbying in the EU-Towards a theory of access, S. 16.

[232] Vgl. Buholzer, Legislatives Lobbying in der EU, S. 40.

[233] http://europa.eu.int/comm/environment/waste/mining/index.htm (abgerufen am 30.04.2006).

[234] Hier insbesondere die „Financial Times" und die „European Voice".

[235] Z.B. SCAD, RAPID und CELEX; Die EG-Kommission hat innerhalb der CELEX Datenbank einen Bereich für die Rohstoffindustrie eingerichtet, auf dem sie Dokumente einstellt, die von den Mitgliedern dieser Gruppe abgerufen werden können.

[236] www.europa.eu.int ; www.europarl.eu.int .

[237] Vgl. insgesamt zu den Informationsquellen Buholzer, Legislatives Lobbying in der EU, S. 52.

III. Die Rolle der Umweltverbände

Bei der Analyse der auf europäischer Ebene erfolgenden Interessenvertretung ist es unabdingbar, die Umweltverbände mit einzubeziehen.[238]

Im Zusammenhang mit der Problematik der Gleichbehandlung aller Interessenvertreter wird immer wieder der Vorwurf erhoben, die Industrielobby werde gegenüber den Umweltverbänden bevorzugt.[239] Andererseits gibt es mittlerweile Stimmen in der Literatur, nach denen Umweltverbände, gefolgt von Menschenrechts- und Tierschutzverbänden, die einflussreichsten Interessenverbände seien. An dritter Stelle folgen dieser Ansicht nach die Landwirtschaftsverbände und an vierter Stelle erst die industriellen Interessenvertreter.[240]

Von Seiten der Umweltverbände (Umwelt-NROs) wird vielfach beklagt, dass die europäische Umweltpolitik oftmals eine Politik zum Schutz der Wirtschaft sei.[241] Hauptziel des europäischen Binnenmarktes sei die Erhöhung der Wachstumsraten, nicht aber die Einleitung einer dauerhaften Wirtschaftsentwicklung. Diese betriebswirtschaftlich ausgerichtete Philosophie führe zu steigenden Umweltbelastungen und sei auf die Interessen der europäischen Großindustrie zurückzuführen.[242] Die europäischen Wirtschaftsvertreter würden, im Gegensatz zu den Umweltorganisationen, bei der Gesetzesvorbereitung und den weiteren Verfahren eine entscheidende Rolle spielen. Industrievertreter hätten die Möglichkeit, sich durch ein undurchsichtiges System von Anhörungs-, Beratungs- und Beteiligungsmöglichkeiten einzubringen. Dies geschehe außerhalb der offiziellen „beratenden Ausschüsse", bei denen Wirtschaftslobbyisten dominieren würden.[243] Unterstützt werde diese These durch die zahlenmäßige Dominanz der Wirtschaftsinteressengruppen, die ca. zwei Drittel aller Interessengruppen stellen.[244]

---

[238] Vgl. zu diesem Thema Greenwood, Representing Interests in the EU, S. 180 ff.; Krämer, Europäisches Umweltrecht, 33, 45; Zur Rolle des Europäischen Umweltbüros (EEB) vgl. Röscheisen, Einfluss der Umweltverbände auf die Gesetzgebung der EG, in Calliess/ Wegener, EU UmweltR als Chance, S. 74.

[239] Vgl. hierzu auch Epiney, Umweltrecht, S. 46; so sollen diese Verbände künftig stärker finanziell unterstützt werden durch ein Aktionsprogramm zur Förderung von hauptsächlich im Umweltschutz tätigen Nichtregierungsorganisationen, Beschluss des Rates 466/2002 vom 1.3.2002, Abl. 2002 L75,1.

[240] Vandenberghe, Lobbying in the European Union, Government relations, Mai 1995, S. 3-5, zitiert aus Lehmann in Working paper „Lobbying in the EU: Current rules and practices", S. 6.

[241] So auch Röscheisen, Einfluss der Umweltverbände auf die Gesetzgebung der EG, in Calliess/ Wegener, EU UmweltR als Chance, S. 69.

[242] Röscheisen, Einfluss der Umweltverbände auf die Gesetzgebung der EG, in Calliess/ Wegener, EU UmweltR als Chance, S. 69. Viele von Röscheisens 1992 erhobenen Erwartungen und Forderungen sind heute erfüllt. So die Möglichkeit der Nationalstaaten, strengere Bedingungen vorzuschreiben, seine Forderung nach einer europäischen Verkehrspolitik und EU Regelungen im Bereich der Chemiepolitk (geplantes Chemikalienrecht).

[243] Röscheisen, Einfluss der Umweltverbände auf die Gesetzgebung der EG, in Calliess/ Wegener, EU UmweltR als Chance, S. 73.

[244] Lehmann in Working paper „Lobbying in the EU: Current rules and practices", S. 11.

Diese Ansicht könnte bis in die 90er Jahre aus Sicht der Umweltverbände zutreffend gewesen sein, denn der Schwerpunkt der Interessenvertretung lag historisch gesehen immer auf der Vertretung von wirtschaftlichen Interessen, bedingt durch die Geschichte der EU als Wirtschaftsgemeinschaft.[245] Mittlerweile hat sich die EU aber durch ihre zahlreichen Gesetzesinitiativen auf dem Gebiet des Umweltschutzes und durch Aufnahme des Nachhaltigkeitsgrundsatzes in den EG-Vertrag zu einem Vorreiter in Sachen Umweltschutzgesetzgebung gewandelt. Rechtlich ist die Kommission nach Art. 95,174 EG verpflichtet, bei ihren Vorschlägen ein hohes Schutzniveau zugrunde zulegen. Alle Gemeinschaftsorgane sind auf der Grundlage des bestmöglichen Umweltschutzes zu einer Optimierung der Verwirklichung umweltpolitischer Belange im Rahmen des geltenden Gemeinschaftsrechts verpflichtet.[246] Die starke Stellung des Umweltschutzes in der EU ist auch auf die politischen Machtverhältnisse in der EU zurückzuführen: In zahlreichen Regierungen der EU Mitgliedstaaten sind derzeit grüne Parteien vertreten.
Die gestiegene Bedeutung der EU-Umweltpolitik wird auch anhand der verstärkten Präsenz von Umweltschutzgruppen in Brüssel deutlich. Diese sind oftmals personell schwächer ausgestattet als Interessenvertretungen der Industrie, was auf die hohen Kosten des Eurolobbyismus zurückzuführen ist.[247] Als Stärke der Umweltverbände wird aber die Vielfalt der Organisationen und Aktivitäten sowie die politische Unberechenbarkeit herausgestellt.[248]

Wenn Röscheisen noch 1992 beklagte, dass Umweltorganisationen erst zu spät Kenntnis von Gesetzesentwürfen bekämen[249], trifft dies heute nicht mehr zu.[250] Greenwood belegt, dass der Organisationsgrad der Umwelt-NROs bereits 1997 sehr hoch war. 20 Prozent der Brüsseler Interessengruppen seien sog. „public interest groups", von denen verhältnismäßig viele mehr als fünf Angestellte und einen Etat von über Euro 100.000,-- hätten.[251]
Schon frühzeitig im Stadium des Arbeitspapiers (des sog. working paper) stellt die Kommission Gesetzesentwürfe ins Internet und führt Stakeholder-Meetings

---

[245] So auch Greenwood, Representing Interests in the EU, S. 101.

[246] Epiney, Umweltrecht, S. 98ff.

[247] Sobotta, Transparenz i.d. Rechtsetzungsverfahren der EU, S. 117; Epiney, Umweltrecht, S. 46. Der Autor kann Epiney aber nicht zustimmen, wenn sie behauptet, der tatsächliche Einfluss der Industrielobby wäre größer als der Einfluss der Umweltlobby. Dies hängt von den einzelnen Generaldirektionen ab und kann nicht pauschal beurteilt werden. Die GD Unternehmen z.B. steht den Unternehmensinteressen aufgeschlossener gegenüber als die GD Umwelt.

[248] Schiller, Zusammenfassung der Diskussion mit Helmut Röscheisen, in Calliess/ Wegener, EU UmweltR als Chance, S. 79.

[249] Röscheisen, Einfluss der Umweltverbände auf die Gesetzgebung der EG, in Calliess/ Wegener, EU UmweltR als Chance, S. 73.

[250] So auch Bombay, Role of Environmental NGOs, European Env. Law Review, 2001, S. 228 ff.

[251] Greenwood, Representing Interests in the EU, S. 256.

durch.[252] Daher kommen Umweltgruppen heute bei den Kommissionsanhörungen genauso zu Wort wie Industrievertreter. Obwohl bei diesen Stakeholder-Meetings der Kommission meist nur eine Handvoll Vertreter von Umweltschutzorganisationen einer Vielzahl von Industrievertretern gegenüber sitzen, nimmt die EG-Kommission die vorgetragenen Ansichten dieser Gruppen zu den Gesetzesprojekten zumindest genauso zur Kenntnis wie die der anderen Interessengruppen. Die Kommission hört Umwelt-NROs nicht nur bei Gesetzgebungsverfahren an, sie bespricht mit Umwelt-NROs auch die Position der EG auf internationalen Konferenzen. Vertreter von Umwelt-NROs fahren innerhalb der Kommissionsdelegation zu internationalen Konferenzen.[253] Die Umwelt-NRO-Vertreter haben dabei einen „Observer Status", d.h., kein Stimmrecht, aber Teilnahmerecht.[254] Diese Praxis hat für die Kommission den Vorteil, dass sie auf den Sachverstand der Umwelt-NROs zurückgreifen kann.

Die Kommission versucht, die Beteiligung von Umweltgruppen in jeder Hinsicht aktiv zu fördern. Dazu gehört neben einer Reisekostenunterstützung auch direkte Zuwendung von Fördergelder an Umwelt-NRO´s.[255] Verstärkte finanzielle Unterstützung erfahren Umweltverbände auch durch ein Aktionsprogramm der Gemeinschaft zur Förderung von hauptsächlich im Umweltschutz tätigen Nichtregierungsorganisationen.[256] Dieses Programm im Umfang von 32 Mio. Euro sieht vor, dass Umweltverbänden, die bestimmten, in dem Programm festgelegten Anforderungen Rechnung tragen, eine finanzielle Unterstützung von bis zu 80 % der zuschussfähigen Ausgaben gewährt werden kann.[257] Schließlich leitet das Europäische Umweltbüro dem Ratspräsidenten regelmäßig Memoranden über umweltrelevante Punkte zu.[258]

Wenn Röscheisen 1992 von seltenen Paradefällen der Zusammenarbeit der Kommission mit Umweltverbänden spricht,[259] trifft dies heute nicht mehr zu. Unter Beteiligung von Umweltverbänden an internationalen Umweltkonferenzen kamen

---

[252] Vgl. zu den Stakeholder Meetings auch Bombay, Role of Environmental NGOs, European Env. Law Review, 2001, S. 228 (230).

[253] Bombay, Role of Environmental NGOs, European Env. Law Review, 2001, S. 228 (230)

[254] Bombay, Role of Environmental NGOs, European Env. Law Review, 2001, S. 228 (231)

[255] Mettler, Mobolize the quiet Majority, Newsweek October 25, 2004, S. 27. Nach Mettler unterstützt die Kommission die verschiedenen Interessengruppen (aus den Bereichen Umwelt, Wirtschaft, Soziales) insgesamt mit 1 Mrd. Euro jährlich.

[256] Beschluss 466/2002 vom 1.3.2002 über ein Aktionsprogramm der Gemeinschaft zur Förderung von hauptsächlich im Umweltschutz tätigen Nichtregierungsorganisationen, ABl. 2002 L 75, 1.

[257] Vgl. Epiney, Umweltrecht , S. 46.

[258] Epiney, Umweltrecht, 1. Auflage, S. 43.

[259] Röscheisen, Einfluss der Umweltverbände auf die Gesetzgebung der EG, in Calliess/ Wegener, EU UmweltR als Chance, S. 75.

zahlreiche Umweltabkommen zustande.[260] Als Beispiel sei hier die Umweltkonferenz von Rio 1992 erwähnt.
Auch die Aarhus Konvention gibt den Umweltverbänden weitergehende Rechte bei der Beteiligung am Rechtsetzungsverfahren, beim Zugang zu Informationen, zu Institutionen und zu Konferenzen.

Das häufig gezeichnete Bild der machtlosen gemeinnützigen Interessenvertretung ist in dieser Allgemeinheit nicht mehr aufrecht zuhalten.[261] Gemeinnützige Interessenverbände wie Greenpeace oder der WWF verfügen über internationale Netzwerke mit weit über einhundert Mitarbeitern.[262] In der Praxis hängt der Einfluss der Umweltverbände auch davon ab, welche Institution sich mit einem Maßnahmenvorschlag befasst. Das EP ist, besonders wenn der Umweltausschuss mit einer Maßnahme befasst ist, derzeit ein starker Befürworter strenger Umweltschutzauflagen. Innerhalb der Kommission ist zudem maßgeblich, welche Generaldirektion für den Maßnahmenentwurf zuständig ist. Im Rat ist die politische Situation in den Mitgliedstaaten maßgeblich. Oftmals wird in Zusammenhang mit der umweltpolitischen Interessenvertretung auch der Begriff des „umweltpolitischen Dreiecks" gebraucht, der ein institutionelles Ungleichgewicht in Umweltbelangen zu Lasten der Industrieinteressen beschreiben soll. Mit dem „umweltpolitischen Dreieck" ist die Zusammenarbeit von GD Umwelt, EP (Umweltausschuss ENVI) und Rat (Umweltrat) zur Förderung der Umweltpolitik gemeint, die sehr erfolgreich ist und mit dem institutionellen Gefüge der EU begründet wird. Auf dieses institutionelle Gefüge haben die Umweltverbände lange hingearbeitet, was durch die „Greening the Treaty" Kampagne zum Ausdruck kam.

1. Beispiel Greening the Treaty

Organisation und Einfluss der Umweltverbände lassen sich sehr gut am Beispiel der Kampagne „Greening the Treaty" darstellen. Die „Greening the Treaty" Kampagne wurde vor den Vertragsrevisionen von Maastricht, Amsterdam und Nizza durchgeführt.[263] Ziel war es, die umweltpolitischen Vorschriften des jeweiligen EG-Vertrages zu stärken. Entworfen und getragen wurden die Kampagnen zunächst von den sog. „G4", den vier Umweltverbänden, die zuerst in Brüssel aktiv wurden: European Environmental Bureau, Friends of the Earth Europe, World Wildlife Fund und Greenpeace. Schnell sind auch andere Umweltverbände dazu gestoßen: Greenpeace International (European Unit), BirdLife International, Climate Network Europe, T&E (European Federation for Transport and Environment), IUCN (International Union for the Conservation of Nature and National Resources). Die-

---

[260] Bombay, Role of Environmental NGOs, European Env. Law Review, 2001, S. 228 (228).

[261] A. A.: Krämer, Arbeit und Konzeption der EG-Kommission, in Calliess/ Wegener, EU-UmweltR als Chance, S. 46.

[262] Vgl. Buholzer, Legislatives Lobbying in der EU, S. 14.

[263] Stetter, European Env. Law Review, 2001, S. 150 (150).

se Allianz wird auch als die „G8“ bezeichnet und bildet die größte und mächtigste Umweltlobby in Brüssel.[264]

Die „Greening the Treaty“ Kampagnen sind das wichtigste gemeinsame Ziel dieser Allianz der Umweltverbände.

Auslöser der Kampagnen war die aus Sicht der Umweltverbände schwache Berücksichtigung von Umweltinteressen in der Einheitlichen Europäischen Akte (EEA), auch wenn die EEA in Umweltangelegenheiten bereits Verbesserungen gegenüber der vorherigen Vertragsversion enthielt. Die Umweltverbände waren der Ansicht, dass die EEA den Umweltinteressen nicht das Gewicht einräume, das ihnen zustehe. Daher wurde „GrT1“ erarbeitet. „GrT1“ war der Name der Kampagne für die Beeinflussung des Maastrichter Vertrages, „GrT2“ der Name für die Kampagne im Zusammenhang mit dem Amsterdamer Vertrag, „GrT3“ bezeichnete das Lobbying im Zusammenhang mit dem Vertrag von Nizza. Zuletzt wurde die Kampagne „Greening the European Convention Proposal“ gestartet.[265]

a. GrT1 zum Maastrichter Vertrag

Ziel von GrT1 war es, die Prinzipien und Ziele des EG-Vertrages und der Umweltpolitik zu ergänzen und den Umweltschutz hierdurch zu stärken. Man versuchte, Umweltschutz und Nachhaltige Entwicklung den Zielen und Prinzipien der EG hinzuzufügen. Dies gelang nicht vollständig. Anstatt des Begriffs der „Nachhaltigen Entwicklung“, fand der Begriff des „nachhaltigen und nicht inflationären Wachstums“ Eingang in den Maastrichter Vertrag. Der Begriffsdefinition des nachhaltigen Wachstums fehlte es aus Sicht der Umweltverbände an Schärfe und Klarheit und trug nicht zur Verbesserung der Rechtslage im Bezug auf den Umweltschutz bei.[266] Auch durch die Präambel des Maastrichter Vertrages wurde die Stellung des Umweltschutzes in der EG nicht verbessert. Nachhaltige Entwicklung und Umweltschutz werden nicht einmal erwähnt.

Neben diesen grundlegenden Ergänzungen des Vertrages bezweckte GrT1 auch Änderungen in den einzelnen Artikeln, insbesondere in den Artikeln 130r ff EG-Vertrag, dem Kapitel der Umweltpolitik. Als weiteres Ziel der Umweltpolitik sprach man sich für die „Förderung internationaler Aktionen/ Handlungen zum Schutz vor Gefahren, die das ökologische Gleichgewicht unseres Planeten bedrohen“, aus.[267] Dieser Vorschlag fand abgeschwächt Eingang in Art. 130r Abs. 1 EG-Vertrag, Förderung von Maßnahmen auf internationaler Ebene zur Bewältigung regionaler oder globaler Umweltprobleme.

Ein weiteres Ziel der GrT1 war die Einführung eines vorbeugenden Prinzips in der Umweltpolitik. In Art. 130r Abs. 2 EG-Vertrag wurde das Vorbeuge- und Vorsorgeprinzip schließlich eingeführt.

---

[264] Diese Ansicht vertritt auch Stetter, European Env. Law Review, 2001, S. 150 (151).

[265] Stetter, European Env. Law Review, 2001, S. 150 (151).

[266] Stetter, European Env. Law Review, 2001, S. 150 (152).

[267] Zitiert bei Stetter, European Env. Law Review, 2001, S. 150 (152).

Ein weiterer Erfolg konnte mit der Einführung eines hohen Schutzniveaus in der Umweltpolitik der Gemeinschaft (Art. 130r Abs. 2 EG-Vertrag) erreicht werden, wenngleich das Ziel von GrT1 die Einführung des höchstmöglichen Schutzniveaus war.
Auch eine Verbesserung der Schutzverstärkungsklausel („safeguard clause"), niedergelegt in Art 130 t EG-Vertrag, konnte erreicht werden. In dieser Hinsicht war eigentliches Ziel die Einführung einer „Umweltgarantie" in Art. 100 a EG-Vertrag. Die Mitgliedstaaten sollten keine einzelstaatlichen Maßnahmen mehr gemäß Art. 100 a Abs. 4 EG-Vertrag anwenden dürfen, um so das harmonisierte Schutzniveau zu unterlaufen.[268]
Ein weiteres Ziel von Grt1 war die Ausdehnung des Integrationsprinzips des Art. 130r Abs. 2 EG-Vertrag. Auch hier konnte die ganze Forderung von GrT1 nicht durchgesetzt werden, wonach bei den einzelnen Politiken, wie Landwirtschaft und Transport, Ergänzungen zum Schutz der Umwelt vorgenommen werden sollten. Art 130r Abs. 2 EG-Vertrag wurde aber leicht umformuliert und das Integrationsprinzip leicht ausgeweitet.

Eine wichtige Zielsetzung von GrT1 war die Einführung des Mitentscheidungsverfahrens in Umweltangelegenheiten. Gemäß Art. 130s EG-Vertrag in der Fassung der EEA mussten Rechtsakte der Umweltpolitik einstimmig verabschiedet werden oder im Anhörungsverfahren nach Art. 100a EG-Vertrag per qualifizierter Mehrheit zustande kommen. GrT1 verlangte, die Mehrheitsentscheidung ohne Ausnahme als Standardverfahren in der Umweltpolitik festzulegen. Im Maastrichter Vertrag spiegelt sich diese Forderung zum Teil wieder. Der Maastrichter Vertrag hat die Anwendung des Mehrheitsprinzips in der Umweltpolitik ausgedehnt und dieses Verfahren in Verbindung mit dem Anhörungsverfahren als Standardverfahren in der Umweltpolitik festgesetzt. Allerdings blieben die Bereiche des Art. 130 s Abs. 2 EG-Vertrag, also auch die Umweltsteuern, im Verfahren der einstimmigen Verabschiedung durch den Rat. Insofern wurde ein Kompromiss erzielt. Umweltsteuern werden in GrT1 als „effektivste Waffe" des Umweltschutzes angesehen.[269]
Nicht erfüllt wurde im Maastrichter Vertrag die Forderung von GrT1 nach einem Grundrecht des Bürgers auf eine „saubere und gesunde Umwelt" („clean and healthy environment").
Insgesamt ist es schwierig, den Zusammenhang zwischen GrT1 und dem Maastrichter Vertrag herzustellen. Umwelt-NROs sind der Ansicht, dass die im Maastrichter Vertrag erzielten Fortschritte beim Umweltschutz auf GrT1 zurückzuführen sind. Insbesondere der Druck der NROs auf die Regierungen der Mitgliedstaaten habe zu den Verbesserungen im Umweltbereich geführt. Stetter ist dagegen der Ansicht, dass GrT1 nur begrenzt erfolgreich gewesen sei.[270] Er führt die Erfolge auf ein umweltbewusstes Klima vor und während der Aushandlung des Maastrich-

---

[268] Stetter, European Env. Law Review, 2001, S. 150 (151).
[269] Stetter, European Env. Law Review, 2001, S. 150 (153).
[270] Stetter, European Env. Law Review, 2001, S. 150 (154).

ter Vertrages zurück. Als Grund für das Scheitern der Hauptforderung nach einer Verankerung des Prinzips der nachhaltigen Entwicklung im Maastrichter Vertrag meint er, dass Umweltthemen generell nur eine untergeordnete Rolle während der Verhandlungen gespielt hätten. Im Vordergrund hätten vielmehr die Themen europäische Verteidigungsstrategie, Arbeit und Soziales und die einheitliche europäische Währung gestanden. Die Lobbying Strategie sei ineffektiv gewesen, da sie sich einseitig auf die europäische Ebene konzentriert hätte und dabei zu wenig Lobbying in den Mitgliedstaaten erfolgt sei. Der Zeitrahmen der Kampagne sei zudem zu knapp gewesen. Insgesamt sei aber zu berücksichtigen, dass es die erste gemeinsame Kampagne gewesen sei.[271]

b. GrT2 zum Amsterdamer Vertrag

Hauptziel der GrT2-Kampagne zur Beeinflussung der Regierungskonferenz des Amsterdamer Vertrages war die Einfügung des Prinzips der nachhaltigen Entwicklung in den Vertrag.[272] Dieses Prinzip sollte in die Präambel des EG-Vertrages aufgenommen werden, was auch geschah. Ziel war es auch, das Prinzip der nachhaltigen Entwicklung und Verweise auf den Umweltschutz in die anderen Politiken wie Landwirtschaft, Transport, Regionalpolitik, Transeuropäische Netze und Bereiche wie Fischereipolitik und Energie des EG-Vertrages einzufügen.

Eine erneute Forderung von GrT2 war die Einführung des Prinzips, dass Umweltvorschriften dem höchstmöglichen Niveau entsprechen müssen. Auch im Amsterdamer Vertrag wurde dem nicht entsprochen und die alte Formulierung des „hohen Schutzniveaus“ beibehalten. Dafür wurde im Amsterdamer Vertrag in Artikel 2 als Aufgabe der Gemeinschaft „ein hohes Maß an Umweltschutz und Verbesserung der Umweltqualität“ eingeführt. Dies war aber nicht Teil der Forderung von GrT2! Zudem wurde die Integrationsklausel des Art. 6 EG eingefügt. Damit ist es nach Ansicht der Umwelt-NROs nicht mehr notwendig, separate Umweltschutzartikel bei den einzelnen Politiken einzufügen.[273]

Der Amsterdamer Vertrag änderte in Art. 95 Abs. 5 EG auch den Art. 100a Abs. 4 EG-Vertrag und regelt die Ausnahmeregelungen bei Harmonisierungsmaßnahmen im Umweltschutz jetzt in eindeutiger Art und Weise. Diese Änderung war eine der Hauptforderungen von GrT2. Sie kam sehr überraschend, da sogar die „grünen“ Mitgliedstaaten mit Ausnahme Dänemarks diese nicht anvisiert hatten.[274] Man kann daher die Schlussfolgerung ziehen, dass GrT2 diese Änderung erreicht hat. [275]

Eine weitere wichtige Forderung von GrT2 war die Vereinfachung des Gesetzgebungsverfahren im Umweltbereich. GrT2 versuchte wie GrT1 Verbesserungen im Bereich der Implementation von EG-Recht zu erreichen. Die Kampagne hatte in diesem Punkt überhaupt keinen Erfolg.

---

[271] Stetter, European Env. Law Review, 2001, S. 150 (154).

[272] Stetter, European Env. Law Review, 2001, S. 150 (154).

[273] Stetter, European Env. Law Review, 2001, S. 150 (155).

[274] Stetter, European Env. Law Review, 2001, S. 150 (155).

[275] Zu diesem Ergebnis kommt auch Stetter, European Env. Law Review, 2001, S. 150 (155).

Nicht erfüllt wurde wiederum nicht die Forderung von GrT2 nach einem Grundrecht des Bürgers auf eine „saubere und gesunde Umwelt" („clean and healthy environment").

Der Erfolg von GrT2 war umstritten. Es gelang durch den Amsterdamer Vertrag, den Stellenwert des Umweltschutzes und der Umweltpolitik auf europäischer Ebene zu stärken und ihn als gleichwertigen Belang neben sozialen und wirtschaftlichen Interessen zu stellen.[276] Das Scheitern bei den Sanktionsmöglichkeiten für das Nichtumsetzen von EG-Recht überschattete den Erfolg der Kampagne auf anderen Gebieten. Die Umweltorganisationen sahen als Hauptgrund des teilweisen Misserfolges die abnehmende Bedeutung der Umweltpolitik an. Auf der anderen Seite waren sie der Ansicht, dass die Erfolge auf eine gute Organisation zurückzuführen seien.[277] Es gelang, neue Organisationen in die GrT2-Kampagne zu integrieren und auch auf Mitgliedstaatebene Interessenvertretung zu betreiben. Zudem spielte ein guter Zeitplan und auch das zunächst erfolgte dänische „Nein" zu Maastricht eine Rolle für den Erfolg der Kampagne. Man befürchtete, dass der Amsterdamer Vertrag vom „grünen" Dänemark sonst abgelehnt werde.[278]
Insgesamt war GrT2 somit ein großer Erfolg für die Umweltschutzverbände.

c. GrT3 zum Vertrag von Nizza

GrT3 zum Vertrag von Nizza war weniger ambitioniert als GrT2. Die Kampagne forderte inhaltlich weniger und dies auch weniger intensiv im Vergleich zur Amsterdamer-Vertrag-Kampagne. Dies lag zum einen an den bereits erreichten Verbesserungen seit der EEA, zum anderen an der schmalen Tagesordnung der Nizzaer Regierungskonferenz, die sich hauptsächlich auf eine institutionelle Reform der EU im Hinblick auf die EU-Erweiterung konzentrieren wollte. GrT3 hatte dementsprechend vier Hauptforderungen:[279]
Es sollte eine qualifizierte Mehrheitsabstimmung in allen Umweltbelangen, insbesondere auch in fiskalisch bedeutsamen, erreicht werden. Dieser Punkt stand auf der Tagesordnung der Regierungskonferenz, allerdings nicht aus Umweltschutzgründen, sondern wegen der Erweiterung der EU. Das Ziel der Mehrheitsabstimmung bei Vorschriften überwiegend steuerlicher Art konnte wieder nicht erreicht werden.[280] Auch wird nach dem Vertrag von Nizza eine qualifizierte Mehrheit schwieriger zu erreichen sein, was die Umweltgesetzgebung sogar noch erschweren dürfte.
Ziel war auch die Erweiterung des Zugangs zum EuGH für Bürger und Organisationen, der access to justice. Dieser Punkt stand während der Regierungskonferenz

[276] Stetter, European Env. Law Review, 2001, S. 150 (155).
[277] Stetter, European Env. Law Review, 2001, S. 150 (156).
[278] Stetter, European Env. Law Review, 2001, S. 150 (157).
[279] Stetter, European Env. Law Review, 2001, S. 150 (157).
[280] Stetter, European Env. Law Review, 2001, S. 150 (158).

von Nizza jedoch nicht auf der Tagesordnung.[281] Auch die Einführung eines Rechts auf eine saubere und gesunde Umwelt konnte nicht erreicht werden.
GrT3 gelang es insgesamt nicht, auf die Regierungskonferenz und den Vertrag von Nizza Einfluss zu nehmen. Im Vergleich zur Amsterdam-Kampagne war GrT3 ein Misserfolg. Die Umweltorganisationen führten diesen Misserfolg auf ein schlechtes Klima für Umweltbelange während der Regierungskonferenz zurück. Es gelang hier nicht, das notwendige Interesse für Umweltpolitik zu schaffen.[282] In der Öffentlichkeit konnte kein Interesse für die Themen von GrT3 geweckt werden. Überdies gelang es den Mitgliedstaaten die Tagesordnung schmal zu halten. Das Lobbying für GrT3 auf nationaler Ebene wies Defizite auf.[283]

d. Greening the European Convention Proposal

Auch zum Europäischen Konvent haben die Umwelt-NROs eine Kampagne unter dem Stichwort „Greening the European Convention Proposal" ausgearbeitet. So hat sich die Gruppe der „Green 8" [284], die sich selbst als die führenden acht EU-Umweltverbände betrachten, aktiv eingebracht um sicherzustellen, dass sich die Umwelt- und Nachhaltigkeitsdimension der Union im zukünftigen Verfassungsvertrag voll widerspiegelt. Die „Green 8" haben ein 42-seitiges Positionspapier entworfen, das sie in den Konvent eingebracht haben. Die Green 8 sehen in dem Konvent die Chance, die Führung der EU im Bereich des Umweltschutzes zu festigen und weiter auszubauen. Die in den letzten Jahrzehnten gewonnene Umweltidentität der EU dürfe auch in einer EU der 25 und bei der Europäischen Verfassung nicht verloren gehen oder vergessen werden. Bei der Umwelt und der Nachhaltigen Entwicklung dürfe es kein Zurück geben. Nach Ansicht der Gruppe der „Green 8" sollte der Verfassungsvertrag sicherstellen, dass die Formulierung der sektoralen Kompetenzen und Politiken der Union so aktualisiert werden, dass Definition und Umsetzung der Unionspolitiken die Grundprinzipien der Umweltintegration und Kohärenz stärken anstatt im Widerspruch zu ihnen zu stehen.[285] In ihrem Positionspapier sprechen sich die Umweltgruppen auch für eine stärkere Partizipation der Bevölkerung an den Entscheidungsprozessen der EU aus. So sollten Minimum-Standards der Partizipation festgelegt werden, die „Participatory Democracy" sei ein entscheidendes Element der nachhaltigen Entwicklung.
Die Ausweitung des Mitentscheidungsverfahrens und die Absicht der GD Umwelt der Kommission, ein Protokoll über Nachhaltigkeit dem Verfassungsvertrag anzuhängen, werden von der Gruppe begrüßt.[286] Die Gruppe spricht sich im Bereich

---

281 Stetter, European Env. Law Review, 2001, S. 150 (157).

282 Stetter, European Env. Law Review, 2001, S. 150 (158).

283 Stetter, European Env. Law Review, 2001, S. 150 (159).

284 Green 8 (BirdLife International, Climate Network Europe, EEB, Friends of the Earth Europe, Friends of Nature International, Greenpeace, T&E, WWF), Towards a green EU Constitution – Greening the European Convention Protocoll, August 2003.

285 Newsletter „EU Umweltbüro - Zum Thema 1/2003, Konvent & Umwelt - eine Zwischenbilanz, S. 2.

286 Green 8, Towards a green EU Constitution, S. 4.

der Umweltpolitik für die alleinige Geltung des Mitentscheidungsverfahrens (Streichung des Art. 175 Abs. 2) und für die Erweiterung der Ermächtigungsgrundlage des Art. 175 Abs. 1 EG aus mit dem Ziel, die „notwendigen Maßnahmen" („measures necessary") zur Erreichung der Ziele des EG-Vertrages treffen zu dürfen.[287]

Die Kampagne hatte insoweit Erfolg, als die EU-Verfassung im Bereich der Umweltpolitik die Vorschriften aus dem Vertrag von Nizza inhaltlich unverändert übernimmt.[288] Allerdings werden die Einstimmigkeitsentscheidungen in der Umweltpolitik damit beibehalten.[289] Gelungen ist die Aufnahme verstärkter Möglichkeiten der Partizipation der Bevölkerung an den Entscheidungsprozessen der Organe über repräsentative Verbände (Art. I-47 Abs. 1 des Verfassungsvertrages). Allerdings ist fraglich, in wieweit diese Neuerung allein durch die Umweltverbände erreicht wurde. Der Einfluss der Umweltlobby auf den Verfassungsentwurf ist insgesamt eher als gering einzustufen.

2. Fazit

Die Green-Treaty-Kampagnen zeigen, dass die Umweltinteressenverbände ein effektives und erfolgreiches Lobbying betreiben. Die Kampagnen sind insgesamt als Erfolg anzusehen, auch wenn die Kampagnen zum Vertrag von Nizza keine direkten Erfolge aufweisen konnte. Je mehr Ziele erreicht wurden, desto schwieriger wurde es aber, an den erreichten Erfolg anzuknüpfen und weitere Fortschritte zu erzielen. Die Umwelt-NROs haben die Erfahrung gemacht, dass ein rechtzeitiges Lobbying, insbesondere auch auf nationaler Ebene, wichtig für den Erfolg einer solchen Kampagne ist.[290]

Die EU-Umweltverbände besitzen heute einen ähnlichen Einfluss wie die Wirtschaftsverbände. Sie sind zumindest personell gut ausgestattet und können auf eine Vielzahl ehrenamtlicher Mitarbeiter zurückgreifen. Sie erhalten finanzielle Unterstützung durch die EU. Allein das EEB (European Environmental Bureau) beschäftigt in seinem Büro in Brüssel 15 Mitarbeiter.[291]

C. Zusammenfassung Interessenvertretung in der EG-Umweltpolitik

Brüssel hat sich in den letzten Jahren, als Folge seiner gesteigerten politischen Bedeutung, zum Eldorado der Interessenvertreter entwickelt, das nur schwer zu überblicken ist. Immer zahlreicher sind die Interessenvertretungen in den letzten Jahren geworden. Im Umweltbereich treten vor allen Dingen Interessengruppen aus der Wirtschaft und Umweltverbände öffentlich in Erscheinung. Bei der Interessenvertretung ist zwischen den Funktionen für die vertretenen Mitglieder (Monitoring,

---

[287] Green 8, Towards a green EU Constitution, S. 26.

[288] Vertrag über eine Verfassung für Europa, ABl. 2004/ C 310/ 01 vom 16.12.2004, S. 1ff.

[289] Art. III-234 Vertrag über eine Verfassung für Europa, ABl. 2004/ C 310/ 01 vom 16.12.2004, S. 104.

[290] So auch Stetter, European Env. Law Review, 2001, S. 150 (159).

[291] Quelle: http://www.eeb.org/about/staff.htm (abgerufen am 7.10.2003).

Analyse und Ausführung) und den Funktionen für die Institutionen (Nutzung Sachverstand, Interessenausgleich, Erleichterung der Durchsetzung von Rechtsakten) zu unterscheiden. Bei der Arbeitsweise der Interessenvertreter ist das Internet als Kommunikations- und Informationsmedium nicht mehr wegzudenken.
Das häufig gezeichnete Bild der machtlosen gemeinnützigen Interessenvertretung, insbesondere durch Umwelt-NROs, ist in dieser Allgemeinheit nicht mehr aufrecht zu erhalten, was der Erfolg der „Greening the Treaty" Kampagnen zeigt.
Von einer einseitigen Bevorzugung der zahlenmäßig dominierenden Industriegruppen gegenüber den Umweltverbänden kann derzeit nicht mehr die Rede sein.

Vierter Teil: Rechtliche Bewertung der Interessenvertretung

Interessenvertreter arbeiten, wie oben beschrieben, in allen Phasen des Rechtsetzungsverfahrens mit, wobei ein Schwerpunkt ihrer Tätigkeit bei der EG-Kommission liegt. Die rechtliche Legitimation dieser Mitarbeit ist nicht direkt ersichtlich. Im Folgenden wird untersucht, inwieweit Interessenvertretung legitimiert ist und wo ihre Grenze liegt. Provokant wird in der juristischen Literatur die Frage aufgeworfen, ob die Rolle der Interessenvertreter ein Beispiel für das Demokratiedefizit der EU ist. [292]

Die rechtswissenschaftliche Untersuchung des Themas der Interessenvertretung wird sich mit den Schwerpunkten „Transparenz im Rechtsetzungsverfahren" und „Formelles Konsultationsverfahren für Interessenvertreter" beschäftigen. Die sehr intensiv geführte Diskussion der Transparenz der europäischen Entscheidungsprozesse wird im Zusammenhang mit der Interessenvertretung bei der Kommission beleuchtet.

A. Rechtliche Stellung von Interessenvertretern im deutschen Recht

Der Vielfalt des deutschen Verbändewesens gerecht zu werden ist schwierig. Interessengruppen in Deutschland können Vereinigungen, Wirtschafts- und Sozialverbände und Gewerkschaften sein. Kirchen und Religionsgemeinschaften nehmen als öffentlich-rechtliche Körperschaften und nach ihrem Selbstverständnis eine besondere Rolle ein. Viele dieser Interessenvertreter beanspruchen und besitzen politischen Einfluss und stehen damit in teilweiser Konkurrenz zu den politischen Parteien.[293]

I. Deutsches Staats- und Verfassungsrecht

Die Einschätzungen der Arbeit der Interessenvertreter sind sehr unterschiedlich: Sie reichen von der schlagwortartigen Qualifizierung der „Herrschaft der Verbände"[294] über das Stichwort „verbandsimprägnierte Demokratie"[295] bis zur vermuteten Unentbehrlichkeit für ein hochdifferenziertes, modernes Gemeinwesen.[296] Es existiert eine umfangreiche politikwissenschaftliche, soziologische und staatsrechtli-

---

[292] Lamprecht, Untertan in Europa, NJW 1997, S. 505; Erwiderung von Bandilla und Hix, Demokratie, Transparenz und Bürgerrechte in der EG, NJW 1997, S. 1217; Marziali, Lobbying in Brussels, S. 5.

[293] Stern, StaatsR I, § 13 IV 4, S. 460.

[294] Th. Eschenburg, 1955, zitiert aus Stern, StaatsR I, § 13 IV 4, S. 461.

[295] H. Huber zitiert aus Stern, StaatsR I, § 13 IV 4, S. 461.

[296] Stern, StaatsR I, § 13 IV 4, S. 461.

che Literatur hierzu.[297] Diskutiert werden vor allem die Fragestellungen „Sozialpflichtigkeit der Verbände“ und die Notwendigkeit eines Verbändegesetzes[298].
Es wird die Ansicht vertreten, den Interessengruppen obliege eine „existentielle (faktische) Repräsentation“.[299] Verbände bilden sich in der gesellschaftlichen Sphäre und haben im pluralistischen Staat eine integrierende Funktion. „Es sind die Verbände, vor allem die Verbände von öffentlicher Bedeutung, die zu einem entscheidenden Teil dem Menschen Bewusstsein und Gefühl davon vermitteln, dass er als dazugehörig anerkannt sei, und die dadurch dem Staat die unentbehrliche Voraussetzung für ein gefestigtes Staatsbürgertum liefern.“[300]
Verbände werden auch als Institutionen mit nicht entbehrlichem Sachverstand angesehen.[301] Dies kommt auch in den Geschäftsordnungen der Verfassungsorgane zum Ausdruck, die eine Anhörung und Unterstützung bei gesetzgeberischen Maßnahmen vorsehen. Im Unterschied zu politischen Parteien ist ihre Staatsnähe aber erheblich geringer.[302] Dass Verbände die Meinungs- und Willensbildung beeinflussen, steht heute außer Zweifel.[303]

Verfassungsrechtlich muss zwischen zwei Arten von Verbänden unterschieden werden:[304] Einerseits die Interessengruppen, die als Tarifvertragsparteien auf Grund Art. 9 Abs. 3 GG oder wegen ihrer starken Einflussnahme auf das ökonomische Geschehen eine Position in der politischen Ordnung einnehmen.[305] Andererseits die Verbände, die nach Mitgliederzahl, Finanzkraft und Gewicht der von ihnen vertretenen Interessen eine politische Mächtigkeit nicht besitzen.
Die deutsche Verfassungstheorie ist grundrechtsorientiert, was sich auch auf die staatsrechtliche Bewertung der Verbände niederschlägt. Die Mitwirkung dieser Interessenvertreter ist in Deutschland über Art. 5 Abs. 1, Art. 9 Abs. 1 und 3 verfassungsrechtlich gesichert.
Die grundrechtliche Gewährleistung des „Verbandswesens“ in Form der Vereine ist allgemein aus Art. 9 Abs. 1 GG i.V.m. Art. 19 Abs. 3 GG abzuleiten.[306] Art. 9 GG gewährt den Vereinen Schutz „vor einem Eingriff in den Kernbereich des Vereinstatbestandes und der Vereinstätigkeit, da sonst ein effektiver Grundrechts-

---

[297] Vgl. die Übersicht bei Stern, StaatsR I, § 13 IV 4, S. 461 in Fußnote 147 sowie von Scholz in Maunz/ Dürig, Komm. z. GG, Art. 9 Rdnr. 13 und Fußnote 3.

[298] R. Wimmer, DVBl. 1977, 401 ff.; Stern, StaatsR I, § 13 IV 4, S. 462.

[299] Huber, Staat und Verbände 1958, S. 18 ff.

[300] Krüger, Allg. Staatslehre, S. 394.

[301] Stern, StaatsR I, § 13 IV 4, S. 463.

[302] Stern, StaatsR I, § 13 IV 4, S. 463.

[303] So auch Scholz in Maunz/ Dürig, Komm. z. GG, Art. 9 Rdnr. 13.

[304] Stern, StaatsR I, § 13 IV 4, S. 462.

[305] Beispiele für die Interessengruppen sind Gewerkschaften, BDI samt Mitgliedverbände, BDA, DIHK, Zentralverband des Deutschen Handwerks, Deutscher Bauernverband, Bund der Steuerzahler.

[306] Scholz in Maunz/ Dürig, Komm. z. GG, Art. 9 Rdnr. 23 ff., 43; Kaiser in Isensee/ Kirchhof, HStR., Band II, § 34 Rdnr. 19.

schutz nicht bestünde."[307] Der Gesetzgeber hat den Zusammenschlüssen „eine hinreichende Vielfalt von Rechtsformen zur Verfügung zu stellen, die den verschiedenen Typen von Vereinigungen angemessen" ist.[308] Die grundgesetzliche Gesellschaftsverfassung stützt sich auf die „Dreiheit von Staat, Gruppe bzw. Verband und Individuum."[309]
Die Vielfalt der möglichen Zusammenschlüsse erschwert die durchaus politisch gewollte Regelung der Verbandstätigkeit und macht eine abschließende gesetzliche Ausgestaltung unmöglich.[310]
Es wird die Ansicht vertreten, dass die verbandlichen Mitwirkungsrechte in Deutschland sehr uneinheitlich und unsystematisch seien.[311] Das Grundgesetz kennt zwar eine verfassungsrechtliche Garantie der Existenz der Interessensverbände, aber nach überwiegender Ansicht keine institutionelle Gewährleistung der Mitwirkung der Verbände.[312] Interessenvertreter operieren insoweit politisch im „extrakonstitutionellen Raum, da ihrer Tätigkeit die unmittelbare verfassungsrechtliche Legitimation fehlt."[313] Die Mitwirkung der Verbände am demokratischen Meinungs- und Willensbildungsprozess kann sich nur auf die einschlägigen Grundrechte der Versammlungs- und Meinungsfreiheit (Art. 5 und 8 GG) stützen, soweit sie auf inländische juristische Personen anwendbar sind (Art. 19 Abs. 3 GG). Die weite Auslegung des Begriffs der „juristischen Person", die auch nichtrechtsfähige Personengruppen nicht ausschließt, verbürgt eine Gewährleistung der einschlägigen Grundrechte für das „Verbandswesen". Hierbei wird die Ansicht vertreten, die Grundrechtsfähigkeit frei gebildeter Verbände folge aus dem Freiheitsanspruch der dahinter stehenden Individuen.[314]

Auch die deutsche staatsrechtliche Literatur beschäftigt sich mit der Problematik der Transparenz bei der Einbeziehung der Interessenvertreter in das Gesetzgebungsverfahren.[315] Der Vorgang organisierter Interessenrepräsentation wird in Deutschland zu den verfassungsrechtlich legitimen Verfahren eines insgesamt pluralistisch gegliederten Gemeinwesens gezählt.[316] Gleichwohl wäre eine Entwicklung hin zu einem „Verbände- oder Gewerkschaftsstaat" nicht mit Art. 9 und Art. 20 GG vereinbar und verfassungswidrig.[317]

---

[307] BVerfGE 30, 227 (241).
[308] BVerfGE 50, 290 (355).
[309] Scholz in Maunz/ Dürig, Komm. z. GG, Art. 9 Rdnr. 12.
[310] Kaiser in Isensee/ Kirchhof, HStR., Band II, § 34 Rdnr. 20.
[311] So Kaiser in Isensee/ Kirchhof, HStR., Band II, § 34 Rdnr. 32.
[312] Scholz in Maunz/ Dürig, Komm. z. GG, Art. 9 Rdnr. 25.
[313] Scholz in Maunz/ Dürig, Komm. z. GG, Art. 9 Rdnr. 13.
[314] Starck in Isensee/ Kirchhof, HStR., Band II, § 29 Rdnr. 27.
[315] Vgl. Kaiser in Isensee/ Kirchhof, HStR., Band II, § 34 Rdnr. 32.
[316] Scholz in Maunz/ Dürig, Komm. z. GG, Art. 9 Rdnr. 13.
[317] Scholz in Maunz/ Dürig, Komm. z. GG, Art. 9 Rdnr. 19.

Der Bundestag hat zur Erhöhung der Transparenz eine Liste zur Registrierung von Verbänden und deren Vertretern aufgelegt, die regelmäßig aktualisiert wird. Eine Anhörung einer Interessenvertretung findet nur nach Eintrag in die Liste statt.[318]

II. Geschäftsordnungen von Bundestag und Bundesrat

Die Einflussnahme der Interessenvertreter auf den Gesetzgebungsprozess ist in den Geschäftsordnungen von Bundestag (GO-BT) und Bundesrat (GO-BR) geregelt.

Die Geschäftsordnungen von Bundestag (§ 73 GO-BT) und Bundesrat (§ 40 Abs. 3 GO-BR) eröffnen den Ausschüssen die Möglichkeit, Sachverständige, Interessenvertreter und andere Auskunftspersonen öffentlich anzuhören. Gemäß § 70 GOBT ist der federführende Ausschuss dazu verpflichtet eine Anhörung durchzuführen, wenn bei überwiesenen Vorlagen ein Viertel seiner Mitglieder dies verlangt. Zu nicht überwiesenen Verhandlungsgegenständen, die der Ausschuss im Rahmen seines Selbstbefassungsrechts aufgegriffen hat, wird eine Anhörung nur auf Grund eines Mehrheitsbeschlusses durchgeführt. Die beschlossene Anhörung ist innerhalb angemessener Zeit durchzuführen. Sie muss grundsätzlich vor der Beschlussfassung über die überwiesene Vorlage stattfinden.[319] Das „Hearing" - so die in der Praxis oft benutzte amerikanische Bezeichnung - hat zugleich den Zweck, durch die Öffentlichkeit der Veranstaltung Aufmerksamkeit in Presse und Medien für das betreffende Vorhaben zu gewinnen, die Bedeutung des Themas klarzumachen und die politische Auseinandersetzung anzuregen oder weiterzuführen. Nach Angaben der Infothek des Deutschen Bundestages bemühen sich die Fraktionen regelmäßig, bei der Auswahl der Sachverständigen auch solche zu benennen, deren Begutachtung die jeweils eigene politische Position unterstützen oder die der Gegenseite fragwürdig machen kann. Entsprechendes gelte für das gewichtige Votum großer Verbände und Organisationen, etwa der Arbeitgeber, der Gewerkschaften oder der Umweltschutzverbände. Es sei schon vorgekommen, dass Gesetzentwürfe zurückgezogen wurden, weil sich in der Anhörung herausstellte, dass alle oder die meisten Sachverständigen die vorgesehenen Vorschriften für ungeeignet oder schädlich erklärten. Die Anhörung bringe eine Verbreiterung der Diskussionsteilnahme an wichtigen Gesetzen und eine bessere, insbesondere öffentlichere Einbeziehung der Interessengruppen. Es sei daher kein Zufall, dass die Durchführung von Anhörungen im Laufe der Wahlperioden ständig zugenommen habe.[320]

---

[318] Anlage 2 GO-BT.

[319] Roll, GOBT, § 70 Rdnr. 1.

[320] Deutscher Bundestag – Infothek – Gesetzgebung - Anhörung im Internet unter: http://www.bundestag.de/info/gesgeb/10anhoer.html (abgerufen am 13.11.2003). Nach Kaiser in Isensee/ Kirchhof, HStR., Band II, § 34 Rdnr. 29 und Scholz in Maunz/ Dürig, Komm. z. GG, Art. 9 Rdnr. 16. besteht ein Rechtsanspruch der Interessenvertreter auf Anhörung, also an der Teilhabe an staatlich-demokratischen Entscheidungsprozessen, wohl nicht.

III. GGO-Ministerien

Die Einflussnahme der Verbände in den Ministerien ist in § 47 der Gemeinsamen Geschäftordnung der Bundesministerien geregelt (GGO), die am 01. September 2000 neu in Kraft getreten ist.[321] Gemäß § 47 GGO ist der Entwurf einer Gesetzesvorlage den Zentral- und Gesamtverbänden sowie den jeweiligen Fachkreisen zuzuleiten. Zeitpunkt, Umfang und Auswahl bleiben, soweit keine Sondervorschriften bestehen, dem Ermessen des federführenden Bundesministeriums überlassen. Durch die neue GGO soll eine verstärkte Transparenz für den Bürger eingeführt werden. So muss zukünftig eine Gesetzesfolgenabschätzung stattfinden (§ 44 GGO), deren Ergebnisse in der Begründung des Gesetzentwurfes darzustellen sind. Das für den Gesetzentwurf fachlich zuständige Bundesministerium hat gemäß § 44 Abs. 4 Angaben der beteiligten Fachkreise und Verbände, insbesondere der mittelständischen Wirtschaft, einzuholen. Zudem ist mit der GGO festgelegt worden, dass in Zukunft der organisatorische Aufbau der Bundesministerien zu veröffentlichen ist (§ 7 Abs. 4 GGO). In der Vergangenheit waren die Geschäftsverteilungspläne und die Organigramme nicht öffentlich. Wichtige Gesetzesvorhaben werden frühzeitig im Internet zur Diskussion gestellt (§ 48 Abs. 3 GGO), um Gesetzesentstehung und Gesetzesfolgen dem Bürger zugänglich zu machen. Anlage 7 zu § 43 Abs. 1 Nr. 3 GGO enthält zudem einen Prüfkatalog zur Feststellung von Selbstregulierungsmöglichkeiten, der bei der Abwägung nach § 43 Abs.1 Nr. 3 GGO als Hilfestellung dient.

Für Interessenvertreter ergeben sich verschiedene Möglichkeiten der Einflussnahme: Zum einen bei den in den Ministerien bestehenden Beiräten und Kommissionen, die auch als Ausschüsse, Arbeitskreise oder Kommissionen erscheinen. In diesen Gremien sind auch Verbände vertreten.[322] Zum anderen finden in den Bundesministerien Anhörungen zu bestimmten Rechtsverordnungen statt. Ihnen kommt großes Gewicht zu, und sie sind eine wichtige Art der Einflussnahme.[323] Es wird zwischen drei Formen der Teilnahme unterschieden.[324] Es existieren rechtliche Bestimmungen, nach denen der Erlass von Verordnungen durch die Bundesregierung von der Zustimmung bestimmter, explizit genannter Verbände abhängig gemacht wird.[325] Der zweite Fall ist die Befragung bestimmter Kommissionen[326] und

---

[321] Bis 1. September 2000 war diese Gemeinsame Geschäftsordnung der Bundesministerien unterteilt in 2 Teile: Vgl. hierzu Achterberg in Isensee/Kirchhof, HStR., Band I § 52 Rdnr. 91: Die Gemeinsame Geschäftordnung der Bundesministerien wurde unterteilt in einen gemeinsamen Teil (GGO I) und einen Besonderen Teil (GGO II). GGO I regelte die Organisation und den Geschäftsgang in den Ministerien, GGO II den Verkehr mit Bundestag, Bundesrat, Bundesverfassungsgericht, die Mitwirkung bei den Gesetzgebungs- und Verordnungsverfahren und bei der Veröffentlichung in amtlichen Blättern.

[322] Weber, Interessengruppen im politischen System der Bundesrepublik Deutschland, S. 275.

[323] Sebaldt, Organisierter Pluralismus, S. 271-273.

[324] Conradi, Mitwirkung außerstaatlicher Stellen beim Erlaß von Rechtsverordnungen, S. 295, 296.

[325] So in § 33 Absatz 1 des Heimarbeitsgesetzes, nachdem Gewerkschaften und Arbeitgeberverbände befragt werden müssen.

schließlich gibt es den Fall, dass verweisende Rechtsverordnungen durch privatrechtliche Vorschriften ausgefüllt werden.[327]
Die Ministerien veröffentlichen auch sog. Referentenentwürfe und bitten um Stellungnahme. „Der so genannte "Referentenentwurf" ist der erste Schritt auf dem Weg von der Idee zum Gesetz. Er wird von dem zuständigen Referat eines Ministeriums erstellt und enthält bereits die wesentlichen Inhalte des zu verabschiedenden Gesetzes."[328]

B. Legitimation von Interessenvertretung

„Legitim" ist die aus dem Lateinischen (legitimus: gesetzmäßig, rechtmäßig) kommende Bezeichnung für die Rechtmäßigkeit eines Geschehens oder Zustands. Ihr wird vielfach das Adjektiv legal als Bezeichnung der formalen Rechtmäßigkeit (Gesetzlichkeit) gegenübergestellt.[329]
Legitimität ist ein Prinzip „richtiger" Ordnung. Die Maßstäbe dieser Richtigkeit sind zeit- und ortsgebunden, werden aber auch durchweg Grundsätzen entnommen, die über dem positiven Recht stehen. Legitimität bezieht sich dabei auf die Ausübung einer Staatsform selbst und auch auf die Ausübung staatlicher Herrschaft.[330] Es stellt sich die Frage, in welcher Form eine Legitimation von Interessengruppen erfolgen kann.[331] Unstreitig wird die Gründung und Existenz von Interessengruppen durch die Vereinigungsfreiheit des Grundgesetzes in Art. 9 garantiert. Hintergrund der Fragestellung nach der weiteren verfassungsrechtlichen Legitimation ist, dass eine verfassungsrechtliche Legitimation von Interessenvertretern auch Auswirkungen auf die derzeit vieldiskutierte Frage der Institutionalisierung der Interessenvertretung hat.

I. Demokratische Legitimation

Die demokratische Legitimation ist auf das Staatsvolk als Gesamtheit bezogen. Interessenvertreter als Gruppen und Organisationen von Bürgern und Unternehmen können sich, auch wenn sie zahlenmäßig stark sind, nicht auf sie berufen. Diese Gruppen, die sich in Interessenvertretungen zusammenschließen, einen bestimmte Eigenschaften, wirtschaftliche und soziale Interessen oder geistig-kulturelle und politische Bestrebungen. Sie bilden sich auf dem Boden der Gesellschaft und be-

---

[326] Wie etwa in § 3 Absatz 2 des Schwerbeschädigtengesetzes vorgesehen.

[327] Conradi, Die Mitwirkung außerstaatlicher Stellen beim Erlaß von Rechtsverordnungen, S. 296.

[328] Mitglied des Bundestages Sabine Bätzing auf ihrer Homepage (http://www.sabine-baetzing.de/berlin/gesetz.asp ; zuletzt abgerufen am 20.12.2004) .

[329] Werner in Tilch/Arloth, Deutsches Rechtslexikon, Band 2, unter dem Stichwort „Legitim", S. 2716.

[330] Schmitt Glaeser in Tilch/Arloth, Deutsches Rechtslexikon, Band 2, unter dem Stichwort „Legitimität", S. 2717.

[331] Streit, Verbändestaat im Reformstau, hält allein die verfassungspolitische Frage nach der Legitimation des Handelns von Verbandsfunktionären für bedenklich.

ziehen ihre Legitimation aus der grundrechtlich geschützten Vereinigungsfreiheit. Dies ist die Freiheit des Einzelnen, sich zu betätigen, zu organisieren und gemeinsame Interessen oder Auffassungen zu vertreten und zur Geltung zu bringen. In dieser Weise wirken sie auch im Prozess der Meinungs- und Willensbildung mit und nehmen an ihm teil. Sie nehmen hierbei eine Mittlerfunktion wahr.[332] Die im Rahmen der Verbändediskussion geäußerten Ansichten, die den Verbänden in Deutschland eine Existenzberechtigung absprechen wollten, sind mangels realistischer Alternativen verstummt. Verbände sind heute allgemein als notwendig anerkannt.[333]

Die zivilrechtliche Legitimation von Vereinigungen ist in Deutschland im Bürgerlichen Gesetzbuch geregelt. Der übergeordnete Begriff ist dort der Verein, der aber auch den Begriff Verband beinhaltet. Das BGB regelt in seinem vereinsrechtlichen Teil in den §§ 21 –79 Aufbau und Organisation von Vereinen und Verbänden. Zudem haben gemeinsame Akteure eine moralische und fachliche Autorität. Auch diese Autorität führt zu einer Legitimation.

1. Legitimation staatlicher Aufgaben und Befugnisse

Die Wahrnehmung staatlicher Aufgaben und die Ausübung staatlicher Befugnisse bedürfen stets der demokratischen Legitimation. Nach staatsrechtlichem Verständnis wird eine demokratische Legitimation durch eine Beteiligung des Staatsvolks als Gesamtheit erreicht. Diese folgt aus dem Prinzip der Volkssouveränität, das sich im deutschen Grundgesetz in Artikel 20 Abs. 2 S. 1 ausdrückt.[334] Das Prinzip der Volkssouveränität wird von einem doppelten Gedanken getragen: Die politische Herrschaftsgewalt (Herrschaft von Menschen über Menschen) bedarf einer rechtfertigenden Herleitung (Legitimation), und diese Legitimation kann nur vom Volk selbst ausgehen und nicht von einer Instanz außerhalb des Volkes (sog. ununterbrochene demokratische Legitimationskette).[335] Dieser Definition entsprechend werden verschiedene Formen demokratischer Legitimation unterschieden, die funktionelle, institutionelle, organisatorisch-personelle und sachlich-inhaltliche demokratische Legitimation. Diese Legitimationsformen können auch nebeneinander wirksam sein.[336]

---

[332] Böckenförde in Isensee/ Kirchhof, HStR., Band I, § 22 Rdnr. 29.

[333] Vgl. die Literaturübersicht zur grundsätzlichen Pluralismuskritik bei Schröder, Gesetzgebung und Verbände, S. 21 Fußnote 2.

[334] Art. 20 Abs. 2 S. 1 GG: „Alle Staatsgewalt geht vom Volke aus.“

[335] Böckenförde in Isensee/ Kirchhof, HStR., Band I, § 22 Rdnr. 3.

[336] Schuppert, Demokratische Legitimation jenseits des Nationalstaates – Einige Bemerkungen zum Legitimationsproblem der EU, S. 70, 71; Böckenförde in Isensee/ Kirchhof, HStR., Band I, § 22 Rdnr. 14ff.; vgl. zu den Bedingungen der Legitimation moderner institutioneller Ordnungen auch: Eder, Demokratisches Regieren in Europa? Zur Legitimation einer europäischen Rechtsordnung, S. 88, 89, der ausführt, dass diese legitim sind, wenn sie akzeptiert werden, zustimmungsfähig sind und eine kollektive Identität geben; Schröder, Gesetzgebung und Verbände, S. 22f.

Die notwendige demokratische Legitimation bezieht sich auf den gesamten Umfang staatlichen Handelns.[337] Ausgenommen werden können rein konsultative Tätigkeiten, die nur der Vorbereitung von Entscheidungen ohne Teilhabe daran dienen und technisch-instrumentelle Verrichtungen, die bloße Hilfsfunktionen für solches Handeln darstellen.[338]
Bezogen auf die EU bedeutet dies, dass die institutionelle Legitimation von den Mitgliedstaaten abgeleitet werden kann. Die personelle Legitimation der EU-Organe kann über die Mitgliedstaaten erfolgen, beim EP erfolgt sie über Wahlen. Die sachliche Legitimation der EU bedeutet, dass alle Entscheidungen mit dem Willen des Staatsvolkes übereinstimmen sollen.[339] Eine hinreichend tragfähige Legitimation der EU setzt voraus, dass sich sachliche und personelle Legitimation gemeinsam als ausreichend tragfähig erweisen.[340]

2. Fehlende demokratische Legitimation von Interessenvertretern

Interessengruppen sind nicht demokratisch legitimiert, und ihr Handeln bedarf als privatrechtliche Organisationen (z.B. eingetragene Vereine) keiner demokratischen Legitimation, da ihre Gründung durch die grundrechtliche Vereinigungsfreiheit gedeckt ist. Ihr Kennzeichen ist eine freiwillige Mitgliedschaft, was sie von den verschiedenen Formen der Selbstverwaltung abgrenzt.[341]
Sie werden nicht gewählt, sondern von der Gruppe, die sie vertreten, beauftragt. Sie sind legitimiert, die Interessen einer jeweiligen Interessengruppe in bestimmten Umfang wahrzunehmen. Der Zweck und die Art und Weise der Interessenvertretung können durch die Satzung der Interessenvertretung festgelegt werden, der sich die Mitglieder der Interessenvertretung unterwerfen. Bei fallweiser Interessenvertretung durch Consultants erfolgt die Beauftragung durch vertragliche Vereinbarung.
Interessengruppen können auch nicht einfach „demokratisiert" werden, da dies ihrer Grundstruktur widerspricht: Bei vielen Interessengruppen (z.B. den Sektoralen) kann nicht jede beliebige Person Mitglied werden. Durch die in der Satzung geregelten Aufnahmebedingungen wird der Allgemeinheit ein Engagement verwehrt. Selbst eine verbands- oder gruppeninterne Binnendemokratisierung sowie jeder andere Versuch der Demokratisierung von Interessenvertretern kann immer nur eine „Schein-Legitimation" herbeiführen.[342] Jeder Demokratisierungsprozess bei repräsentierenden Interessengruppen bleibt gruppen- oder verbandsintern, funktions- und interessenbezogen. Er kann nur aus den Reihen der Mitglieder/ Auftraggeber der Interessenvertretung und durch diese erfolgen. Der Demokratisierungsprozess erreicht aber keinen Bezug zur Gesamtheit der Bürger. Die häufig

---

337 Böckenförde in Isensee/ Kirchhof, HStR., Band I, § 22 Rdnr. 12.
338 Böckenförde in Isensee/ Kirchhof, HStR., Band I, § 22 Rdnr. 13.
339 Vgl. Classen, AöR 119. Band (1994), 238 (244).
340 BVerfGE 83, 60 (72).
341 Vgl. Böckenförde in Isensee/ Kirchhof, HStR., Band I, § 22 Rdnr. 31 ff.
342 Böckenförde in Isensee/ Kirchhof, HStR., Band I, § 22 Rdnr. 30.

stattfindenden Reformdiskussionen über die Struktur einer Interessengruppe sind nicht öffentlich. Mitreden können und Entscheidungsgewalt haben immer nur die Mitglieder der jeweiligen Interessenvertretung. Ziel solcher Reformen ist, die Vertretung von Interessen effektiver zu gestalten und die Position der Mitglieder zu stärken. Dies ist positiv zu sehen, führt aber keine demokratische Legitimation herbei.

Gegen die Zubilligung demokratischer Legitimation an politisch einflussreiche Interessenvertreter spricht auch, dass diese Organisationen nicht in die demokratische Verfassungsstruktur eingebettet sind. Die demokratische Legitimation würde aus der sektoralen politischen Einflussmacht der Interessenvertretung hergeleitet werden. Das würde diesen Interessenvertretungen in eine Nebenstellung und ein Konkurrenzverhältnis zu den demokratisch-repräsentativ legitimierten politischen Instanzen bringen, die dadurch geschwächt würden. Zudem würde eine solche Stellung die tatsächliche und notwendige Mittlerfunktion schwächen.[343]

3. Keine Notwendigkeit einer demokratischen Legitimation von Interessengruppen

Grundsätzlich besteht keine Notwendigkeit der demokratischen Legitimation von Interessengruppen, da ihre Handlungen keinen hoheitlichen oder Exekutivcharakter haben. Interessenvertreter unterstützen höchstens die staatlichen Organe bei der Entscheidungsfindung, auch wenn dies zum Teil in einem wesentlichen Ausmaß erfolgt. Die Letztentscheidungskompetenz verbleibt aber immer bei der staatlichen Institution.

Hiermit in Zusammenhang steht das Problem, ob sich die Legitimation auf alle an den Entscheidungen eines Organs irgendwie Beteiligten erstrecken muss oder ob nur die Entscheidung des Organs als solche legitimiert sein muss.[344] Die Frage spielt eine Rolle bei der Zusammensetzung entscheidungsbefugter Kollegialorgane. Falls die demokratische Legitimation alle an der Entscheidung des Organs Beteiligten umfassen muss, bestünde für Interessenvertreter keine Möglichkeit, in solchen Organen mitzuarbeiten. Diese Ansicht sieht die individuelle demokratische Legitimation aller an der Entscheidung Beteiligten als notwendig an. Demnach wäre jedes Entsendungs-, Wahl- oder verbindliches Vorschlagsrecht von Interessengruppen unzulässig.[345]

Die Gegenauffassung hält es für ausreichend, wenn so viele Mitglieder eines kollegialen Organs über eine individuelle demokratische Legitimation verfügen, dass dadurch die Entscheidung des Organs als solche ihre demokratische Legitimation erhält.[346] Die demokratisch legitimierten Mitglieder müssen von sich aus in der La-

---

343 Böckenförde in Isensee/ Kirchhof, HStR., Band I, § 22 Rdnr. 30.

344 Vgl. Böckenförde in Isensee/ Kirchhof, HStR., Band I, § 22 Rdnr. 17.

345 Diese Ansicht vertritt Herzog in Maunz/ Dürig, Erl. II zu Art. 20 Rdnr. 52. Betroffen wären in Deutschland die Richterwahlausschüsse, sowie z.B. § 96 BBG, § 35 SchwbG, § 14 JWG, wo jeweils auf Vorschlag von gesellschaftlichen Gruppen Mitglieder in entscheidungsbefugte Verwaltungsausschüsse berufen werden.

346 Böckenförde in Isensee/ Kirchhof, HStR., Band I, § 22 Rdnr. 19.

ge sein, eine positive Entscheidung des Organs herbeizuführen. Eine reine Vetoposition würde nicht genügen. Dieser Auffassung ist zu folgen, da das demokratische Prinzip von ihr beachtet und gewahrt wird. Zudem sprechen pragmatische Gründe für sie, da diese Zusammenarbeit sich in der Verwaltungspraxis bewährt hat.

4. Fazit

Interessenvertreter sind nicht demokratisch legitimiert. Die Arbeit der Interessenvertreter dient der informellen Vorbereitung von Entscheidungen der EU-Institutionen. Interessenvertreter nehmen an den eigentlichen Entscheidungsprozessen bei Kommission, Parlament und Rat nicht teil. Sie werden gegebenenfalls nur informell angehört. Ihre Arbeit ist als Mitwirkung und nicht als Mitentscheidung zu qualifizieren. Insoweit bedarf ihre Arbeit keiner demokratischen Legitimation.

II. Legitimität durch das Gemeinwohl

Es stellt sich die Frage, ob Interessengruppen als nicht demokratisch legitimierte Institutionen, neben ihrem Gründungs- und Existenzrecht eine anderweitige rechtliche Legitimation erfahren können. Interessenvertreter könnten als Repräsentanten des Gemeinwohls angesehen werden. Ihr legitimierendes Interesse könnte in der inhaltlichen Richtigkeit des Rechtsetzungsaktes und der Verbesserung der Rechtsetzung liegen. Diese Interessen sind auch Allgemeininteressen.

1. Definition des Gemeinwohls

a. Deutschland

Die Frage der Definition des Gemeinwohls ist auf nationaler deutscher Ebene ein ausführlich erforschtes staatswissenschaftliches Thema.[347] Gemeinwohl kann die Verkörperung der Idee vom guten Zustand des Gemeinwesens sein. Darin liegt das allgemeinste Leitbild, das die Staatsethik dem staatlichen und politischen Handeln zuweist. Es ist der Legitimationsgrund der Staatlichkeit, der Inbegriff aller legitimen Staatziele. Das Gemeinwohl bezieht sich nicht nur auf die institutionalisierte Staatlichkeit, sondern auf das Gemeinwesen als Ganzes. Es fasst die vielfältigen öffentlichen Interessen, die in Staat und Gesellschaft wirksam sind, zur Zieleinheit zusammen.[348]

Die Idee des Gemeinwohls ist in ihrer Allgemeinheit und Abstraktheit schwer zu fassen. Das Gemeinwohl ist nicht festgelegt auf den Verfassungsstaat. Es deckt sich nicht mit der Verfassung, weil diese nur eine rechtliche Rahmenordnung des staatlichen Lebens gibt. Das Gemeinwohl blickt auf die Erfüllung der Möglichkeiten

[347] So z.B. Isensee in Isensee/ Kirchhof, HStR., Band III, § 57 Rdnr. 1ff.; Häberle, Europ. Verfassungslehre, 4. Auflage, S. 369ff; Streinz in Isensee/ Kirchhof, HStR., Band VII, § 118 Rdnr. 41; Schröder, Gesetzgebung und Verbände, S. 21-24; vgl. auch Uerpmann, Das öffentliche Interesse.

[348] Isensee in Isensee/ Kirchhof, HStR., Band III, § 57 Rdnr. 1, 2.

und der Ziele, deren Rahmenbedingungen in der Verfassung gelegt werden. Isensee schreibt hierzu: „Das Gemeinwohl erfüllt sich nicht schon in der grundrechtlichen Gewährleistung der Berufsfreiheit, sondern in Arbeit und Vollbeschäftigung, nicht in der Eigentumsgarantie, sondern im Wohlstand, nicht in der Kunstfreiheit, sondern in der Kultur, nicht in der Sozialstaatsklausel, sondern in der gesellschaftlichen Realität menschenwürdiger und gerechter Existenzbedingungen für alle."[349]

b. EU

Auch im europäischen Kontext spielt das „Gemeinwohl" eine zunehmend große Rolle. Hier stellt sich die Frage, ob das deutsche innerverfassungsrechtliche Gemeinwohl zum Teil oder gänzlich „europäisiert" werden kann.[350]

Fast alle der aus dem deutschen Recht bekannten Gemeinwohlfiguren kehren im Europäischen Verfassungsrecht der EU/ EG wieder. Insoweit kann man heute von einem eigenständigen europäischen Gemeinwohl sprechen, auch wenn europäische Gemeinwohltheorien erst im Ansatz begriffen sind. Das europäische Verfassungsrecht trifft inhaltliche Aussagen zum Gemeinwohl: Belange des Gemeinwohls drücken sich in den Staatszielen der EU aus, die in Art. 2 EUV festgelegt sind. Die EU benutzt an vielen Stellen das Gemeinwohl bzw. öffentliche Interessen, um ihre Aufgaben positiv zu umschreiben, wenn z.B. in Art. 2 EG von „in der ganzen Gemeinschaft", in Art. 6 EG von „Erfordernisse de Umweltschutzes" oder in Art. 16 von „allgemeines wirtschaftliches Interesse" die Rede ist. Auch das europäische Aufgreifen des Verbraucherschutzes in Art. 153 Abs. 1 EG ist der Förderung des Gemeinwohls zuzurechnen.[351] Der EuGH hat in mehreren Urteilen den Begriff des Gemeinwohls verwendet. So führt er im Bananen-Urteil aus, dass die gegenständliche Verordnung „dem Gemeinwohl dienenden Zwecken" entspreche.[352] Es brauche nicht geklärt werden, ob eine europäische Gemeinwohldefinition aus dem nationalstaatlichen Gemeinwohl „europäisiert" oder ob eine eigene europäische Gemeinwohltheorie entstehen werde.[353]

---

[349] Isensee in Isensee/ Kirchhof, HStR., Band III, § 57 Rdnr. 24.

[350] Mit dieser Frage beschäftigt sich Häberle, Gibt es ein europäisches Gemeinwohl? Eine Problemskizze, in Festschrift Helmut Steinberger, 2002, 1153 (1153); Daneben auch Häberle, Gibt es eine europäische Öffentlichkeit? in Festschrift für Yvo Hangartner, S. 1007-1026.

[351] Häberle, Europ. Verfassungslehre, 2. Auflage, S. 319; Häberle, Gibt es ein europäisches Gemeinwohl? Eine Problemskizze, in Festschrift Helmut Steinberger, 2002, 1153 (1154-1158).

[352] Rs. C-280/93, Slg. 1993, I-3667 - Rat/Deutschland (Marktorganisation für Bananen) Urteil vom 5.10.1994, abgedruckt in NJW 1995, 945ff.; Im Champagner Urteil vom 13.12.1994 (Rs. C-306/93, Slg. 1994, I-5555 - SMW Winzersekt/Land Rheinland Pfalz, abgedruckt in EuZW 1995, 109ff.) werden die Beschränkungen von Eigentums- und Berufsausübungsfreiheit von „tatsächlich dem Gemeinwohl dienenden Zielen der Gemeinschaft" legitimiert.

[353] Hierzu detailliert: Häberle, Europ. Verfassungslehre, 2. Auflage, S. 319; Häberle, Gibt es ein europäisches Gemeinwohl? Eine Problemskizze, in Festschrift Helmut Steinberger, 2002, 1153 (1160), der bei der Entwicklung des europäischen Gemeinwohlbegriffes auch die EMRK und die zugehörige Judikatur des EGMR berücksichtigen möchte; vgl. auch Häberle, Gibt es eine europäische Öffentlichkeit in Festschrift für Yvo Hangartner.

Die Frage der Existenz des europäischen Gemeinwohls ist aber untrennbar mit der Frage der Existenz der „europäischen Öffentlichkeit" verbunden.[354] Eine europäische Öffentlichkeit existiert heute. Sie wählt das europäische Parlament und wird immer häufiger direkt und indirekt von den Entscheidungen der europäischen Institutionen betroffen. Die europäischen Bürger unterliegen den verpflichtenden Rechtstexten der EU/EG-Verträge. Spätestens seit der Einführung der gemeinsamen Euro-Währung in einem großen Teil der EU ist „Europa" für die Bürger präsent. Der Euro fördert das Bewusstsein der EU-Bürger für die europäische Integration. Der fortdauernde Integrationsprozess, aktuell in Form des Entwurfs einer europäischen Verfassung präsent, trägt zur Festigung dieser europäischen Öffentlichkeit bei. Daneben besteht in der EU auch eine Wertegemeinschaft, die sich im gemeinsamen rechtsstaatlichen Demokratieverständnis und in gleichen Rechtsprinzipien ausdrückt. Letztendlich kann die heutige EU auch auf eine gemeinsame Geschichte und Kultur zurückgreifen.[355]

Auch auf europäischer Ebene ist beim Gemeinwohl zu unterscheiden zwischen den Bereichen „staatlich", „privat" und „öffentlich".[356] Dies ist hinsichtlich der Interessenvertreter sehr bedeutsam, da diese in dem Dilemma stehen, immer auch partikuläre, private Interessen zu vertreten, auch wenn diese Partikularinteressen Teil der Öffentlichkeit sind.

2. Verbände und das Gemeinwohl

Bei der Realisierung des Gemeinwohls können auch nichtstaatliche Verbände beteiligt sein.[357] Fraglich ist aber, inwieweit Verbände Teil des Gemeinwohls sind und hierdurch eine Art verfassungsrechtlicher Legitimation für ihr Verhalten erhalten.

Die Diskussion über Verbände und ihre Beziehungen zum Gemeinwohl ist nicht neu. In der früheren Verbändediskussion ging die Wissenschaft davon aus, dass Verbandshandeln die staatliche Politik stört und somit nicht der Förderung des Gemeinwohls dient. In der letzten Zeit hat sich diese Ansicht gewandelt. Heute wird auch die Ansicht vertreten, dass staatliches Versagen durch Verbandshandeln behoben werden kann.[358] Eine gemeinwohlfördernde Eigenschaft wird Interessen-

---

[354] Häberle, Europ. Verfassungslehre, 2. Auflage, S. 319; Häberle, Gibt es ein europäisches Gemeinwohl? Eine Problemskizze, in Festschrift Helmut Steinberger, 2002, 1153 (1164); Zur europäischen Öffentlichkeit vgl. Häberle, Gibt es eine europäische Öffentlichkeit? in Festschrift für Yvo Hangartner, S. 1024, 1025.

[355] Häberle, Europ. Verfassungslehre, 2. Auflage, S. 319; Häberle, Gibt es ein europäisches Gemeinwohl? Eine Problemskizze, in Festschrift Helmut Steinberger, 2002, 1153 (1172) schreibt hierzu: „Europäische Gemeinwohlziele sind vor allem die im Europäischen Kulturabkommen sichtbaren Kulturaufgaben...".

[356] Häberle, Europ. Verfassungslehre, 2. Auflage, S. 319; Häberle, Gibt es ein europäisches Gemeinwohl? Eine Problemskizze, in Festschrift Helmut Steinberger, 2002, 1153 (1168).

[357] So auch in Isensee/ Kirchhof, HStR., Band III, § 57 Rdnr. 3.

[358] Vobruba, Wirtschaftsverbände und Gemeinwohl in Mayntz, Verbände zwischen Mitgliederinteressen und Gemeinwohl, 80 (86, 87).

gruppen jetzt nicht mehr schlechthin abgesprochen. Diese nationale deutsche Verbändediskussion wird durch die Bestrebungen der EU in Sachen „Good Governance“, d.h. Interessenvertreter als Teil der Zivilgesellschaft, beeinflusst werden (vgl. unten fünfter Teil, insbesondere S. 123ff.).
Mit dieser neuen Beurteilung der Interessengruppen wird an den Zweck der ersten Verbandsgründungen im frühen 19. Jahrhundert angeknüpft. Der Staat hatte diese auch aus eigenem Interesse gefördert, um ihnen Aufgaben zu überlassen, die die Verwaltung überhaupt nicht oder nur mit unverhältnismäßig hohem Aufwand erledigen konnte. Insoweit ist die Beteiligung von Interessenvertretern an Aufgaben, die über die reine Mitgliederbetreuung hinausgehen, nicht neu.[359]
Die Fragestellung „Verbände als Teil des Gemeinwohls“ ist zu unterscheiden von der Problematik, ob Verbandsmacht der Verpflichtung unterliegt, das Gemeinwohl zu wahren. Diese Problematik verkörpert sich bei Arbeitgeberverbänden in der grundgesetzlichen Tarifautonomie, die nicht Gegenstand dieser Arbeit ist.[360]

a. Verbände als Träger partikularer Interessen

Bei Beurteilung der Fragestellung, ob Verbände Teil des Gemeinwohls sind, muss berücksichtigt werden, dass ein Verband die Interessen seiner Mitglieder vertreten muss und angehalten ist, diese Interessen möglichst weitgehend durchzusetzen. Diese Interessen können durchaus mit den Interessen der Allgemeinheit deckungsgleich sein. Je größer ein Verband ist, d.h. je mehr Mitglieder er repräsentiert und je breiter seine Mitgliedschaft angelegt ist, desto stärker repräsentiert er die Interessen der Allgemeinheit. Während insbesondere die Interessenvertretung bei sektoralen Interessengruppen, die oftmals nur die Interessen einer kleinen Gruppe vertreten, anderen Interessengruppen auch schaden kann, ist diese Gefahr desto kleiner, je größer die vertretene Gruppe ist.

b. Gemeinwohl als Gesamtheit öffentlicher Interessen

Gegen eine Einstufung von Verbänden als Vertreter des Gemeinwohls spricht nicht per se die Eigenschaft des Gemeinwohls als Gesamtheit der öffentlichen Interessen und die hiervon zu unterscheidenden Sonder- und Eigenbelange einzelner Teile dieser Gesamtheit.[361]
Vordergründig lässt sich diese Gemeinwohleigenschaft nicht mit dem Zweck privater Interessenverbände in Einklang bringen: Selbst wenn die durch einen Verband vertretene Interessengruppe sehr groß ist, so vertritt der Verband dennoch nur die Interessen dieser einen Gruppe und demnach nicht die Interessen der Allgemeinheit. Gemeinwohl als Ziel wird durch Selbstlosigkeit als Weg verwirklicht. Interessengruppen handeln dagegen grundsätzlich eigennützig für die vertretene Interessegemeinschaft. Allein dafür werden sie bezahlt. Sie vertreten ein Interesse, nicht weil es legitim ist, sondern weil es im Sinne ihrer Mitglieder ist. Auch haben sie kein

---

[359] Vobruba, Wirtschaftsverbände und Gemeinwohl in Mayntz, Verbände zwischen Mitgliederinteressen und Gemeinwohl, 80 (118).
[360] Isensee in Isensee/ Kirchhof, HStR., Band V, § 118 Rdnr. 78.
[361] Isensee in Isensee/ Kirchhof, HStR., Band III, § 57 Rdnr. 18.

Mandat, im Sinne der Allgemeinheit zu handeln, da sie lediglich durch ihre Mitglieder beauftragt werden.[362] Allerdings bedarf hier der Begriff der „Allgemeinheit" oder „Öffentlichkeit" einer genaueren Definition, um festzustellen, ob Interessenvertreter nicht auch für die Öffentlichkeit tätig werden: Im Verfassungsstaat ist zwischen dem staatlichen Bereich der verfassten Staatsorgane (den drei Gewalten), dem gesellschaftlich-öffentlichen Bereich und dem privaten Bereich zu unterscheiden (republikanische Bereichstrias). Der gesellschaftlich-öffentliche Bereich wirkt zwischen Staat und privatem Bereich. Er präsentiert sich z.B. als Partei-, Kirchen-, Medienöffentlichkeit oder auch als Verbandsöffentlichkeit. Insoweit umfasst der Begriff der Öffentlichkeit auch gesellschaftliche Felder wie Wirtschaft, Wissenschaft, Kunst oder Politik. Beteiligte in diesen Bereichen sind neben Parteien, Unternehmen, Kirchen, Medien, Gewerkschaften auch Verbände. Teilweise wird die Ansicht vertreten, dass diese Beteiligten mehr seien als bloße „Zwischenglieder".[363] Gerade auf europäischer Ebene bringen Gruppen und Organisationen, mithin also auch Interessenvertreter, Aspekte der Allgemeinheit in die stattfindenden Diskussionen über Themen und Strategien ein. In diesen „Diskussionen" über Themen, welche die EU behandelt oder behandeln soll, streiten die verschiedenen Beteiligten um ihre Interessen und ermitteln auf diesem Weg das „europäische Gemeinwohl".[364]

c. Verbände als Förderer des Gemeinwohls

Es stellt sich weiterhin die Frage, inwieweit Interessenvertreter ein Mittel zur Erreichung dieses Gemeinwohls oder Bestandteil des Gemeinwohls sind.[365]
Der Gemeinwohlbegriff sollte sich, einer vertretenen Ansicht zufolge, auf die zu erreichenden Ziele der Allgemeinheit beziehen und nicht auf die zur Erreichung der Ziele notwendigen Mittel (zielorientierter Gemeinwohlbegriff).[366] Die Legitimation des Staates erfolge nicht individualistisch durch das zu Eigen machen der Interessen der Individuen und Gruppen. Die Bestimmung der Ziele und Forderungen des Gemeinwohls sei immer noch Aufgabe des Staates und nicht der Interessenvertreter. „Der Staat ist nicht darauf angewiesen, die Herstellung des Gemeinwohls ausschließlich dem gesellschaftlichen Interessenkampf zu überlassen und dessen Resultat vorbehaltlos zu ratifizieren."[367] Er besitze im Gegensatz zu Interessenver-

---

[362] Anders sieht dies bei öffentlich-rechtlichen Institutionen aus, wie z.B. den Industrie und Handelskammern.

[363] Vgl. Häberle, Europ. Verfassungslehre, 2. Auflage, S. 167, 168.

[364] So auch Häberle, Europ. Verfassungslehre, 2. Auflage, S. 319; Häberle, Gibt es ein europäisches Gemeinwohl? Eine Problemskizze, in Festschrift Helmut Steinberger, 2002, 1153 (1173).

[365] Vgl. zur Fragestellung Einfluss des Lobbying auf die Legitimation der EU Marziali, Lobbying in Brussels, S. 37ff. Marziali kommt zu dem Ergebnis, dass Lobbying die Legitimation der EU nicht gefährden oder in Frage stellen kann. Die Legitimation der EU erfolge allein über die Verträge und durch die Wahlen zum EP. Marziali kritisiert den Mangel an Transparenz bei der Interessenvertretung.

[366] Vgl. Isensee in Isensee/ Kirchhof, HStR., Band III, § 57 Rdnr. 26, 27.

[367] Isensee in Isensee/ Kirchhof, HStR., Band III, § 57 Rdnr. 43.

bänden eine innere Souveränität, und Souveränität bedeute letztlich Gemeinwohlfähigkeit. Der Staat sei „Hüter des Gemeinwohls gegenüber Gruppeninteressen."[368] Er trage die Letztverantwortung für das Gemeinwohl.[369]
Diese Stellung des Staates schließt aber nicht aus, dass Interessenverbände auch Teil des Gemeinwohls sein können. Je allgemeiner verfassungsstaatliche Gemeinwohlkategorien gefasst werden, desto eher können auch Verbände als deren Garant und direkter oder indirekter Förderer angesehen werden. Freiheit, Gleichheit, Allgemeinheit und die Achtung der Menschenwürde sind Grundsätze, denen sich kein auf rechtsstaatlichem Boden stehender Verband widersetzen kann.
Die Erreichung der allgemeinen Ziele des Gemeinwohls liegt im Interesse aller Verbände, die sich mit rechtsstaatlichen und demokratischen Zielen identifizieren. Es wird keine rechtmäßige Verbandssatzung geben, die mit diesen Zielen nicht übereinstimmt. Jeder Verband ist bestrebt diese Ziele, neben sektorspezifischen, für seine Mitglieder zu erreichen. Verbände wirken insoweit an der Förderung des Gemeinwohls mit.[370]

Der klassische zielorientierte Gemeinwohlbegriff wird zudem durch den modernen Verfassungsstaat modifiziert, der sich mehr durch seine Mittel definiert als durch seine Ziele.[371] Die Aktivitäten des modernen Staates sind nicht von vornherein auf bestimmte Ziele ausgerichtet. Ziele und Aufgaben des modernen Staates lassen sich nicht vorab genau ausformulieren, da die politischen Notwendigkeiten und gesellschaftlichen Bedürfnisse, denen sie entspringen, unabsehbar sind. Diese jeweiligen Ziele des Staates können auch von nichtstaatlichen Verbänden gefördert werden.[372] Überdies ist die Demokratie stärker auf die Idee des Gemeinwohls angewiesen als ein autoritäres System. Sie lebt von der Integration freier Bürger, ohne diese erzwingen zu können.[373] Bei dieser Integration der Bürger können Interessenvertretungen mithelfen und sich so in den Dienst des Gemeinwohls stellen. Die konkurrierenden und kollidierenden Interessen der Gesellschaft fließen in den Prozess der staatlichen Willensbildung mit ein. Verbände haben dabei die Aufgabe die Interessen der Bürger zu bündeln und weiterzuleiten.
„In einem pluralistisch verfassten Gemeinwesen ist das Gemeinwohl nicht generell vorgegeben, sondern muss in der konkreten Situation im Ausgleich der verschiedenen Interessen erst ermittelt werden."[374] Insoweit dienen Verbände der Gemeinwohlfindung. Zur Findung dieses Gemeinwohls ist es gerade notwendig, dass Verbände subjektive Interessen vertreten, damit diese nicht übersehen werden. Staatliche Organe bringen diese Interessen dann zum Ausgleich. Wären Interessenvertre-

---

368 BVerfGE 33, 125 (159).

369 So Isensee in Isensee/ Kirchhof, HStR., Band V, § 118 Rdnr. 79.

370 Zur privaten Gemeinwohlförderung vgl. Isensee in Isensee/ Kirchhof, HStR., Band III, § 57 Rdnr. 29.

371 Isensee in Isensee/ Kirchhof, HStR., Band III, § 57 Rdnr. 41.

372 So auch Isensee in Isensee/ Kirchhof, HStR., Band III, § 57 Rdnr. 42.

373 Vgl. Isensee in Isensee/ Kirchhof, HStR., Band III, § 57 Rdnr. 56.

374 Brohm in Isensee/ Kirchhof, HStR., Band II, § 36 Rdnr. 15.

ter zur Objektivität verpflichtet, könnten sie ihrer Aufgabe der Gemeinwohlfindung nicht nachkommen. Eine Übermittlung von Interessen an die staatlichen Organe wäre zumindest erschwert, würde vielleicht sogar ausbleiben. Der „Staat“ würde auf der Stelle verharren und sich zwangsläufig von den Bürgern entfernen.[375]

Die Staatsorganisation allein, die nicht Teil dieses Gemeinwesen ist, kann „gutes Leben“ in diesem Gemeinwesen nicht umfassend gewährleisten.[376] Sie kann nur die Rahmenbedingungen schaffen und zur Verfügung stellen. Der Staat stellt das Instrumentarium zur Verfügung, das Individuen und Verbände zur Erreichung ihrer jeweiligen Ziele benötigen. Sein Handeln wird dabei durch das Subsidiaritätsprinzip begrenzt. Er muss den gesellschaftlichen Kräften möglichst unabhängig gegenüberstehen, darf ihnen aber nicht als Fremder erscheinen.[377]

Gerade auf europäischer Ebene kommt den Interessengruppen als Teil der Zivilgesellschaft besondere Bedeutung zu.[378] Die EU-25 mit über 450 Millionen Einwohnern ist auf die Meinungsäußerung von Gruppen und Organisationen angewiesen, um den „Kontakt zur Basis“ nicht zu verlieren. Die EU möchte mit Hilfe der Zivilgesellschaft das Regieren in der EU verbessern. Insoweit decken sich die Interessen der EU mit denen der Interessenvertreter.

3. Fazit

Interessenverbände können gemeinwohlorientiert handeln. Dies geschieht nicht aus idealistischen Gründen, sondern dient dem Interesse der Mitglieder. Gemeinwohlforderungen werden oft von politischen und administrativen Instanzen, anderen Organisationen und vor allem den Medien an die Interessenvertreter herangetragen.[379] Um auch in Zukunft weiter mit diesen Institutionen zusammenzuarbeiten, sind Verbände auf eine Zusammenarbeit mit diesen angewiesen und damit auch zur Rücksichtnahme auf deren Interessen. Auf europäischer Ebene geht die Funktion der Interessengruppen aber über gemeinwohlorientiertes Handeln hinaus. Die europäischen Institutionen nutzen die verschiedenen Gruppen und Organisationen, mithin Interessenvertreter, zur Meinungsbildung und sehen Interessenvertreter als Teil der Allgemeinheit an. In diesem Sinne sind Verbände Teil der Öffentlichkeit und Allgemeinheit. Sie fördern die Gemeinwohlfindung und erfahren hierdurch eine weitergehende Legitimation der Mitarbeit, zusätzlich zum Recht zur Gründung und Existenz.

---

[375] So auch Schröder, Gesetzgebung und Verbände, S. 22, 23.

[376] Isensee in Isensee/ Kirchhof, HStR., Band III, § 57 Rdnr. 78.

[377] Schröder, Gesetzgebung und Verbände, S. 23.

[378] Vgl. hierzu auch unten S. 133ff.

[379] So auch Mayntz, Verbände zwischen Mitgliederinteressen und Gemeinwohl, S. 25, 26.

III. Legitimität aus dem Transparenzgebot

Eine verfassungsrechtliche Legitimation der Interessenvertretung könnte sich auch aus dem Transparenzgebot als Teil des Demokratieprinzips ergeben. Die Legitimation der Entscheidungen ist seit längerem ein Problem der EU-Institutionen. Immer mehr Kompetenzen werden von der nationalen Ebene auf die EU-Ebene verlagert. Das oft beklagte „Demokratiedefizit“ auf europäischer Ebene stellt eines der am meisten diskutierten Probleme der EU dar.[380] Als eine Möglichkeit der Beseitigung dieses Demokratiedefizits wird die stärkere Einbeziehung der Bürger und der Interessenvertreter in das Rechtsetzungsverfahren angesehen. Nicht allein politische Parteien, sondern auch Interessenvertreter von Wirtschafts- und Sozialverbänden sind in der Lage zwischen den Entscheidungsträgern der Institutionen und dem Bürger zu vermitteln. Es wird sogar die Ansicht vertreten, dass so die Legitimation der EU-Institutionen gestärkt werden könnte.[381]

1. Das Transparenzgebot

Das Transparenzgebot ist in Artikel 1 Abs. 2 EU geregelt: In der EU sollen Entscheidungen möglichst offen und bürgernah getroffen werden, wobei mit dem Wort „offen“ auf das Stichwort der Transparenz hingewiesen wird. Die Transparenz hat sich Schritt für Schritt zu einem gemeinschaftlichen Verfassungsprinzip entwickelt.[382]

Zur Erläuterung des Transparenzgebotes ist zunächst eine Definition des Begriffs der „Transparenz“ notwendig: Transparenz bedeutet Offenheit, Durchsichtigkeit oder Zugänglichkeit. Es bezeichnet die Eigenschaft eines bestimmten Gegenstandes in seiner Beziehung zu einer bestimmten Person.[383] Die europäischen Institutionen nutzen den Begriff der Transparenz, um Maßnahmen zu erläutern oder zu begründen, mit denen sie die Vermittlung von Informationen über einen bestimmten Vorgang oder Gegenstand bezwecken.[384] Transparenz steht auch für Rechtssicherheit im Sinne der Vorhersehbarkeit[385] und auch für Rechtsstaatlichkeit.

---

[380] So auch Bouwen, Corporate Lobbying in the EU-Towards a theory of access, S. 2; Marziali, Lobbying in Brussels, S. 36ff; vgl. zum Demokratiedefizit auf EU-Ebene insgesamt: Fischer, Demokratiedefizit.

[381] Bouwen, Corporate Lobbying in the EU-Towards a theory of access, S. 10, unterstützt diese Ansicht.

[382] Calliess in Calliess/Ruffert, Kommentar zu EUV-EGV, Art. 1 EU, Rdnr. 35; vgl. auch Wägenbaur, „Der Zugang zu EU-Dokumenten - Transparenz zum Anfassen“, in EuZW 2001, S. 680 ff., der Stellung nimmt zur Verordnung (EG) Nr. 1049/2001 über den Zugang der Öffentlichkeit zu Dokumenten des europäischen Parlaments und des Rates vom 30.5.2001.

[383] Sobotta, Transparenz i.d. Rechtsetzverf. der EU, S. 30.

[384] Sobotta, Transparenz i.d. Rechtsetzverf. der EU, S. 31.

[385] Sobotta, Transparenz i.d. Rechtsetzverf. der EU, S. 32.

Das Transparenzgebot ist Teil des Demokratieprinzips[386], welches im Recht der EU als allgemeiner Rechtsgrundsatz anerkannt ist[387] und in der Gemeinschaft zwei Wurzeln hat: die Gründungsverträge und die allgemeinen Rechtsgrundsätze.[388]
Art. 1 Abs. 2 EU spiegelt auch den Trend zu Bürgernähe und Regionalisierung wieder. Der Trend kommt auch durch den „Good Governance" Prozess zum Ausdruck, vgl. S. 123ff.

2. Legitimation der Interessenvertretung durch das Transparenzgebot

Fraglich ist, ob das Transparenzgebot geeignet ist, die Handlungen der Interessenvertreter zu legitimieren.
Die Transparenz staatlichen Handelns setzt sich aus zumindest zwei Elementen zusammen: Der Öffentlichkeitsarbeit des Staates und dem Zugang der Öffentlichkeit zu staatlichen Dokumenten.[389] Das Prinzip der repräsentativen Demokratie wird durch die „Öffentlichkeit" ergänzt als ein quasi-plebiszitäres Element, das Handlungen der EU-Institutionen zusätzlich legitimieren kann.
Unter die Transparenz und Öffentlichkeitsarbeit des Staates fällt auch die Teilnahme von Interessenvertretern am Rechtsetzungsverfahren. Abzuwägen bleibt allerdings, inwieweit eine solche Teilnahme die Effizienz des Rechtsetzungsverfahrens beeinträchtigt. Das Transparenzgebot stellt keinen absoluten Wert dar, sondern muss immer auch mit der Effizienz der Entscheidungsmechanismen in Ausgleich

---

[386] Sobotta, Transparenz i.d. Rechtsetzverf. der EU, S. 34, daneben auch noch Teil des Rechtsstaats- und Sozialstaatsprinzips.

[387] Kahl, Transparenzdefizit in der EU, 224, 227; A.A.: Kirchner/ Haas, Grenzen für Kompetenzübertragungen auf die EG, JZ 1993, 760 (764), die 1993 das Demokratieprinzip in der EG noch nicht verwirklicht sahen. Sie setzen diese Nichtverwirklichung mit dem Demokratiedefizit gleich.

[388] Zuleeg, Demokratie i.d. EG, 1069 (1070); Der EuGH hat in den Isoglukose Fällen Gelegenheit zur Stellungnahme zu den Verfassungsgrundsätzen der Gemeinschaft gehabt (EuGH, Slg. 1976, 455, 473- Defrenne; EuGH, Slg. 1980, 3333, 3360- Roquette Frères; EuGH, Slg. 1980, 3393, 3424- Maizena.). Der EuGH stützt seine Begründung für das Vorhandensein eines Verfassungsgrundsatzes der Demokratie auf allgemeine Rechtsgrundsätze, auf Verfassungsgrundsätze der Mitgliedstaaten und auf die Gründungsverträge. Direkte oder indirekte Aussagen zum Demokratieprinzip der EU/ EG finden sich in der europäischen Verfassungsgeschichte schon früh. Die EEA misst der Demokratie bereits in der Präambel eine entscheidende Bedeutung bei. Im Maastrichter Vertrag wird der Verfassungsgrundsatz der Demokratie weiter ausgebaut.
Die EU-Grundrechte-Charta aus dem Jahr 2000, führt diese Entwicklung fort (vgl. hierzu die Ausführungen bei Häberle, Europ. Verfassungslehre, 2. Auflage, S. 135, 303ff.; Randelzhofer in Hommelhoff/ Kirchhof, Der Staatenverbund der EU, S. 46.). Rechtsubjekte der Gemeinschaftsordnung sind nicht nur die Mitgliedstaaten, sondern auch einzelne Bürger. Angesichts der Kompetenzfülle der EU liegt es nahe, die Bürger auch in die Legitimation der Handlungen der jeweiligen Organe einzubeziehen. Dieses zentrale Anliegen des demokratischen Prinzips lässt sich somit auch auf die europäische Ebene übertragen. Das EP ist Ausdruck dieses demokratischen Prinzips. Andererseits erfährt das Demokratieprinzip auf EU-Ebene eine Einschränkung, da das EP die Aufgabe hat, die europäischen Völker zu vertreten (Art. 189 EG) und nicht Ausdruck der im Demokratieprinzip verankerten Herrschaft des Staates ist (vgl. Classen, Europ. Intergration, AöR 119 (1994), 238 (239ff.)).

[389] Kahl, Transparenzdefizit in der EU, S. 224-227.

gebracht werden (vgl. zur Berücksichtigung von Effizienzgesichtspunkten unten, S. 116f. und 111f.).[390]

a. Beteiligung der Öffentlichkeit über Interessengruppen

Die Beteiligung der Öffentlichkeit in Form von Interessengruppen trägt zur Steigerung der Bürgernähe der EU bei und fördert damit auch deren Akzeptanz (Akzeptanzfunktion). Sie ist unverzichtbare Voraussetzung für die Mitwirkung der Bürger an einem offenen, freien, von unten nach oben verlaufenden Willensbildungsprozess (Partizipationsfunktion).

Die Informations- und Kontrollfunktion der Beteiligung der Öffentlichkeit unterstreichen den wichtigen Rang des Transparenzprinzips innerhalb des Demokratieprinzips. Auch ist das Merkmal der Öffentlichkeit ein Mittel zur Zurückdrängung von „Mauschelei" und „Kungelei", d.h. zur Zurückdrängung sachfremder Erwägungen. Eine Öffentlichkeit bei der Entscheidungsfindung führt zu einer verstärkten Beteiligung der Allgemeinheit an der Entscheidung und damit auch zu einer offenen Konkurrenz verschiedener Ansichten und Gedanken. Dies hilft die sachlich richtige und „gerechte" Entscheidung zu finden (Richtigkeitsfunktion).[391] Demokratiedefizite auf EU-Ebene stellen sich daher oft als Öffentlichkeitsdefizite dar.[392]

b. Problem Informationsüberfluss

Gegen eine weitreichende Beteiligung der Öffentlichkeit am Rechtsetzungsverfahren, also mithin auch gegen eine zu weitgehende Transparenz wird eingewendet, dass eine permanente und weitgehende Öffentlichkeit schnell zu einer Konfusion, Überforderung und Übersättigung beim Bürger führen könnte. Magiera hat den Satz geprägt: „Maximierung von Information bedeutet nicht Optimierung der Informiertheit".[393] Diese Übersättigung könne dazu führen, dass der Bürger dem politischen Prozess den Rücken zukehren würde oder die Debatten weniger sachbezogen-konkret, dafür mehr populistisch und emotionaler geführt würden. Diese Entwicklungen würden das politische und rechtliche System nicht unerheblich schädigen.[394]

Diese Ansicht ist nicht auf die Legitimation der Handlungen von Interessenvertretern übertragbar. Diese sind Teil der fachspezifischen Öffentlichkeit. Die Verfolgung der politischen Debatte und das Zustandekommen eines Gesetzesvorschlages ist Teil ihres Berufes. Durch die Zugehörigkeit zu einer spezifischen Branche besitzen sie das nötige Fachwissen, um die Diskussion um Gesetzesvorschläge, die ihre Branche betreffen, verfolgen zu können und zu verstehen. Insoweit besteht keine Gefahr, dass sie der Debatte den Rücken zuwenden oder dass durch ihre Beteili-

---

[390] Kahl, Transparenzdefizit in der EU, 224, 234f.

[391] Vgl. auch Kahl, Transparenzdefizit in der EU, S. 224, 234.

[392] Häberle, Europ. Verfassungslehre, 2. Auflage, S. 135, 136.

[393] Magiera, Parlament und Staatsleitung in der Verfassungsordnung des GG, S. 153.

[394] Kahl, Transparenzdefizit in der EU, 224, 235.

gung ein Populismus in den Rechtsetzungsvorgang einzieht. Vielmehr könnten sie auf fachlich falsche oder in der Praxis nicht umsetzbare Vorschläge aufmerksam machen. Letztendlich benutzt der Bürger spezialisierte Interessengruppen, um sich über Vorgänge informieren zu lassen, die er nicht „en detail" verfolgen kann.

3. Ergebnis

Auch wenn die „europäische Bürgerdemokratie" erst in den Anfängen zu erkennen ist, so ist das Transparenzgebot als Teil des Demokratieprinzips auch auf EU-Ebene anerkannt. In der EU sind staatliche Entscheidungen möglichst offen und bürgernah zu treffen. In der Publizität staatlichen Handeln sollte auch der Zugang der Interessenvertreter zum Rechtsetzungsprozess enthalten sein. Die Gesetzgebung kann bürgernäher durch Einbeziehung von Interessenvertretern gestaltet werden. Sie sind die Vertreter der Bürger und tragen deren Anliegen zu den Entscheidungsträgern auf EU-Ebene vor sowie informieren die Bürger über „Europa". Verbände können insofern als Verkörperung des Prinzips der Teilnahme des Bürgers an der Rechtsetzung verstanden werden.[395]

IV. Art. 41 GR-Charta – Recht auf gute Verwaltung

Die Europäische Charta der Grundrechte wurde am 7. Dezember 2000 im Rahmen der Regierungskonferenz von Nizza von Vertretern des EP, des Rates und der Kommission feierlich unterzeichnet.[396] Als bloße Proklamation ist die Europäische Grundrechtecharta nicht mit rechtsverbindlicher Kraft ausgestattet, sie wird aber von den Europäischen Gerichten und den Gerichten der Mitgliedstaaten bei der Ermittlung des Gewährleistungsinhalts grundrechtlicher allgemeiner Rechtsgrundsätze des Gemeinschaftsrechts herangezogen.[397] Art. 41 liegt das Konzept der Bürgernähe zugrunde, wonach Entscheidungen der Union „möglichst" bürgernah getroffen werden sollen. Das Recht auf eine gute Verwaltung in Art. 41 GR-Charta umfasst materiell die wichtigsten Grundsätze rechtsstaatlichen Verfahrens, die in Deutschland insoweit im Rechtsstaatsprinzip des Art. 20 Abs. 3 GG normiert sind.[398] Berechtigt ist jede natürliche und juristische Person.[399] Verpflichtungsadressaten sind die Organe und Einrichtungen der Union, nicht die Mitgliedstaaten.[400]
Für Interessenvertreter enthält Art. 41 GR-Charta keine besonderen Rechte und keine Regelungen, aus denen sich eine zusätzliche Legitimation der Interessenvertretung ableiten ließe. Relevant ist, dass Art. 41 für Interessenvertreter ein Recht auf rechtliches Gehör bei individueller Betroffenheit von einer Maßnahme, ein

---

395 Gündisch/Mathijsen, Interessenvertretung, S. 155 ff.
396 Europäische Charta der Grundrechte, ABl. 2000/ C 364/ 01 vom 18.12.2000.
397 Koenig/ Haratsch, Europarecht, Rdnr. 88.
398 Streinz in ders., EUV/EGV, Art. 41 GR-Charta, Rdnr. 4.
399 Streinz in ders., EUV/EGV, Art. 41 GR-Charta, Rdnr. 13.
400 Streinz in ders., EUV/EGV, Art. 41 GR-Charta, Rdnr. 14.

Recht auf Akteneinsicht und für die Grundrechtsverpflichteten eine Begründungspflicht, die auch bereits in Art. 253 EG normiert ist, aufstellt.[401]
Für die Umsetzung des Art. 41 in die Verwaltungspraxis schlug der europäische Bürgerbeauftragte die Ausarbeitung eines Kodex für gute Verwaltungspraxis vor (vgl. hierzu S. 127).

V. Art. 255 und Art. 21 EG

1. Art. 255 EG

Durch den Amsterdamer Vertrag wurde in Art. 255 EG das Recht des einzelnen Bürgers auf Zugang zu Dokumenten des Parlaments, des Rates und der Kommission neu eingeführt. Dieser Artikel wurde durch den Vertrag von Nizza nicht geändert. In die Charta der Grundrechte der EU wurde in Art. 42 eine entsprechende Garantie aufgenommen.
Zum berechtigten Personenkreis des Art. 255 EG gehören neben jedem Unionsbürger gemäß Art. 17 EG auch alle juristischen Personen mit Sitz in einem Mitgliedstaat der Gemeinschaft. Es soll gewährleistet werden, dass alle vom Gemeinschaftsrecht Betroffenen die Möglichkeit erhalten, sich durch den Zugang zu den Dokumenten über ihre Rechte zu informieren. Insoweit haben auch Interessenvertreter und Interessenvertretungen ein Recht auf Zugang zu Dokumenten.
Seinem Wortlaut nach gibt Art. 255 EG lediglich ein Zugangsrecht zu Dokumenten des EP, des Rates und der Kommission. Aus Art. 1 EU und Art. 21 EG ist aber ein umfassendes Zugangsrecht zu Dokumenten nicht nur dieser Institutionen abzuleiten.[402]
Unter die zugangsfähigen Dokumente fallen alle Dokumente, die sich im Besitz der Organe befinden. Die EG-Kommission hat eine Informationszugangs-Verordnung erarbeitet, die den Inhalt des Zugangsrechts zu Dokumenten präzisiert. Zugangsfähige Dokumente sind demnach auch solche internen Dokumente vorbereitender Art, die einen gewissen Abschluss erhalten haben und intern verteilt wurden. Hierunter fallen auch die für die Interessenvertretung wichtigen Arbeitspapiere und Arbeitsdokumente. Dagegen sind interne Aufzeichnungen, die der Meinungsbildung dienen, wie z.B. Dokumente für die kommissionsinternen Interservice-Konsultationen, vertraulich zu behandeln.[403]
Art. 255 Abs. 2 EG sieht vor, den Grundsatz des Zugangs zu Dokumenten aufgrund öffentlicher oder privater Interessen einzuschränken. Diese Einschränkung ist aber auf das notwendige Mindestmaß zu begrenzen und restriktiv zu handhaben.

Um den Rechtsetzungsauftrag des Art. 255 Abs. 2 EG umzusetzen, haben EP und Rat die Verordnung (EG) Nr. 1049/2001 über den Zugang der Öffentlichkeit zu ihren und zu den Dokumenten der Kommission erlassen, die am 3.12.2001 in Kraft

---

[401] Streinz in ders., EUV/EGV, Art. 41 GR-Charta, Rdnr. 12.
[402] Schoo in Schwarze, EU-Kommentar, Art. 255 EG, Rdnr. 11f.
[403] Schoo in Schwarze, EU-Kommentar, Art. 255 EG, Rdnr. 15.

trat.[404] Die Legaldefinition des Art. 3 lit. a Informationszugangs-VO definiert das „Dokument" jetzt als „Inhalte unabhängig von der Form des Datenträgers (auf Papier oder in elektronischer Form, Ton-, Bild- oder audiovisuelles Material), die einen Sachverhalt im Zusammenhang mit den Politiken, Maßnahmen oder Entscheidungen aus dem Zuständigkeitsbereich des Organs betreffen." Nach Art. 4 Abs. 4 der Informationszugangs-VO besteht der Anspruch grundsätzlich auch bei Dokumenten Dritter, die sich im Besitz der Gemeinschaftsorgane befinden. Gemäß Art. 2 Abs. 3 Informationszugangs-VO bezieht sich der Anspruch derzeit auch nur auf im Besitz befindliche Dokumente und begründet keine Informationsbeschaffungspflicht für die Organe der Gemeinschaft.[405]

Bei der Beantwortung der Frage, wie sich Art. 255 EG auf die Rechte der Interessenvertreter auswirkt, ist zu berücksichtigen, dass dieses Zugangsrecht passiv zu verstehen ist, d.h. es beinhaltet lediglich die Information, nicht aber die aktive Mitarbeit im Gesetzgebungsverfahren. Art. 255 EG gewährleistet, dass alle vom Gemeinschaftsrecht Betroffenen die Möglichkeit erhalten, sich durch den Zugang zu den Dokumenten über ihre Rechte zu informieren.[406] Der Zugang zu Dokumenten ist nicht automatisch mit dem Zugang zu Informationen gleichzusetzen. Gleichwohl ist die Informationsbeschaffung ein wesentlicher Teil und eine Voraussetzung der Arbeit von Interessenvertretern. Der die Informationsbeschaffung begleitende Teil der aktiven Einflussnahme von Interessenvertretern im Gesetzgebungsverfahren ist vom Recht auf Informationszugang aber nicht erfasst.
Klar zu stellen ist, dass der Zugang zu Dokumenten oder Informationen nicht automatisch mit dem Erfolg bei der Einflussnahme gleichzusetzen ist. Dennoch ist der Zugang zu Dokumenten oder Informationen eine wichtige Voraussetzung für eine erfolgreiche Interessenvertretung. Der Einfluss eines Interessenvertreters kann sicherlich an seinem Zugang zu Informationen gemessen werden.[407]

Vom Zugang zu Dokumenten zu unterscheiden ist das Recht von Interessenvertretern auf Anhörung in den verschiedenen Phasen der Rechtsetzung. Das Recht auf Zugang zu Dokumenten beinhaltet derzeit kein Recht auf Anhörung.

2. Art. 21 S. 3 EG

Art 21 S. 3 EG gibt dem EG-Bürger ein Recht auf Verständigung mit den in Art. 7 und 21 EG genannten Organen und Einrichtungen der Union in einer der in Art. 314 EG genannten Vertragssprachen. Das Recht auf Verständigung ist weitergehend als ein bloßes Recht auf Auskunft ausgestaltet.[408] Die Verpflichtung der Institutionen nach Art. 21 EG Anfragen der Unionsbürger zu beantworten, ge-

---

[404] Veröffentlicht im ABl. 2001/ L 145/ 43 vom 31.05.2001.

[405] Wegener in Calliess/ Ruffert, Kommentar zu EUV-EGV, Art. 255 Rdnr. 11.

[406] Schoo in Schwarze, EU-Kommentar, Art. 255 EG, Rdnr. 11.

[407] So Bouwen, Corporate Lobbying in the EU-Towards a theory of access, S. 2.

[408] Kluth in Callies/ Ruffert, EU-EG Kommentar, Art. 21 Rdnr. 2.

währleistet einen Mindeststandard sprachlicher und administrativer Gleichbehandlung, der gerichtlich durchsetzbar ist. Interessierte Akteure müssen aber auch im Übrigen vergleichbare Zugangschancen haben. Zu diesen interessierten Akteuren sind auch Interessenvertreter zu zählen. Für Interessenvertreter ist es zur Ausübung ihres Berufes notwendig, vergleichbare Zugangschancen zu Informationen der EU-Institutionen zu haben und sich mit diesen zu verständigen. Aus Art. 21 EG ergibt sich kein Anspruch auf Konsultation im Rechtsetzungsverfahrens. Art 21 gewährleistet zwar Transparenz und Bürgernähe der EU und ihrer Organe, insbesondere sein Satz 2 ist aber im Zusammenhang mit der grundlegenden Bedeutung der Sprache für den politischen Prozess der EU und für die Wahrnehmung der Rechte der EU-Bürger zu sehen.[409]

VI. Technokratisch Utilitaristische Legitimation

Abzulehnen ist eine sog. technokratisch-utilitaristische Legitimation der Interessenvertretung. Die technokratisch-utilitaristische Legitimation beruht auf der Überlegung, dass ein Herrschaftssystem in dem Maß an Legitimation gewinnt, in dem es fähig ist, die Funktionstüchtigkeit des gesamtwirtschaftlichen Systems und die Befriedigung der Bedürfnisse des Einzelnen zu gewährleisten. Hiernach ist es möglich, eine Legitimation für ein Handeln aufzubauen, das ökonomische, ökologische und soziale Probleme löst.[410] Die Legitimation rühre daraus, dass die Normsetzung der Gemeinschaft vorwiegend technisch-administrative Materien betreffe, die den Einsatz von Sachkunde nötig machten. Demnach werde auch im eigentlichen Sinne nicht entschieden, sondern lediglich „erkannt", und es herrsche die Kompetenz des Sachverstandes und nicht die der demokratischen Mehrheit.[411]
Diese Legitimationsform ist abzulehnen, da sie eine bloße technokratische Machtausübung ermöglicht. Zudem ist sie hinsichtlich der Entscheidungsgewalt der EU überhaupt nicht mehr zutreffend. Die Kompetenz der EU hat sich durch jede Änderung der EG-Verträge stetig erweitert und ist keinesfalls nur allein auf technisch administrative Bereiche beschränkt.[412] Die Theorie der technokratisch-utilitaristische Legitimation kann Interessenvertretung nicht legitimieren.

VII. Ergebnis - Legitimation von Interessenvertretern

Interessenvertretung ist rechtlich legitim, obwohl Interessenvertreter nicht demokratisch legitimiert sind. Interessenvertreter sind Vertreter partikularer Interessen und werden nicht demokratisch gewählt. Die Vereinigungsfreiheit garantiert Gründung und Existenz, Art. 255 EG die Informationsbeschaffung und Art. 21 S. 3 EG ein Recht auf Verständigung mit den EU-Organen und Einrichtungen. Das Trans-

---

409 Kluth in Callies/ Ruffert, EU-EG Kommentar, Art. 21 Rdnr. 1, 2.

410 Fischer, Demokratiedefizit, S. 145.

411 Ipsen, Verfassungsperspektiven der Europäischen Gemeinschaften, S. 21.

412 So auch Fischer, Demokratiedefizit, S. 145.

parenzgebot rechtfertigt die Handlungen von Interessengruppen, soweit sie mit sonstigen Gesetzen nicht im Widerspruch stehen und damit die Grenzen der Interessenvertretung verletzen.
Eine Legitimation der Tätigkeit von Interessenvertretern erfolgt auch dadurch, dass Interessenvertreter den Staat bei seinen Aufgaben konstruktiv unterstützen. Insbesondere die EU ist auf diese Unterstützung angewiesen, um ein Versagen bei der Gesetzgebung zu vermeiden. Interessenvertreter sind durch ihre Einbindung in die europäische Zivilgesellschaft auch Förderer des Gemeinwohls. Sie verkörpern das Prinzip der Teilnahme der Bürger am Gesetzgebungsverfahren. Interessenvertreter als Teil der Zivilgesellschaft können neben dem demokratisch gewählten EP die Transparenz des Entscheidungsprozesses erhöhen.
Dennoch wird die Mitwirkung von Interessenvertretern am Gesetzgebungsverfahren im EG-Vertrag direkt nicht angesprochen, mit Ausnahme des Subsidiaritätsprotokolls zum EG-Vertrag.

C. Grenzen der Interessenvertretung

Eng verbunden mit der Frage der Legitimation der Interessenvertretung ist das Problem, wo die Grenzen der Interessenvertretung liegen, d.h. wenn eine Einbeziehung der Interessenvertreter die Rechtswidrigkeit eines Gesetzgebungsvorgangs nach sich zieht. Rechtswidrig kommt ein Gesetz zustande, wenn die Art und Weise des Rechtsetzungsprozesses gegen den EU/EG-Vertrag und gegen sonstige europäische Verfassungsprinzipien verstoßen.
Ausgangspunkt und Perspektive der Untersuchung sind primär nicht die Interessenvertreter, da sie durch das europäische Verfassungsrecht nicht unmittelbar verpflichtet werden. Die Grenze der Interessenvertretung liegt vielmehr dort, wo die Institutionen der EG, bei der Gesetzesausarbeitung also die EG-Kommission, bei der Zusammenarbeit mit Interessenvertretern gegen Recht und Gesetz verstoßen.

Rechtswidrigkeit könnte vorliegen und damit auch die Grenze der Interessenvertretung erreicht sein, falls Institutionen der EU, die nach dem EG-Vertrag zu beteiligen sind, nicht am Gesetzgebungsverfahren beteiligt werden. Dies ist der Fall bei der Umgehung von Rat und Parlament und könnte demgemäß bei alternativen Rechtsetzungsverfahren vorliegen. Weiterhin liegt eine Grenze der Interessenvertretung vor, wenn durch Interessenvertretung gemeinschaftliche Grundrechte und allgemeine Rechtsgrundsätze, wie das Transparenzgebot, verletzt werden.

Neben den verfassungsrechtlichen Grenzen der Interessenvertretung bestehen auch Grenzen, durch die Interessenvertreter selbst verpflichtet werden. Diese Grenzen werden durch die zivil- und strafrechtlichen Vorschriften der Mitgliedstaaten vorgegeben. Sie sollen in dieser Arbeit nicht untersucht werden.

I. Alternative Rechtsetzungsverfahren

Kommission, Rat und Europäisches Parlament sind im Rahmen des EG-Vertrages am Gesetzgebungsverfahren zu beteiligen. Die Art der Beteiligung richtet sich nach der Verfahrensart. Auf der EU-Ebene besteht die Tendenz, zur Verbesserung der Rechtsetzung auf alternative Rechtsetzungsverfahren zurückzugreifen, insbesondere im Bereich der EU-Umweltpolitik. Hiermit soll dem stetigen Wandel und neuen Herausforderungen wirksam entsprochen werden. „Der Vollzug der ehrgeizigen politischen Gestaltungsideen soll nicht allein müden Beamten, sondern den lebendigen Kräften des Marktes und dem Engagement gesellschaftlich aktiver Gruppen überlassen werden.[413] So sind Freiwillige Vereinbarungen, als Teil alternativer Rechtsetzungsverfahren, zwischen EG und der Industrie beispielsweise im 5. und 6. Umweltaktionsprogramm (UAP)[414] vorgesehen.
In ihrer Mitteilung zur „Vereinfachung und Verbesserung des Regelungsumfelds" betont die Kommission, dass Alternativen zur Rechtsetzung sinnvoll genutzt werden können.[415] Mit dieser Mitteilung zielt die Kommission darauf ab, den Einsatz von Richtlinien soweit wie möglich auf den allgemeinen Rahmen zu beschränken. Sie hebt hervor, dass dies unter der Prämisse geschehen muss, Bestimmungen des EG-Vertrages und Prärogativen des Gesetzgebers nicht zu verletzen. Es gebe verschiedene Möglichkeiten, unter genau definierten Bedingungen die Ziele des Vertrages zu verwirklichen und gleichzeitig die Rechtsetzungstätigkeit zu vereinfachen. Als Beispiele werden in der Mitteilung u.a. die Koregulierung, die Selbstregulierung und die offene Methode der Koordinierung genannt.
Diese Position der Kommission wurde bestätigt durch die interinstitutionelle Vereinbarung „Bessere Rechtsetzung" von EP, Rat und die Kommission vom 3. Dezember 2003, in der man sich auf die Schaffung eines stabilen Rahmens für sog. „soft law"-Instrumente geeinigt hat, um deren künftigen Einsatz zu erleichtern.[416] [417]

Die Gründe für die Nutzung alternativer Rechtsetzungsverfahren unter Einbeziehung der Industrie sind vielfältig. Ein Hauptgrund ist das Ziel der Rechtsvereinfachung.[418] Für beide Seiten spielt beim Eingehen solcher Kooperationen die Ver-

---

[413] Di Fabio, Selbstregulierung, VVDStRL 1997, 235 (238, 239).

[414] KOM(2001) 31 endg. vom 24.01.2002.

[415] KOM(2002) 278 endg.

[416] Beschluss des Europäischen Parlaments über den Abschluss einer Interinstitutionellen Vereinbarung zwischen dem Europäischen Parlament, dem Rat und der Kommission über „bessere Rechtsetzung" (2003/2131(ACI)), Rdnr. 22 der Anlage.

[417] Vgl. zu interinstitutionellen Vereinbarungen allgemein: Koenig/Haratsch, Europarecht, Rdnr. 294; Kaufmann-Bühler in Lenz/Borchardt, EU- und EG-V, Vorbem. Art. 189- 201 Rdnr. 5; Schweitzer/Hummer, Europarecht, Rdnr. 18 und 412f., 938f.; Bleckmann, EuropaR, Rdnr. 470ff.; Diese Vereinbarungen sind für die beteiligten Organe verbindlich und haben keine Außenwirkung. Für die beteiligten Organe stellen sie organisationsrechtliche Regelungen dar, an die sie sich in der vorgesehenen Fallkonstellation halten müssen.

[418] Hey, Industrielobbying in Brüssel: Einflussstrategien und -barrieren, ZUR 2003, 145 (150).

meidung eines Gesetzgebungsverfahrens eine wesentliche Rolle, dessen Ausgang für beide Seiten gerade auf EU-Ebene häufig mit großen Unsicherheiten verbunden ist. Zudem sind die Gesetzgebungsverfahren auf EU-Ebene, insbesondere das Mitentscheidungsverfahren in der Umweltpolitik, sehr langwierig. Die Industrie ist während dieses Verfahrens einer Rechtsunsicherheit ausgesetzt und kann nicht verbindlich für die Zukunft planen. Alternative Rechtsetzungsverfahren ermöglichen der Wirtschaft eine aktive Mitarbeit und Gestaltung sowie ein frühzeitiges Festlegen, wodurch sie eine Planungssicherheit erlangt und Kosten sparen kann. Insoweit ist auch eine langfristige Gewinnmaximierung ein Anreiz für Unternehmen, bei alternativen Rechtsetzungsverfahren mitzuarbeiten. Hierbei ist aber zu beachten, dass sich auch diese alternativen Rechtsetzungsverfahren über einen langen Zeitraum erstrecken können.
Der Wirtschaft eröffnet die Branchen- und Verbandszusage im alternativen Rechtsetzungsverfahren Handlungsspielräume, da sie oft eine weite Ausgestaltung zulässt. Der Verband hat die Möglichkeit die erforderlichen Maßnahmen nach Kostengesichtspunkten und Leistungsfähigkeit seiner Mitgliedsunternehmen aufzuteilen. Zudem werden in alternativen Rechtsetzungsverfahren bei auftretenden Problemen oft sachgerechtere und praxisnähere Lösungen gefunden als bei Anwendung des starren Ordnungsrechts. Weitere Vorteile für die Industrie lassen sich mit den Schlagworten

- Publicity-Effekt, Imageverbesserung,
- Nutzung des praktischen Sachverstandes der Industrie und
- Deregulierung

umschreiben.[419]

Für die Mitgliedstaaten und die EU haben freiwillige Vereinbarungen den Vorteil, dass kein kostspieliger behördlicher Kontroll- und Vollzugsapparat erforderlich ist. Die Vermeidung rechtlicher Auseinandersetzungen spielt ebenfalls eine große Rolle, insbesondere wenn die Auslegung einer Rechtsvorschrift in einem wesentlichen Punkt unklar ist.[420] Die in alternativen Rechtsetzungsverfahren gefundenen Lösungen werden nach den gemachten Erfahrungen eher befolgt als staatlich angeordnete Pflichten, da sie auf dem Konsens der Beteiligten beruhen.[421]

Alternative Rechtsetzungsverfahren sind „nicht anwendbar, wenn es um Grundrechte oder wichtige politische Entscheidungen geht oder in Situationen, in denen die Bestimmungen einheitlich in sämtlichen Mitgliedstaaten angewendet werden müssen“.[422]

---

419 Hucklenbruch, Umweltrelevante Selbstverpfl., S. 85ff.

420 Hucklenbruch, Umweltrelevante Selbstverpfl., S. 82; Di Fabio, Selbstregulierung, VVDStRL 1997, 235 (239 und 241, 242).

421 Stober, Hndb. Wirtschverw. UmweltR, § 62 I.

422 KOM(2003) 770 endg.

Erschwert wird die Diskussion über alternative Rechtsetzungsverfahren durch eine unscharfe Verwendung der Begriffe Koregulierung, Selbstregulierung, Selbstverpflichtung und freiwillige Vereinbarung, die unterschiedlich verwendet teilweise die selbe Bedeutung haben. Im Folgenden wird analog zur interinstitutionellen Vereinbarung zwischen EP, Rat und Kommission zwischen den zwei Hauptgruppen alternativer Rechtsetzungsverfahren unterschieden, der Koregulierung und der Selbstregulierung.

1. Koregulierung

In der interinstitutionellen Vereinbarung zwischen Rat, EP und Kommission vom Dezember 2003 heißt es: „Unter Koregulierung ist der Mechanismus zu verstehen, durch den ein gemeinschaftlicher Rechtsakt die Verwirklichung der von der Rechtsetzungsbehörde festgelegten Ziele den in dem betreffenden Bereich anerkannten Parteien überträgt (insbesondere den Wirtschaftsteilnehmern, den Sozialpartnern, den Nichtregierungsorganisationen oder den Verbänden).“[423] Die Kommission sieht dieses Instrument als geeignet an, Rechtsvorschriften an die betreffenden Probleme oder Sektoren anzupassen und von der Erfahrung der Betroffenen zu profitieren. In der Regel leitet die Kommission die Koregulierung aus eigener Initiative oder als Reaktion auf eine freiwillige Maßnahme der Wirtschaft in die Wege.[424] Teilweise wird geäußert, dass von der Koregulierung kein Gebrauch gemacht werden sollte, wenn Vorschriften in allen Mitgliedstaaten einheitlich angewandt werden müssen, wobei dann der Anwendungsbereich der Koregulierung sehr stark eingeschränkt würde.[425]

Kommission, Rat und EP schlagen in ihrer interinstitutionelle Vereinbarung eine verstärkte Nutzung der Koregulierung vor.[426] Zuvor hatte die Kommission Kriterien entwickelt, bei deren Einhaltung sie das Mittel der Koregulierung für zulässig hält:[427]

- Beteiligung des Gesetzgebers, indem dieser die wesentlichen Aspekte der Rechtsetzung (Ziele, Fristen, Mechanismen der Durchführung, Überwachungsmethoden und eventuelle Sanktionen) in einem Rechtsakt festlegt. Der Rechtsakt ist die Grundlage für den Koregulierungsmechanismus. Der

---

[423] Beschluss des Europäischen Parlaments über den Abschluss einer Interinstitutionellen Vereinbarung zwischen dem Europäischen Parlament, dem Rat und der Kommission über „bessere Rechtsetzung“ (2003/2131(ACI)), Rdnr. 18 der Anlage, (Veröffentlicht als Dokument P5_TA-PROV(2003)0426).

[424] KOM(2002) 412 endg., S. 8.

[425] So Nemitz, Leiter der Rechtsabteilung, Generaldirektion Fischerei, Brüssel, in einem Vortrag vor der DHV-Speyer während des Seminars Moderne Staatsführung - Good Governance, am 31.1/1.2.2002.

[426] Beschluss des Europäischen Parlaments über den Abschluss einer Interinstitutionellen Vereinbarung zwischen dem Europäischen Parlament, dem Rat und der Kommission über „bessere Rechtsetzung“ (2003/2131(ACI)), Rdnr. 18-21 der Anlage, (Veröffentlicht als Dokument P5_TA-PROV(2003)0426).

[427] KOM(2002) 278 endg., S. 13, 14.

Gesetzgeber bestimmt auch, in welchem Maß die Definition und Umsetzung von Durchführungsmaßnahmen an die betroffenen Akteure übertragen werden kann, ausgehend von deren anerkannter Erfahrung im jeweiligen Bereich. Bei der Koregulierung können das Parlament und der Rat, nach Übermittlung eines Vereinbarungsentwurfs der betroffenen Parteien, Änderungen vorschlagen, dem Wirksamwerden der Vereinbarung widersprechen und gegebenenfalls die Kommission auffordern, einen Vorschlag für einen Rechtsakt vorzulegen.[428]

- Regelmäßige Information des Gesetzgebers über den Einsatz des Instruments der Koregulierung durch die Kommission im Rahmen ihres jährlichen Arbeitsprogramms und/oder über bestehende Dialogverfahren. Der Gesetzgeber erhält damit die Möglichkeit, sich von Fall zu Fall zu äußern, ob der Einsatz des Instruments sinnvoll ist.
- Durch die Koregulierung muss ein Zusatznutzen entstehen im Dienste des Gesamtinteresses, im Umweltbereich z.B. durch das Erreichen eines hohen Umweltschutzniveaus.
- Die Kommission behält sich das Recht vor, dem Gesetzgeber einen herkömmlichen Legislativvorschlag vorzulegen, falls der Einsatz der Koregulierung nicht zu dem gewünschten Ergebnis führt.
- Nach Auffassung der Kommission gilt der Grundsatz der Transparenz auch bei der Nutzung der Koregulierung, d.h. der Bürger muss Zugang zum Rechtsakt selbst und zu den Durchführungsbestimmungen haben. Die sektoralen Vereinbarungen und die Durchführungsmodalitäten müssen nach festzulegenden Regeln veröffentlicht werden.
- Weiterhin müssen nach der Auffassung der Kommission die beteiligten Interessengruppen von Kommission, Rat und EP als repräsentativ, organisiert und zuverlässig anerkannt sein.[429]

Durch die Koregulierung lassen sich die Vorteile von Umweltvereinbarungen mit den durch die Rechtsetzung geschaffenen rechtlichen Garantien verbinden. Die Nutzung der Koregulierung auf Grundlage eines Rechtsaktes stellt sicher, das alle einschlägigen Vorschläge den zuständigen Organen (Rat und EP) zugeleitet werden und es zu keiner Umgehung einer Institution kommt. Wichtig ist die Feststellung eines Mehrwertes als Voraussetzung der Koregulierung.
Zur Förderung der Transparenz sollten die Koregulierungsvereinbarungen auf der Internetseite der Kommission bekannt gegeben werden. Auch die Überwachungsergebnisse und die entsprechenden Berichte sollten elektronisch zur Verfügung gestellt werden.

2. Selbstregulierung

Gemäß der interinstitutionellen Vereinbarung zwischen Rat, EP und Kommission vom Dezember 2003 ist unter Selbstregulierung „die Möglichkeit zu verste-

---

[428] KOM(2003) 770 endg.= BRatDrs. 23/04 vom 07.01.04, S. 13.
[429] KOM(2002) 278 endg., S. 13, 14.

hen, dass Wirtschaftsteilnehmer, Sozialpartner, Nichtregierungsorganisationen oder Verbände untereinander und für sich gemeinsame Leitlinien auf europäischer Ebene (unter anderem Verhaltenskodizes oder sektorale Vereinbarungen) annehmen."[430] Zur Selbstregulierung zählt auch die freiwillige Vereinbarung[431], die in Deutschland häufig als Selbstverpflichtung bezeichnet wird. Freiwillige Vereinbarungen gewinnen als Instrument des Umweltschutzes immer mehr an Bedeutung und werden von der Kommission der Einfachheit halber als „Umweltvereinbarung" bezeichnet.[432]
Der Unterschied zur Koregulierung liegt darin, dass die Selbstregulierung nicht auf einem Rechtsakt basieren muss, sondern formlos, z.B. von Interessenverbänden, geschlossen werden kann.[433] Ihre Wirksamkeit ist begrenzt auf denjenigen, der sich ihr anschließt. Ihre Laufzeit wird durch die Art der Zusage bestimmt.[434]

Die Kommission kann den Rückgriff auf Selbstregulierungen zwischen den betroffenen Parteien anregen, etwa durch Empfehlungen, um den Erlass von Rechtsvorschriften zu vermeiden. Selbstregulierungen können den Akteuren die Möglichkeit bieten, eine z.B. durch Koregulierung erlassene Rechtsvorschrift umzusetzen.[435] Für die Unternehmen und Branchen haben Selbstregulierungen und freiwillige Vereinbarungen den großen Vorteil, dass sie den erforderlichen Gestaltungsspielraum ermöglichen, um z.B. umweltpolitische Ziele ökonomisch und ökologisch effizient zu erreichen.[436]
Potentielle Vorteile der Selbstregulierung sind demzufolge:[437]

- ein antizipatorisches Vorgehen der Industrie
- relativ geringe Kosten und maßgeschneiderte Lösungen
- eine raschere Verwirklichung der Ziele und der Überwachung.

---

[430] Beschluss des Europäischen Parlaments über den Abschluss einer Interinstitutionellen Vereinbarung zwischen dem Europäischen Parlament, dem Rat und der Kommission über „bessere Rechtsetzung" (2003/2131(ACI)), Rdnr. 18 der Anlage, (Veröffentlicht als Dokument P5_TA-PROV(2003)0426).

[431] In der Richtlinie des Rates über Verpackungen und Verpackungsabfälle (Rl. 94/62/EG des Rates und des EP v. 20.12.1994, ABl. 1994/ L 365/ 10 vom 31.12.1994) wird die freiwillige Vereinbarung definiert als „förmliche Vereinbarung zwischen den zuständigen Behörden der Mitgliedstaaten und den betreffenden Wirtschaftszweigen, die allen offen stehen muss, die bereit sind, die Bedingungen der Vereinbarung zu erfüllen, um auf das Erreichen der Ziele dieser Richtlinie hinzuarbeiten.

[432] KOM(2002) 412 endg., S. 3.

[433] Hucklenbruch, Umweltrelevante Selbstverpfl., S. 72, 73.

[434] Produktabsprachen betreffen oftmals in der nahen Zukunft liegende Ziele (bis 5 Jahre), klimarelevante Zusagen könne sich auf längere Zeiträume beziehen (z.B. 15 Jahre).

[435] KOM(2002) 278 endg., S. 12; KOM(2002) 412 endg., S. 4.

[436] BDI, Freiwillige Vereinbarungen und Selbstverpflichtungen, Bestandsaufnahme freiwilliger Selbstverpflichtungen und Vereinbarungen im Umweltschutz, Stand November 2003.

[437] KOM(96) 561 endg. Vom 27.11.1996; Bekanntes Beispiel für eine Umweltvereinbarung ist die Empfehlung der Kommission, die Verpflichtung der europäischen, koreanischen und japanischen Automobilhersteller zur Reduzierung des CO2-Ausstoßes bei PKW anzuerkennen.

Die Kommission ist der Ansicht, dass nur unverbindliche Vereinbarungen rechtmäßig sind. Verbindliche Maßnahmen nach dem EG-Vertrag sind allein Richtlinie, Verordnung und Entscheidung. Zudem stellt sie folgende Anforderungen an die Wirksamkeit von Selbstregulierungen:[438]

- Der Kommission behält sich das Recht vor, einen Rechtsakt auszuarbeiten (gemäß ihres Initiativrechts) oder zu erlassen, falls sich die Regulierung als unzureichend oder unwirksam erweist.[439]
- Die Kommission unterrichtet das Parlament und den Rat.[440]
- Nach Prüfung aller eingegangenen Stellungnahmen, insbesondere der des Europäischen Parlaments und des Rates, kann die Kommission beschließen, die Umweltvereinbarung anzuerkennen. Die Kommission kann sie entweder in einem Briefwechsel, durch eine Empfehlung, durch eine Empfehlung in Verbindung mit einer Überwachungsentscheidung des Parlaments und des Rates oder im Rahmen einer von der Gemeinschaft als Gesetzgeber beschlossenen Koregulierung anerkennen.[441] Nach Angaben der Kommission werden Umweltvereinbarungen nicht mit der Kommission ausgehandelt. Auch kann die „Bestätigung" des Engagements eines Unternehmers durch einen Briefwechsel niemals irgendeine Verpflichtung für die Kommission bedeuten.[442]
- Die Kommission ist der Ansicht, dass jede Empfehlung zu einer Umweltvereinbarung im Amtsblatt veröffentlicht werden sollte. Der Text der Umweltvereinbarung selbst sollte auf der Internetseite der Kommission bekannt gegeben werden.
- Die Kommission möchte durch angemessene Überwachung und anhand von Berichten prüfen, ob das angestrebte Umweltziel tatsächlich erreicht wurde. Die Ergebnisse der Überwachung und die Berichte werden dem Europäischen Parlament und dem Rat zugeleitet und der Öffentlichkeit elektronisch zugänglich gemacht.

Die Kommission sieht Umweltvereinbarungen nur als Selbstregulierungsmaßnahmen und wichtige Ergänzung anderer politischer Mittel, wie insbesondere der Rechtsetzung an, da sie auf Gemeinschaftsebene keine Rechtswirkung haben.
In ihrer Mitteilung über Umweltvereinbarungen schlägt die Kommission als nächste Schritte die Auswahl einer begrenzten Zahl von Politikbereichen vor, in denen

---

[438] KOM(2002) 412 endg., S. 13.

[439] KOM(2002) 278 endg., S. 12.

[440] KOM(2003) 770 endg.= BRatDrs. 23/04 vom 07.01.04, S. 13; Beschluss des Europäischen Parlaments über den Abschluss einer Interinstitutionellen Vereinbarung zwischen dem Europäischen Parlament, dem Rat und der Kommission über „bessere Rechtsetzung" (2003/2131(ACI)), Rdnr. 18 der Anlage, (Veröffentlicht als Dokument P5_TA-PROV(2003)0426).

[441] KOM(2002) 412 endg., S. 3,4.

[442] KOM(2002) 412 endg., S. 8.

Umweltvereinbarungen einen zusätzlichen Nutzen bieten können. Als ein Bereich wird bereits die Abfallentsorgung genannt.[443]

3. Methode der offenen Koordinierung

Die Methode der offenen Koordinierung soll in einer Untersuchung über die Grenzen der Interessenvertretung nur der Vollständigkeit halber erwähnt werden.[444] Die Mitgliedstaaten haben sich auf diese Methode auf dem Gipfel des Europäischen Rates in Lissabon im März 2000 geeinigt.[445] Sie ist Teil des Plans zur Verbesserung der Rechtsetzung und der Verwaltungsmodernisierung und legt Leitlinien der EU fest, mit einem jeweils genauen Zeitplan für die Verwirklichung der gesetzten kurz-, mittel- und langfristigen Ziele. Diese Methode umfasst die Festlegung von qualitativen und quantitativen Indikatoren und Benchmarks im Vergleich zu den besten der Welt (Best Practice). Sie umfasst auch die Umsetzung dieser europäischen Leitlinien in die nationale und regionale Politik sowie eine regelmäßige Überwachung.[446]

4. Freiwillige Selbstvereinbarung als Ersetzung einer \`Entscheidung\` der Kommission

Der Einsatz freiwilliger Selbstvereinbarungen ist rechtlich zulässig, falls die Kommission in einer bestimmten Angelegenheit eine ´Entscheidung´ erlassen kann und möchte, insbesondere wenn sie durch diese Entscheidung eine Richtlinie umsetzt (Komitologieverfahren). Die ´Entscheidung´ ist ein typisches Verwaltungsinstrument, das hauptsächlich von der Kommission eingesetzt wird, aber auch vom Rat erlassen werden kann. Grund hierfür ist, dass die Kommission gemäß Art. 211 EG 4. Spiegelstrich primär für die Durchführung der einzelnen Vertragsbestimmungen zuständig ist. Die ´Entscheidung´ regelt verbindlich den Einzelfall. Regelmäßig dient der Einsatz der ´Entscheidung´ typischem Handeln der Exekutive. Als zumindest an Private gerichtete ´Entscheidung´ ähnelt sie dem deutschen Verwaltungsakt , ist aber dennoch eine Handlungsform eigener Art. Im Gegensatz zur Verordnung beansprucht die ´Entscheidung´ keine allgemeine, sondern nur eine individuelle Geltung. Um dies zu bestimmen, sind die Rechtsnatur der Maßnahme und die Rechtswirkungen, die sie erzeugen soll oder tatsächlich erzeugt, zu untersuchen.[447]

Von vorbereitenden Verlautbarungen oder internen dienstlichen Maßnahmen unterscheidet sich die ´Entscheidung´ durch ihre nach außen gerichtete, abschließend rechtsgestaltende Wirkung. Im Gegensatz zu Empfehlungen und Stellungnahmen entfaltet die ´Entscheidung´ eine verbindliche Wirkung. Sie entfaltet gegenüber

---

[443] KOM(2002) 412 endg., S. 14.

[444] Vgl. auch de la Porte, Open Method of Coordination, European Law Journal 2002, S. 38ff.

[445] Schlussfolgerungen des Vorsitzes – Europäischer Rat (Lissabon) 23. und 24. März 2000, Ziffer I Nr. 7.

[446] Schill in Lenz/Borchardt, EU- und EG-V, Art. 100, Rdnr. 7.

[447] EuGH Rs. 26/ 86 (Deutz und Geldermann/ Rat), Slg. 1987, 949.

dem Adressaten unmittelbare Geltung und bedarf zu ihrer Wirksamkeit grundsätzlich keines nationalen Umsetzungsaktes.[448]

Fraglich ist, ob die Selbstverpflichtung eine 'Entscheidung' ersetzen kann. Voraussetzung hierfür ist zunächst ein entsprechender Wille des gesetzgebenden Organs Kommission oder Rat. Wenn dieser vorliegt, stellt sich die Frage, ob der Gesetzgeber seine Ziele statt mit einer 'Entscheidung' auch mit einer Selbstverpflichtung erreichen kann. Wesentliches Merkmal der 'Entscheidung' ist ihre Verbindlichkeit in all ihren Teilen. Die 'Entscheidung' begründet somit Rechte und Pflichten für den Adressaten und schließt das interne Verwaltungsverfahren ab. Sie ist praktisch das letzte Wort der Verwaltung[449] und dient in vielen Fällen der Umsetzung einer Richtlinie mittels Komitologieverfahren.
Fraglich ist auch, ob in einer Richtlinie, die der konkreten Ausgestaltung bedarf, diese Ausgestaltung anstatt durch eine 'Entscheidung' durch eine Selbstregulierung erfolgen kann. Gegen den Ersatz einer 'Entscheidung' durch eine Selbstverpflichtung spricht, dass die Selbstverpflichtung verwaltungsrechtlich keinen verbindlichen Charakter hat. Insoweit ist die 'Entscheidung', was dieses Merkmal angeht, nicht durch eine Selbstverpflichtung zu ersetzen. Gegen die Ersetzung spricht auch, dass in der Praxis oftmals einzelne Betroffene einer Branche eine Selbstvereinbarung nicht mittragen und somit dann Trittbrettfahrer sind, da sie einer 'Entscheidung' entgehen und sich der freiwilligen Vereinbarung nicht anschließen müssen.

Für eine Ersetzbarkeit spricht aber die Möglichkeit, mit der Selbstverpflichtung ähnliche Ziele erreichen zu können wie mit einer 'Entscheidung'. Die Industrie verpflichtet sich selbst zur Einhaltung bestimmter Standards, während sie bei der 'Entscheidung' verpflichtet wird. Durch die Selbstverpflichtung wird, wie bei der 'Entscheidung', auch ein Einzelfall erfasst: ein Problem einer Branche soll gelöst werden. Gleiches bezweckt die 'Entscheidung'. 'Entscheidung' und Selbstverpflichtung wenden sich an einen bestimmbaren Personenkreis. Die 'Entscheidung' dient oftmals der Ausgestaltung einer Richtlinie. Die Richtlinie gibt den grundsätzlichen Rahmen vor, die 'Entscheidung' füllt Details (z.B. Grenzwerte) aus. Als Beispiel ist die EU-Deponierichtlinie[450] zu erwähnen, deren konkrete Grenzwerte durch eine 'Entscheidung' des Rates[451] (auch die Kommission hätte diese bei Weigerung des Rates gemäß Art. 17 Abs. 5 Deponierichtlinie erlassen können) ausgefüllt wurden. Die Grenzwerte wurden durch sog. Technical Committees, Ausschüsse gemäß Art. 17 DeponieRl., erarbeitet. Solche Grenzwerte könnten genauso

---

[448] Vgl. Stumpf in Schwarze, EU-Kommentar, Art 249 EG, Rdnr. 32-35; Oppermann, EuropaR, § 6 Rdnr. 95.

[449] EuGH 60/ 81, Slg. 1981, Bd. 3, 2639 (2651) - IBM.

[450] Rl. 1999/31/EG.

[451] Entscheidung des Rates vom 19. Dezember 2002 zur Festlegung von Kriterien und Verfahren für die Annahme von Abfällen auf Abfalldeponien gemäß Artikel 16 und Anhang II der Richtlinie 1999/31/EG (2003/33/EG).

durch eine Selbstverpflichtung festgelegt werden. Die Selbstverpflichtung garantiert die Einhaltung des Inhaltes der Erklärung durch die Industrie. Zudem verbleibt dem Gesetzgeber immer noch die Möglichkeit der Regelung des Problems durch eine 'Entscheidung', falls er der Ansicht ist, dass einige Unternehmen die Vereinbarung nicht mittragen. Gerade bei Grenzwerten ist eine regelmäßige Anpassung an den aktuellen technischen Stand unumgänglich. Hierzu könnte die Selbstverpflichtungserklärung flexibel angepasst werden. Für die Vereinbarung einer Selbstverpflichtung anstatt einer 'Entscheidung' sprechen neben dem im Vergleich zur 'Entscheidung' adäquaten Erreichen der Ziele der Verwaltung auch Effizienzgesichtspunkte wie größere Akzeptanz, Entlastung der Verwaltung und Praxisnähe.

Insoweit könnte der Gesetzgeber anstatt eine 'Entscheidung' zu erlassen, durchaus eine Selbstverpflichtung der Industrie als Ersatz akzeptieren, ohne Abstriche an seinem Regelungsziel machen zu müssen.

5. Folgen der Nichteinhaltung

Die Nichteinhaltung eines Instrumentes der alternativen Rechtsetzung kann eine Zeitverzögerung in der Umsetzung der Ziele zur Folge haben. Die Vereinbarung geschieht immer vor dem Hintergrund, dass die zuständige Behörde bei Scheitern ihr reguläres Instrumentarium anwenden kann. Wenn eine freiwillige Vereinbarung scheitert, hat dies aber Folgen für die zukünftige Zusammenarbeit zwischen Unternehmen/Branche und Behörde, da die Behörde ihren vermeintlichen „Partner" kritischer betrachten wird, wenn sie nicht sogar das Vertrauen in die Zusammenarbeit verloren hat. Die Industrie wird bestrebt sein, es nicht so weit kommen zu lassen.

6. Zusammenfassende Wertung

Alternative Rechtsetzungsverfahren lassen sich unterteilen in die Hauptgruppen Koregulierung, Selbstregulierung (inklusive freiwilliger Vereinbarungen und EU-Umweltvereinbarungen) und die Methode der offenen Koordinierung, die aber bei einer Untersuchung über Interessenvertretung außer acht gelassen werden kann. Allen alternativen Rechtsetzungsmöglichkeiten gemeinsam ist, dass Interessengruppen als Vertreter von Branchen und Unternehmen diese freiwillig festlegen, um ihre eigenen Angelegenheiten effizient zu regeln. Die Konsenssuche im Bereich des Verwaltungsverfahrens entspricht einem gewandeltem Verständnis von der Stellung des Bürgers im Staat[452]. Die Koregulierung baut, im Unterschied zur Selbstregulierung, auf einem Rechtsakt auf, der den Parteien die Umsetzungsziele vorgibt. Die Instrumente der alternativen Rechtsetzung unter Beteiligung der Interessenvertreter sind rechtlich zulässig, soweit alle zuständigen EG-Institutionen beteiligt werden.
Dies ist bei Beachtung der von Kommission, Rat und EP aufgestellten Grundsätze der Fall. Alternative Rechtsetzungsverfahren dürfen nicht eingesetzt werden, wenn

[452] Hucklenbruch, Umweltrelevante Selbstverpfl., S. 167f.

sie gegen die Kompetenzzuordnung aus dem EG-Vertrag und damit gegen den Gedanken der Rechtsstaatlichkeit verstoßen.
Eine uneingeschränkte Zulässigkeit alternativer Rechtsetzungsverfahren wäre somit nicht mit dem europäischen Recht zu vereinbaren. Ein generelles Verbot von freiwilligen Vereinbarungen ist aber abzulehnen. Es hat in der geltenden Rechtsordnung keine Rechtsgrundlage und ist auch schlicht realitätsfremd.
Auch die Festschreibung eines Gebotes zu kooperativem Handeln ist nicht zu begrüßen, denn dadurch würde das Auswahlermessen der EG auf die Wahl einer bestimmten Handlungsform eingeschränkt. Zudem würde der Staat bei einem Vorrang von kooperativen Handlungsweisen seine wirksamste Waffe verlieren, nämlich die Drohung mit einer einseitigen Maßnahme. Diese Möglichkeit der Drohung mit anderen Maßnahmen ist gerade einer der Beweggründe für die Industrie, freiwillige Vereinbarungen einzugehen. Statt des Gebots der Bevorzugung kooperativer Handlungen ist das Festschreiben einer Pflicht zur Überprüfung der Möglichkeit solcher Handlungsarten besser.

Treten Absprachen an die Stelle einer Regelung, so können diese nur von Organen veranlasst werden, die deren Inhalt einseitig normativ festlegen können. Die Verantwortungsträger müssen auch bei der alternativen Rechtsetzung die gleichen bleiben.[453] Im Gesetzgebungsverfahren können nur Rat und Parlament als Ko-Gesetzgeber unter Berücksichtigung der Stellungnahmen der in den EU-Verträgen vorgesehenen Organe, d.h. insbesondere des Wirtschafts- und Sozialausschusses und des Ausschusses der Regionen, verantwortlich entscheiden. Dieser Rahmen steckt auch die Grenzen der Interessenvertretung ab. Die Grenze der Rechtsetzung wäre überschritten, wenn Zielvorgaben für die Industrie, die dem Umweltschutz dienen, "am Parlament vorbei" und lediglich mit Zustimmung des Rates in Vereinbarungen zwischen der Kommission und Industrieverbänden, festgelegt werden.[454]
Wenn die Ziele der alternativen Rechtsetzung nicht erreicht werden, kann die Kommission immer noch auf bewährte herkömmliche Instrumente der Rechtsetzung zurückgreifen. ´Entscheidungen´ der Kommission könnten gerade im Bereich der Umsetzung von Richtlinien (Komitologie) durch alternative Rechtsetzungsverfahren ersetzt werden.

Zusammenfassend liegt die rechtliche Grenze einer verbandlichen Tätigkeit im Bereich alternativer Rechtsetzung auf EU-Ebene dort, wo eine alternative Rechtsetzung die vorgeschriebene Beteiligung von Kommission, Rat oder EP umgeht und ein Gesetz, d.h. eine Richtlinie oder Verordnung, ersetzen würde. Denn in diesem Fall könnten Rat und EP ihren Aufgaben nach dem EG-Vertrag nicht mehr nachkommen. Dies gilt auch im Bereich des Verwaltungsvollzuges, wenn private Ver-

---

[453] Rengeling, Kooperationsprinzip, S. 187.

[454] Entschließung des Europäischen Parlaments zu dem Weißbuch der Kommission "Europäisches Regieren" (KOM(2001) 428 - C5-0454/2001 - 2001/ 2181(COS)).

bände mit drittgerichteten Hoheitsbefugnissen ausgestattet werden und gegen den Gesetzesvorbehalt verstoßen würden[455].

II. Verletzung des Gleichbehandlungsgebotes

1. Der allgemeine Gleichheitssatz

Eine Grenze der Interessenvertretung bei der EG-Kommission könnte durch den allgemeinen Gleichheitssatz gezogen werden. Dieser könnte verletzt sein, falls die Kommission eine oder mehrere Interessengruppen gegenüber anderen bevorzugt und insoweit gegen das Rechtsgebot der Gleichbehandlung verstößt.[456] Der EG-Vertrag enthält keinen ausdrücklich geschriebenen allgemeinen Gleichheitssatz, sondern an mehreren Stellen spezielle Gleichheitsgewährleistungen, die dem vom EuGH entwickelten allgemeinen Gleichheitssatz, bei Vorliegen der Voraussetzungen, vorgehen.[457] Der allgemeine Gleichheitssatz steht an der Spitze der Gleichheitsgrundrechte in Art. 20 der Grundrechtecharta und entspricht den Gewährleistungen in den Mitgliedstaaten.[458] Daneben haben sich EP, Rat und Kommission in einer gemeinsamen Erklärung vom 5. April 1977[459] zur Achtung der Grundrechte bekannt. Der EuGH hat den allgemeinen Gleichheitssatz mehrfach als Grundprinzip des Gemeinschaftsrechts bezeichnet.

Interessenvertreter und Interessenvertretungen sind Grundrechtsträger[460], Adressaten der Grundrechte sind in erster Linie die Organe und Einrichtungen der EU, also auch die EG-Kommission. Die europäischen Grundrechte sind wie ihr deutsches Pendant primär Abwehrrechte.

Der allgemeine Gleichheitssatz verbietet es, dass „vergleichbare Sachverhalte in unterschiedlicher Weise behandelt und dadurch bestimmte Betroffene gegenüber anderen benachteiligt werden, ohne dass dieser Unterschied in der Behandlung durch das Vorliegen objektiver Unterschiede von einigem Gewicht gerechtfertigt wäre.“[461] Voraussetzung der Verletzung des allgemeinen Gleichheitssatzes ist somit das Vorliegen einer Ungleichbehandlung, die nicht durch das Vorliegen relevanter Unterschiede gerechtfertigt ist.

---

[455] Di Fabio, Selbstregulierung, VVDStRL 1997, 235 (271).

[456] Sobotta, Transparenz i.d. Rechtsetzungsverfahren der EU, S. 128.

[457] Koenig/ Haratsch, Europarecht, Rdnr. 713; EuGH, Slg. 1972, S. 457, Rdnr. 20/22 – Frilli; EuGH, Slg. 1977, S. 1753, Rdnr. 7 – Ruckdeschel.

[458] Kingreen in Calliess/Ruffert, Kommentar zu EUV-EGV, Art. 6 EU, Rdnr. 170 mit einer ausführlichen Rechtsprechungsübersicht.

[459] ABl. EG 1977/ C 103/ 01.

[460] Vgl. Zimmerling in Lenz/Borchardt, EU- und EG-V, Anh. zu Art. 6 EU, Rdnr. 33.

[461] So bereits EuGH, Verb. Rd. 17 und 20/61, Slg. 1962, 653, 692f. (Klöckner-Werke AG und Hoesch), wenn auch ohne Ableitung aus dem Grundrecht allgemeiner Gleichheitssatz.

2. Ungleichbehandlung

Eine Ungleichbehandlung liegt vor, wenn vergleichbare Sachverhalte ungleich behandelt werden.[462] Wesentlich gleiche Sachverhalte müssen gleich behandelt werden. In dem oben beschriebenen Mining-Waste-Vorgang fand eine Bevorzugung einer Interessengruppe nicht statt. Dennoch ist der Fall der Bevorzugung einzelner Interessengruppen durchaus denkbar. Es spielt dabei keine Rolle, dass die Ungleichbehandlung nicht in jedem Fall durch einen Rechtsakt erfolgt (wie im Fall der Zusammenarbeit zwischen Interessenvertretern und Kommission), denn der EuGH geht in zahlreichen Entscheidungen davon aus, dass auch ein mittelbarer, nicht finaler Eingriff ausreichen kann.[463]

Eine Ungleichbehandlung läge vor, wenn die EG-Kommission mit verschiedenen Interessensgruppen unterschiedlich zusammenarbeitete. Hier nähme die Kommission in Kauf, dass Interessengruppen benachteiligt werden. Dies wäre der Fall, wenn die Kommission bestimmte Industrieverbände untereinander oder gegenüber Umweltverbänden bzw. Umweltverbände gegenüber Industrieverbänden bevorzugen würde. Eine Ungleichbehandlung könnte auch gegeben sein, wenn die Kommission die Zusammenarbeit mit europäischen Verbänden der Zusammenarbeit mit nationalen Verbänden vorzieht oder umgekehrt die nationalen Verbände bevorzugt. Die Ungleichbehandlung muss zudem benachteiligend sein. Eine benachteiligende Ungleichbehandlung könnte in einer Bevorzugung bei der Informationsverteilung, in der genaueren Prüfung der Argumente eines Verbandes, in der Verweigerung der Teilnahme an Konsultationen oder in der unterschiedlich starken Einbeziehung von Interessengruppen bei Kommissionskonsultationen liegen.

3. Rechtfertigung

Die Ungleichbehandlung könnte gerechtfertigt sein, falls der Kommission ein weiter Beurteilungsspielraum im Umgang mit Interessenvertretern zukäme und die vom der Kommission vorgenommene benachteiligende Differenzierung durch sachliche Gründe gerechtfertigt und verhältnismäßig wäre, wobei die Grenze in einem willkürlichen Verhalten liegt.[464] Dies wäre der Fall, falls ein schutzwürdiges Gemeinwohlziel den Eingriff rechtfertigen würde und die Ungleichbehandlung verhältnis-

---

[462] EuGH, Rs. C-217/91, Slg. 1993, I- 3923, Rdnr. 37 (Kommission / Spanien); vgl. auch Kingreen in Calliess/Ruffert, Kommentar zu EUV-EGV, Art. 6 EU, Rdnr. 175 mit einer ausführlichen Rechtsprechungsübersicht in Fußnote 494.

[463] EuG Rs. T- 113/96, Dubois et fils, Slg. 1998, II-125 Rdnr. 75; EuGH Rs. C- 84/95, Bosphorus, Slg. 1996, I- 3953 Rdnr. 22 f.; vgl. auch die umfangreichen Rechtsprechungsangaben von Pernice/ Mayer in Grabitz/ Hilf, EU-Kommentar, nach Art. 6 EUV, Rdnr. 40; Bleckmann, EuropaR, Rdnr. 781.

[464] Die Bedeutung des Verhältnismäßigkeitsgrundsatzes im Rahmen der Gleichheitsprüfung ist unklar. In einigen EuGH Urteilen finden sich Ansätze für eine Verhältnismäßigkeitsprüfung (z.B. EuGH, Rs. 245/81, Slg. 1982, 2745, Rdnr. 13 (Edeka/ Deutschland).

mäßig wäre. Es ist daher eine am Grundsatz der Verhältnismäßigkeit orientierte Güter- und Interessenabwägung vorzunehmen.[465]
Der EuGH verbindet die Prüfung von Rechtfertigung und Verhältnismäßigkeit mit dem Gesetzgebungsermessen des jeweiligen Gemeinschaftsorgans und dessen allgemeinen Bindungen. Er überlässt grundsätzlich dem betroffenen Organ die Abschätzung, welches Ziel dem Gemeinwohl der Gemeinschaft entspricht und ob das mildeste geeignete Mittel gewählt wurde, das noch im Verhältnis zum verfolgten Zweck steht. Erst bei offensichtlich irriger Einschätzung greift der Gerichtshof ein.[466]
Für die Rechtfertigung einer Ungleichbehandlung von Interessengruppen spricht, dass bei der Ausarbeitung von Rechtsakten ein weiter Ermessensspielraum der EG-Kommission besteht. Ermessen im Sinne des Gemeinschaftsrechts ist von dem Ermessen im deutschen Sinne zu unterscheiden. Der gemeinschaftsrechtliche Ermessenbegriff ist wesentlich durch das französische Verwaltungsrecht bestimmt und aufgrund dessen weiter und umfassender als im deutschen Recht. Der EuGH erkennt Gestaltungs- und Letztentscheidungsrechte in weitem Umfang an. Ermessen im gemeinschaftsrechtlichen Sinn kann sowohl auf der Tatbestands- als auch auf der Rechtsfolgenseite einer Norm angesiedelt sein.[467]
Wenn der Kommission ein derart großer Spielraum bei Rechtsakten zusteht, muss dies erst recht bei Realakten gelten. Die Grenze ist bei Rechtsakten dort erreicht, wo ein offensichtlicher Irrtum bzw. ein Ermessensmissbrauch vorliegt. Diese Grenze ist bei faktischem Verhalten noch weiter zu ziehen, da Rechtsakte eine unmittelbare Rechtswirkung auslösen, was bei faktischem Verhalten nur mittelbar der Fall sein kann.[468]
Die Kommission hat bei der Ausarbeitung von Rechtsakten eine Gestaltungsfreiheit. Dies gilt insbesondere für Bereiche, die der Beurteilung des Gesetzgebers überlassen bleiben. Die Initiativphase beim Gesetzgebungsvorgang ist allein der Kommission überlassen. Auch andere EG-Institutionen werden in dieser Phase nicht beteiligt. Zudem sind die Folgen der Kommissionsaktivitäten in der Initiativphase nicht rechtlich verbindlich, da der eigentliche Gesetzgebungsvorgang erst mit Vorlage des Kommissionsvorschlages beginnt. Der Kommission muss es überlassen bleiben, wie sie Gesetzesvorschläge erarbeitet und wen sie dabei wie konsultiert. Daher sind Ungleichbehandlungen von Interessenvertretern durch die Kommission in dieser Phase gerechtfertigt, soweit die Gründe der Ungleichbehandlung nicht offensichtlich fehlerhaft sind und „schreiendes Unrecht“ hervorrufen.[469]

---

[465] Koenig/ Haratsch, Europarecht, Rdnr. 725, 726; vgl. auch EuGH, Slg. 1986, S. 1651, Rdnr. 38 – Johnston; EuGH, Slg. 1997, S. I.185, Rdnr. 25 – Pastoors.

[466] EuGH Rs. C-280/93, Bananenmarktordnung, Slg. 1994, I-4973, Rdnr. 90 ff.; Rs. C-306/93, Winzersekt, Slg. 1994, I- 5555 Rdnr. 27.

[467] Pache, Kontrolldichte in der Rechtsprechung des Gerichtshofs der EG, DVBl. 1998, 380 (384).

[468] Vgl. hierzu auch Pernice/ Mayer in Grabitz/ Hilf, EU-Kommentar, Art. 220 EG, Rdnr. 59.

[469] Vgl. hierzu auch die Ausführungen bei Pernice/ Mayer in Grabitz/ Hilf, EU-Kommentar, Art. 220 EG, Rdnr. 60.

Im Einzelfall kann daher beispielsweise die Bevorzugung europäischer Verbände gegenüber nationalen gerechtfertigt sein, falls diese ein repräsentatives und pluralistisches Forum für den jeweiligen europäischen Sektor bieten und die nationalen Verbände dies nicht sind.[470] Auf der anderen Seite ist auch eine Bevorzugung der nationalen Verbände denkbar, falls diese z.B. einen engeren Kontakt mit den Unternehmen vor Ort haben oder die jeweilige nationale Lage besser beurteilen können als die europäischen Verbände. Es entscheidet der konkrete Einzelfall.

Von der Gleichberechtigung bei der Zusammenarbeit mit der Kommission ist der Zugang zu Informationen zu unterscheiden. Wenn einer Interessengruppe offiziell Zugang zu diesen Informationen gewährt wird, muss dieses Recht grundsätzlich allen Interessengruppen zustehen.

4. Fazit

Das Gleichbehandlungsgebot setzt dem Umgang der Kommission mit Interessenvertretern keine engen Grenzen. Ein Verstoß gegen das Gleichbehandlungsgebot in Form einer Ungleichbehandlung von Interessenvertretern durch die EG-Kommission liegt in offensichtlich willkürlichen Fällen vor, kann aber in anderen Fällen gerechtfertigt sein. Dies ist durch den unverbindlichen Charakter der Interessenvertretung und die Handlungshoheit der EG-Kommission im Rechtsetzungsverfahren bedingt.

Eine Grenze der Ungleichbehandlung von Interessengruppen liegt aber dort, wo diese sich in dem Inhalt eines Gesetzes niederschlägt, d.h. wenn es nur einseitig die Interessen einer Gruppe berücksichtigt (z.B. der Umweltschutzinteressen oder Industrieinteressen). Hier ist ein Notanker festgemacht, der ganz offensichtliche Ungleichbehandlung verhindert. Ein Gesetz muss den Anforderungen des EG-Vertrages entsprechen und könnte andernfalls rechtswidrig sein. So verlangt beispielsweise der Nachhaltigkeitsgrundsatz des Umweltrechts stets die Berücksichtigung von umweltschützenden, wirtschaftlichen und sozialen Aspekten.

Die Kommission sollte freiwillig gewisse Prinzipien bei der Zusammenarbeit mit Interessenvertretern beachten. Eines dieser Prinzipien ist eine möglichst weitgehende Gleichbehandlung von Interessenvertretern. Dies ist auch zum Vorteil der Kommission, die sich dadurch ein umfassendes Meinungsbild erstellen kann und Übersicht über die im Zusammenhang mit einem Gesetzesvorschlag entstehenden Probleme bekommt. Bereits 1992 hat die Kommission in der Mitteilung „Ein offener und strukturierter Dialog zwischen der Kommission und den Interessenvertretern“[471] Leitprinzipien für das Verhältnis zu den Interessengruppen entworfen. Eines dieser Prinzipien ist die Gleichbehandlung aller Interessengruppen. Auch in aktuellen Initiativen, verpflichtet sich die Kommission freiwillig zur Gleichbehandlung dieser Gruppen (vgl. unten fünfter Teil dieser Arbeit).

---

[470] Sobotta, Transparenz i.d. Rechtsetzungsverfahren der EU, S. 123.

[471] ABl. 1993/ C 63/ 02.

III. Das Effizienzgebot als Grenze der Interessenvertretung

Einer breiten Beteiligung von Interessenvertretern am Rechtsetzungsverfahren könnte der Gesichtspunkt der Effizienz entgegenstehen und damit eine Grenze der Interessenvertretung darstellen.

1. Begriffe

Zu unterscheiden ist zwischen dem Grundsatz der Effektivität und dem Effizienzprinzip. Effektivität ist eine Maßgröße der Zielerreichung innerhalb vorgegebener Rahmenbedingungen. Aus dem Effektivitätsbegriff ausgeklammert bleibt, zu welchen Kosten oder mit welchen Ressourcen das Steuerungsziel erreicht werden kann oder welcher Ressourceneinsatz welchen Grad der Zielerreichung ermöglicht oder rechtfertigt. Effizienz kennzeichnet eine Zweck-Mittel-Relation und zielt auf ein optimales Zweck-Mittel-Verhältnis. Ziel der Effizienz ist eine möglichst ressourcenschonende Ziel-Mittel-Relation.[472]

2. Rechtswissenschaftlicher Hintergrund

In der deutschen rechtswissenschaftlichen Effizienzdiskussion wird die Effizienz zum Teil als Rechtsprinzip, zum Teil als rechtspolitische Forderung angesehen.[473] Das EU-Recht hat mit dem Subsidiaritätsprinzip aus Art. 5 EG eine effizienzfördernde Regelung. Das Subsidiaritätsprinzip enthält den Gedanken, dass derjenigen Einheit eine Aufgabe zugewiesen wird, die diese vermutlich am besten regeln kann und deren Ressourcen deshalb mit größerem Nutzen eingesetzt werden können.[474] Im Europarecht ist auch der Grundsatz eines „effizienten Einsatzes der Ressourcen" im Rahmen der Wirtschaftspolitik in den Artikeln 98 S. 2 EG, 248 Abs. 2 EG ausdrücklich formuliert („Wirtschaftlichkeit"). Auf Grund dieser Bezugnahmen des Gemeinschaftsrechts auf den Effizienzgesichtspunkt wird diesem Prinzip ein Maßstab für die gesamte Gemeinschaftspolitik zugemessen.[475]

Die Grenze des Effizienzgebotes liegt dort, wo die Effizienz bindende Vorgaben der Rechtsordnung aufhebt. Normativ vorgegebene Ziele sowie Restriktionen dürfen nicht relativiert werden. Rechtlich problematisch ist zudem, falls durch das Effizienzgebot die Erreichung des Ziels beeinträchtigt wird. Hier ist entscheidende Frage, ob und wieweit Abstriche bei der Zielerreichung durch Effizienzerwägungen gerechtfertigt sind. Effizienzerwägungen werfen jedenfalls keine rechtlichen Prob-

---

[472] Die Unterscheidung zwischen Effektivität und Effizienz ist streitig. Vgl. Hoffmann-Riem in Hoffmann-Riem/ Schmidt-Aßmann, Effizienz als Herausforderung an das VerwaltungsR., 11 (16), m.w.A.

[473] Hoffmann-Riem in Hoffmann-Riem/ Schmidt-Aßmann, Effizienz als Herausforderung an das VerwaltungsR., 11 (17 f.).

[474] Hoffmann-Riem in Hoffmann-Riem/ Schmidt-Aßmann, Effizienz als Herausforderung an das VerwaltungsR., 11 (43, 44).

[475] Schmidt-Aßmann, Perspektiven der verwaltungsrechtlichen Systembildung, in: Hoffmann-Riem/Schmidt-Aßmann, Pernice in: Effizienz als Herausforderung an das Verwaltungsrecht, 245 (257).

leme auf, soweit sie sich nicht nachteilig auf die Erfüllung der sonstigen rechtlichen Vorgaben auswirken.[476]

3. Effizienz als Verwaltungsmaßstab

Die Betonung der Effizienz als Verwaltungsmaßstab indiziert einen Wechsel in der Aufmerksamkeit des Verwaltungsrechts. Der Grund hierfür liegt in dem Gebot der Ressourcenschonung. Fragen der Wirtschaftlichkeit und Leistungsfähigkeit der Verwaltung erlangen gerade in wirtschaftlich schwierigen Zeiten immer größere Bedeutung. Die derzeitigen Deregulierungs- und Beschleunigungsdiskussionen zeigen, dass die Knappheit der Ressourcen nicht ohne Auswirkungen auf das Verwaltungshandeln und das Verwaltungsrecht bleiben.

Bei der Berücksichtigung der Effizienz geht es um die Frage, inwieweit Effizienz als Verwaltungsmaßstab gegenüber den anderen Maßstäben eine eigene rechtliche Relevanz gewinnen und rechtlich überprüft werden kann. Wurde das Effizienzgebot in der Vergangenheit eher zurückhaltend behandelt und eher eingeschränkt gehandhabt, so gibt es neuerdings Tendenzen das Effizienzgebot als Herausforderung und Chance für Reformen im Verwaltungsbereich zu verstehen.[477]

Dies ist zu begrüßen, denn der Bürger als Steuerzahler darf von der EU ein effektives Handeln verlangen. Dies hat auch Auswirkungen auf die Akzeptanz der Union. Effektives Handeln bedeutet, dass Haushaltsmittel sinnvoll und der programmatischen Zielerreichung entsprechend eingesetzt werden. Regelungen sollten ständig daraufhin überprüft werden, ob sie den angestrebten Zweck erreichen. Auch das Thema Gesetzesfolgenabschätzung bei Gesetzgebungsvorhaben (vgl. unten S. 138) sollte bei der Beurteilung der Effizienz der EU berücksichtigt werden.[478]

4. Effizienz und Interessenvertretung

Bei der Untersuchung der Interessenvertretung auf europäischer Ebene kann das Effizienzprinzip nicht außer acht bleiben. Zu unterscheiden und zu berücksichtigen sind:

- die organisatorische Effizienz, also der schonende Umgang mit organisatorischen Ressourcen,
- die informationelle Effizienz, d.h. die effiziente Erlangung und der effiziente Umgang mit Informationen und
- die Normierungseffizienz, d.h. die Sicherstellung der Handhabbarkeit und praktischen Anwendbarkeit der Norm sowie die Vermeidung von Gerichtsprozessen.[479]

---

[476] Hoffmann-Riem in Hoffmann-Riem/ Schmidt-Aßmann, Effizienz als Herausforderung an das VerwaltungsR., 11 (34, 36).

[477] Hoffmann-Riem/ Schmidt-Aßmann in Effizienz als Herausforderung an das VerwaltungsR., Vorwort, S. 5,6.

[478] Hayder, Weißbuch Europäisches Regieren, ZG 2002, 49 (50).

[479] Vgl. zu den Arten der Effizienz Hoffmann-Riem in Hoffmann-Riem/ Schmidt-Aßmann, Effizienz als Herausforderung an das VerwaltungsR., 11 (28ff.).

Eine Begrenzung der Interessenvertretung aus Effizienzgesichtspunkten ist, zumindest auf europäischer Ebene, abzulehnen. Für eine Begrenzung der Interessenvertretung aus diesem Grund spricht zwar, dass eine umfassende Anhörung der Interessengruppen und Prüfung aller abgegebenen Stellungnahmen dieser Gruppen die Kommission behindern und blockieren könnte. Auf der anderen Seite kann durch die Einbeziehung von Interessenvertretern die organisatorische, die informationelle und die Normierungs-Effizienz verbessert werden. Interessenvertretung steigert die Leistungsfähigkeit der europäischen Kommission. Diese ist oftmals aufgrund ihrer chronischen personellen Unterbesetzung nicht in der Lage, alle relevanten wirtschaftlichen, rechtlichen, sozialen, politischen, kulturellen und tatsächlichen Aspekte zu berücksichtigen und in den Gesetzesvorschlag einzuarbeiten. Zudem soll jeder Kommissionsmitarbeiter alle fünf Jahre versetzt werden. Gerade in fachlich anspruchsvollen Sachgebieten, die ein vertieftes Wissen erfordern, trägt diese Rotationspraxis nicht zur Verbesserung der Rechtsetzung bei.[480] Interessenvertreter können die zuständigen Referenten der Kommission unterstützen und zur Klärung von Problemen beitragen. Sie geben unverbindliche Anregungen und tragen dazu bei, dass Gesetzesvorschläge nicht an der Praxis vorbei erarbeitet werden, die sich später als völlig unrealisierbar und nicht implementierbar erweisen. Insoweit fördern sie Ressourcenschonung, Informationsvermittlung und Praktikabilität der Rechtsetzung und erhöhen damit die Effizienz. Es steht zudem im Ermessen der Kommission, wie sie die eingegangenen Stellungnahmen der verschiedenen Interessengruppen prüft und berücksichtigt.

Die Entstehung der Mining-Waste-Richtlinie zeigt deutlich, dass die Anzahl der eingehenden Stellungnahmen (bei Arbeitspapier Nr. 3 waren es insgesamt 37 Stellungnahmen und Positionspapiere: 11 Stellungnahmen von 11 Mitgliedstaaten; 5 Beitrittsländer; 16 Industrie und NROs sowie 5 sonstige) überschaubar bleibt. Gerade auf EU-Ebene ist der Kreis der Interessierten meistens begrenzt. Der normale Bürger wird, im Unterschied zu kommunalen und regionalen Massenverfahren oder Anhörungen, keine Stellungnahme abgeben, da ihn EU-Vorgänge nicht direkt betreffen. Dieses Ergebnis wird bestätigt durch andere Konsultationen, die im Rohstoffsektor in letzter Zeit stattfanden: So gingen bei den Konsultationen zur Ressourcenstrategie insgesamt ca. 30 Stellungnahmen ein, wobei von den 58 Mitgliedern einer der beiden Arbeitsgruppen nur 19 eine Stellungnahme abgaben. Bei dem sehr medienwirksamen Verordnungsvorschlag zur EU-Stoffpolitik, der dementsprechend aktiv auch von einer sehr großen Anzahl an verschiedenen Interessengruppen bearbeitet wurde,[481] erhielt die Kommission im Laufe der 3-monatigen

---

[480] Vgl. auch zum Problem des Durchlaufens verschiedener Dienststellen: Mehde, Verwaltungsreformen in der Kommission, ZEuS 2001, S. 403 (428).

[481] Die EU-Kommission beabsichtigt, die Herstellung, den Import und die Verwendung chemischer Stoffe umfassend neu zu regeln. In einem Weißbuch hat die Kommission im Februar 2001 eine umfassende "Strategie für eine zukünftige Chemikalienpolitik" vorgelegt. Die Generaldirektionen Umwelt und Unternehmen haben am 7. Mai 2003 einen vorläufigen Vorschlag für eine Verordnung präsentiert, die ein umfassendes neues System der Registrierung, Bewertung (Evalua-

Konsultation 6.400 Stellungnahmen.[482] Die Auswertung dieser Stellungnahmen stellte die Kommission vor Probleme, allerdings hat die Kommission zur Abhilfe ein wirksames Mittel der Eindämmung gefunden und mit Hilfe der Initiative zur interaktiven Politikgestaltung ein spezielles Online-Verfahren geschaffen.[483] Bei der Internetkonsultation zur Stoffpolitik wurden so doppelte Stellungnahmen durch ein Computerprogramm herausgefiltert und die Zahl der zu berücksichtigenden Stellungnahmen gesenkt. Die Kommission hat bereits 3 Monate nach Beendigung der Konsultation ihren Gesetzgebungsvorschlag veröffentlicht.

Das Effizienzgebot ist keine Grenze der Interessenvertretung, vielmehr kann die Effizienz des Verwaltungshandeln durch aktive Einbeziehung der Interessenvertreter erhöht werden.

IV. Das Transparenzgebot als Grenze der Interessenvertretung

1. Das Transparenzgebot

Transparenz ist, wie bereits oben auf S. 89ff. beschrieben, ein Wesensmerkmal demokratischer Ordnung.[484] Die Grenze der rechtlichen Zulässigkeit der Interessenvertretung ist dort überschritten, wo die Interessenvertretung das Transparenzprinzip verletzt, d.h., wo man umgangssprachlich von einer „Mauschelei“ und „Kungelei“ spricht. Zu beachten ist, dass Interessenvertreter das Transparenzgebot nicht selbst verletzen können, da sie nicht Grundrechtsverpflichtete sind. Grundrechte sind Abwehrrechte des Bürgers gegen den Staat. Die EG-Kommission verstößt gegen Grundrechte, falls sie durch ihre Zusammenarbeit mit Interessenvertretern das Transparenzprinzip verletzt und dies nicht gerechtfertigt ist. In diesem Sinne wird die Grenze der Interessenvertretung durch die rechtlichen Möglichkeiten der EG-Kommission bestimmt. In der Mitteilung „Ein offener und strukturierter Dialog zwischen der Kommission und den Interessenvertretern“[485] hat die Kommission als Leitprinzip für das Verhältnis zu den Interessengruppen die Transparenz der vertretenen Interessen gegenüber der Kommission erwähnt.
In das Transparenzprinzip würde eingegriffen, falls die Kommission mit Interessenvertretern in verdeckter Art und Weise zusammenarbeiten würde. Ein Eingriff würde auch vorliegen, wenn eine Konsultation von der Öffentlichkeit und den beteiligten anderen Institutionen nicht nachvollzogen werden kann.

---

tion) und Zulassung (Authorisation) von chemischen Stoffen (Chemicals) schaffen soll (daher REACH genannt).

[482] http://europa.eu.int/comm/enterprise/chemicals/chempol/whitepaper/contributions.htm (abgerufen am 29.10.2003).

[483] KOM(2002) 277, S. 7.

[484] Kugelmann, Zur Transparenz des Handeln der EU, EuR 1996, 207 (207).

[485] ABl. 1993/ C 63/ 02.

2. Transparenz im Gesetzgebungsverfahren in der Kommission

Die Tätigkeit von Interessenvertretern findet auf allen Ebenen des Rechtsetzungsverfahrens statt, insbesondere auf Ebene der EG-Kommission.[486] Interessenvertreter kennen meistens den für sie zuständigen Referenten in der Kommission. Die Erarbeitung von Vorschlägen ist auch deswegen zunehmend durch ein Spannungsverhältnis zwischen Amts- und Verhandlungsgeheimnis der Kommission und der Öffnung gegenüber den außen stehenden Akteuren gekennzeichnet.

Verfahrensrechtlich ist die Entwicklung eines Rechtsetzungsvorschlages primär dem Innenrecht der Kommission unterworfen (vgl. S. 38f.). Dort finden sich keine expliziten Transparenzpflichten. Art. 9 GO-KOM erklärt die Sitzungen der Kommission für nichtöffentlich und unterwirft ihre Beratungen der Vertraulichkeit. Die der Kommission zugeordneten Ausschüsse tagen ebenfalls nichtöffentlich, da die Geschäftsordnung der Kommission entsprechende Anwendung findet. Die Kommission gewährt auf Basis ihres Beschlusses vom 8. Februar 1994 grundsätzlich Zugang zu den Protokollen und Tagesordnungen ihrer eigenen Beratungen, soweit ihr Geheimhaltungsinteresse an den Beratungen nicht überwiegt.[487]

Bei der Bestimmung der Grenze der Interessenvertretung in der Kommissionsarbeit sind insbesondere die Zugänglichkeit und Praxis der Zusammenarbeit auf der sog. „Arbeitsebene" der zuständigen Referenten zu berücksichtigen. Wegen ihrer hohen Anzahl an Mitarbeitern und wegen der recht komplizierten Struktur, die sich auch ständig ändert und reformiert wird, erscheint ein Zugriff auf diese Personen und damit auf interne Vorgänge zumindest für Außenstehende eher schwierig.[488] Die Kommission gilt unter Interessenvertretern, verglichen mit nationalen Stellen, als offen, informell und erreichbar.[489] In der Praxis legt die Kommission ihre Tätigkeiten frühzeitig offen und arbeitet sehr eng mit den verschiedenen Interessensgruppen zusammen. Obwohl die Kommission eine sehr transparente Behörde ist, gelten auch hier diverse Geheimhaltungsvorschriften. Kommissionsinterne Interservice-Dokumente werden, anders als die meisten Dokumente von öffentlichem Interesse, nicht im Internet[490] veröffentlicht. Diese Regeln werden aber in der Praxis durch vielfältige Indiskretionen durchbrochen. So hatten verschiedene Interessengruppen auf Industrie- und Umweltseite beim Mining-Waste-Vorgang Kenntnis vom kommissionsinternen Interservice-Dokument. Diese Kenntnis wurde genutzt, um innerhalb der EG-Kommission gezielt Einfluss auszuüben. Interessengruppen brachten Vorschläge ein, wie das Dokument in der Praxis besser umgesetzt werden

---

486 Vgl. die Mitteilung der Kommission „Ein offener und strukturierter Dialog zwischen der Kommission und den Interessenvertretern", ABl. 1993/ C 63/ 02.

487 Sobotta, Transparenz i.d. Rechtsetzungsverfahren der EU, S. 127.

488 Vgl. die Mitteilung der Kommission „Ein offener und strukturierter Dialog zwischen der Kommission und den Interessenvertretern", ABI. 1993 C63, S. 2 (3).

489 Mazey/Richardson, in ders. (Hrsg.), Introduction, S. 10; Mitteilung der Kommission „Eine verstärkte Transparenz bei der Arbeit der Kommission", ABI. 1993 C 63, S. 8.

490 Vgl. http://www.europa.eu.int/eur-lex/de/index.html .

könnte und informierten die Kommission auch über die zu erwartenden wirtschaftlichen Auswirkungen.[491]

Sobotta greift diese Art der Zusammenarbeit und Transparenz scharf an. Seiner Ansicht nach mag solches Verhalten noch als transparent gegenüber bestimmten Sektoren gelten - gegenüber der Öffentlichkeit als solcher und insbesondere weniger potenten Interessengruppen entstehe Transparenz so jedoch nicht. Die Lage werde durch eine derart unregelmäßige Offenheit sogar eher undurchsichtiger. Sie privilegiere auf hohem Niveau organisierte Interessengruppen, die schon durch Experten repräsentiert oder anderweitig Nutznießer informeller Kontakte sind. Sobotta wirft auch die Frage auf, inwieweit diese Praxis gegen das Rechtsgebot der Gleichbehandlung von Interessengruppen verstoße (vgl. oben, S. 107ff.).[492]

Im Ergebnis muss Sobotta hier widersprochen werden, da durch die Praxis der frühzeitigen Einbeziehung von Interessenvertretern in den Rechtsetzungsprozess kein Verstoß gegen Transparenzpflichten vorliegt. E-Mail und Internet ermöglichen ein problemloses und schnelles Weitersenden und damit eine Verteilung von Dokumenten. Es konnte auch kein Fall recherchiert werden, bei dem die Kommission eine bestimmte Interessengruppe bevorzugt hat, in dem sie anderen Interessengruppen Informationen vorenthielt oder ihnen keine Gelegenheit zur Stellungnahme gab. Im übrigen sind es nicht allein die Interessenvertreter, die Kontakt zur EG-Kommission suchen, sondern umgekehrt nimmt die EG-Kommission bereitwillig Stellungnahmen von Interessenvertretern entgegen.
Bezogen auf die Entstehung der Mining-Waste-Richtlinie wurde das kommissionsinterne Interservice-Dokument weit verbreitet, wenn auch informell. Interessenvertreter aller Couleur suchten während der Interservice-Konsultationen das Gespräch mit allen beteiligten Generaldirektionen, insbesondere der GD Umwelt. Die Interessenvertreter versuchen die Zusammenarbeit mit der Kommission nicht zu verheimlichen. Die hauptsächlich auf Seiten der Kommission beteiligten Abteilungen der GD Umwelt und GD Unternehmen kannten die interessierten Interessenvertreter zudem bereits aus den drei zuvor stattfindenden Anhörungen zu Arbeitsdokumenten der GD Umwelt.

3. Rechtfertigung durch Effizienzgesichtspunkte

Das Transparenzprinzip stellt keinen absoluten Wert dar, sondern ist mit der Effizienz der Entscheidungsmechanismen in Ausgleich zu bringen.[493] Zu Begriff und Hintergrund des Effizienzgebotes wird auf S. 111ff. verwiesen.
Ein intransparentes Verhalten der EG-Kommission könnte aus Effizienzgesichtspunkten zulässig sein. In der Gesetzgebungspraxis der EG-Kommission ist die Zahl unterschiedlicher Standpunkte und zu beachtender Informationen und Vor-

---

[491] Vgl. hierzu die eingerichtete Internetseite der Kommission zu Mining-Waste http://www.europa.eu.int/comm/environment/waste/mining/index.htm.

[492] Sobotta, Transparenz i.d. Rechtsetzungsverfahren der EU, S. 128.

[493] Calliess, in Calliess/Ruffert, Kommentar zu EUV-EGV, Art. 1 EUV, Rdnr. 39.

schläge, die in ein Gesetzgebungsvorhaben einfließen, in der Regel derart groß, dass daraus Effizienzprobleme entstehen können.[494] Die Arbeit einer Behörde kann durch massenhafte Eingaben blockiert werden. Gerade die EG-Kommission stößt als chronisch unterbesetzte Behörde hier oftmals an Kapazitätsgrenzen. Teilweise wird bereits vom sog. „overcrowding" von Interessengruppen gesprochen, welches die Arbeitsweise der EU ernsthaft gefährde.[495] Ein intransparentes Verhalten der EG-Kommission könnte verhindern, dass viele und nicht zu bewältigende Berge von Stellungnahmen Betroffener auf die Kommission herabstürzen. Eine zu große Transparenz würde die betroffenen Behörden an der Erfüllung ihrer Hauptaufgaben behindern. Daher wird als Vorteil intransparenten Handelns häufig ein Gewinn an Effizienz angeführt.[496]

Sobotta lehnt diese These ab und wendet ein, dass die mangelnde Transparenz dieser Entscheidungen sie effizienter erscheinen lässt, als sie in Wirklichkeit sind.[497] Dem ist zuzustimmen, denn die mit der Intransparenz einhergehende Benachteiligung von einzelnen Interessengruppen gegenüber anderen kann das Effizienzgebot nicht heilen. Zum einen ist es auf EU-Ebene eher unwahrscheinlich, dass massenhafte Eingaben Betroffener erfolgen, da die EU-Vorgänge sehr abstrakt und für den Bürger oft noch „zu weit weg" sind (vgl. oben S. 112). Zum anderen ist die EG-Kommission nach derzeitiger Rechtslage nicht gezwungen, die eingegangenen Stellungnahmen zu berücksichtigen, sondern nur zu beantworten.

Im Ergebnis können Gesichtspunkte der Effizienz eine durch Kommissionsmitarbeiter verursachte Verletzung des Transparenzgebotes im Umgang mit Interessenvertretern nicht heilen.

4. Fazit

Die Kommission bindet Interessenvertreter und interessierte Akteure aktiv in das Rechtsetzungsverfahren ein.

Wenn Sobotta schreibt, „die Arbeit der Netzwerke ist dagegen bislang kaum transparent" und „praktisch transparent dürften aber gegenwärtig nur öffentliche Diskussionsveranstaltungen sein"[498], ist dies eine Behauptung, die nicht mehr haltbar ist. Die Kommissionsdokumente enthalten zum einen kurze Zusammenfassungen der Beiträge der Interessenvertreter. Zum anderen hat die Kommission zu fast allen Gesetzgebungsprojekten eine Homepage eingerichtet, in der der Stand der Arbeiten verfolgt werden kann und alle Kommentare der Interessenvertreter veröffentlicht

---

[494] So auch Sobotta, Transparenz i.d. Rechtsetzungsverfahren der EU, S. 277; Greenwood, Representing Interests in the EU, S. 80.

[495] So Buholzer, Legislatives Lobbying in der EU, S. 18.

[496] Vgl. hierzu Sobotta, Transparenz i.d. Rechtsetzungsverfahren der EU, S. 82, der diese These ablehnt.

[497] Sobotta, Transparenz i.d. Rechtsetzungsverfahren der EU, S. 82, 83.

[498] Sobotta, Transparenz i.d. Rechtsetzungsverfahren der EU, S. 130.

werden.[499] Zudem unterhalten die Interessenvertretungen ihrerseits auch Homepages, auf denen sie über ihre Arbeit berichten.
Zu berücksichtigen ist, dass die Einbeziehung von Interessenvertretern zu einer gesteigerten Effektivität des Rechtsetzungsprozesses führen kann. Interessenvertreter stehen in engem Kontakt zu den betroffenen Unternehmen. Sie können die Kommission hinsichtlich möglicher Schwierigkeiten bei der Umsetzung eines Gesetzgebungsvorhabens in der Praxis beraten. Sie bündeln Interessen, was notwendig ist, denn die breite Einbeziehung der gesamten Öffentlichkeit in alle Arbeitsschritte der Kommission ist in einer EU der 25 Mitgliedstaaten mit 454 Millionen Einwohnern nicht möglich. Im Rohstoffsektor funktioniert die Konsultation der Betroffenen sehr gut und ist transparent.

V. Fazit Grenzen der Interessenvertretung

Die Grenzen der Interessenvertretung werden vom europäischen Verfassungsrecht gezogen. Eine Überschreitung der Grenzen der Interessenvertretung ist durch die EU-Institutionen im Umgang mit Interessenvertretern möglich. Eine Überschreitung durch Interessengruppen ist möglich, falls diese gegen für sie geltende Gesetze verstoßen, z.B. Strafgesetze. Bei einer Überschreitung durch die Institutionen ist Maßstab die Rechtmäßigkeit des Gesetzgebungsverfahrens und die Gebundenheit der EU-Institutionen an Recht und Gesetz. Alternative Rechtsetzungsverfahren wie Ko- und Selbstregulierung können das herkömmliche Rechtsetzungsverfahren ersetzen und binden Interessengruppen in die Rechtsetzung ein. Durch diese Verfahren kann die Grenze der Interessenvertretung überschritten werden, falls die zuständigen Institutionen wie Rat und EP dabei umgangen werden. Die Kommission versucht eine Umgehung zu unterbinden, indem sie Leitlinien für diese Verfahren vorgestellt hat, die im Dezember 2003 durch eine institutionelle Vereinbarung zwischen Rat, EP und Kommission bestätigt wurden. Solche Verfahren bieten, wenn sie funktionieren, für die Betroffenen viele Vorteile.
Die Grenze der Interessenvertretung ist mit Blick auf den Gleichbehandlungsgrundsatz nicht automatisch dort überschritten, wo einer interessierten natürlichen oder juristischen Person die Mitarbeit stärker verweigert wird als anderen. Es bedarf vielmehr einer Analyse des Einzelfalls. Ungleichbehandlungen können durch einen weiten Ermessensspielraum der Kommission gerade bei der Ausarbeitung eines Rechtsaktes und auch durch den Grundsatz der Verhältnismäßigkeit gerechtfertigt sein. Die Kommission hat sich aber bereiterklärt, alle Interessengruppen gleich zu behandeln.
Das Effizienzgebot setzt der Interessenvertretung keine Grenze, da die Interessenvertretung die Effizienz der Kommission erhöht und sie in der Praxis nicht hemmt. Die Anzahl der Stellungnahmen von Interessengruppen bleibt regelmäßig in überschaubarem Rahmen und selbst bei einer großen Anzahl von Stellungnahmen hat die Kommission Verfahren entwickelt diese auszuwerten.

---

[499] Die Adresse der Homepage des Mining-Waste-Vorgangs lautet: http://www.europa.eu.int/comm/environment/waste/mining/index.htm .

Das in den Europäischen Verträgen geregelte Transparenzgebot ist von den Institutionen zu beachten. Die Kommission hat sich darüber hinaus selbst verpflichtet, dieses Gebot stets zu beachten, auch bei der Ausarbeitung eines Rechtsaktes. Dennoch ist bei der Beurteilung der Transparenz des institutionellen Handelns auch immer an der Effizienz zu messen, wenngleich ein Verstoß gegen das Transparenzgebot nicht durch Effizienzgesichtspunkte geheilt werden kann. Aus dem Effizienzgebot erfolgt keine Verpflichtungen der Kommission und der anderen Institutionen zur Zusammenarbeit mit Interessenvertretern.

D. Zusammenfassung rechtliche Bewertung

Im deutschen Recht regeln die Geschäftsordnungen von Bundestag, Bundesrat und der Ministerien den Umgang mit Interessenvertretern.
Interessenvertreter sind nicht demokratisch legitimiert, was sie aber auch nicht sein müssen, denn ihre Arbeit ist als Mitwirkung und nicht als Mitentscheidung zu qualifizieren.
Interessenverbände können gemeinwohlorientiert handeln, da dies dem Interesse ihrer Mitglieder dient. Die europäischen Institutionen nutzen Interessenvertreter zur Meinungsbildung und sehen Interessenvertreter als Teil der Allgemeinheit an. Interessengruppen dienen der Findung des Gemeinwohls und erfahren hierdurch eine weitergehende Legitimation der Mitarbeit, zusätzlich zum Recht auf Gründung und Existenz.
Verbände können als Verkörperung des Prinzips der Teilnahme des Bürgers an der Rechtsetzung verstanden werden, wodurch die Transparenz der Entscheidungen der EU-Institutionen erhöht wird. Diese Entscheidungen sollten möglichst offen und bürgernah getroffen werden, was durch Art. 41 der Grundrechtecharta unterstrichen wird.
Die Grenzen der Interessenvertretung werden vom europäischen Verfassungsrecht gezogen, dessen Überschreitung durch die EU-Institutionen im Umgang mit Interessenvertretern faktisch möglich ist. Maßstab einer solchen Überschreitung ist die Rechtmäßigkeit des Gesetzgebungsverfahrens und die Gebundenheit der EU-Institutionen an Recht und Gesetz. Alternative Rechtsetzungsverfahren binden Interessengruppen in die Rechtsetzung ein, wobei darauf zu achten ist, dass die zuständigen Institutionen nicht übergangen werden.
Der Kommission steht im Umgang mit Interessengruppen ein weiter Ermessensspielraum zu. Eine Ungleichbehandlung kann gerechtfertigt sein, Die Grenze liegt hier in einem willkürlichen Verhalten der Kommission. Die Praxis zeigt, dass durch Einbeziehung von Interessenvertretern die Effizienz der Kommissionsarbeit erhöht werden kann, wobei Transparenz und Effizienz in Ausgleich zu bringen sind. Effizienzgesichtspunkte können einen Verstoß von Kommissionsmitarbeitern gegen das Transparenzgebot beim Umgang mit Interessenvertretern nicht heilen.

Fünfter Teil: Regulierung der Interessenvertretung

Die bisherige Untersuchung hat aufgezeigt, dass Interessenvertreter massiven Einfluss insbesondere bei der Entstehung eines Kommissionsvorschlages ausüben und insoweit auf das Rechtsetzungsverfahren einwirken.
Der folgende Teil der Arbeit untersucht, inwieweit diese Einflussnahme kodifiziert ist und ob es gegebenenfalls notwendig ist, Lücken in den bestehenden Kodifizierungen zu schließen. Im Grundgesetz der Bundesrepublik Deutschland sind die Verbände und Interessengruppen, anders als die Parteien, nicht ausdrücklich erwähnt. Ihnen ist nicht wie den Parteien in Art. 21 GG „eine besondere Stellung zugewiesen worden, die ihrer tatsächlichen Bedeutung für das Funktionieren von Gesellschaft und Staat angemessen wäre."[500] Dies ist oft bedauert worden, und es wurde der Vergleich gezogen, den Verbänden widerfahre das gleiche Schicksal wie vor Erlass des Grundgesetzes den Parteien. Wie damals die Parteien, so müssten heute die Verbände im extrakonstitutionellen Bereich tätig werden, da ihnen die verfassungsrechtliche Legitimation fehle.[501]

Eine Konsultation von Interessengruppen ist im Subsidiaritätsprotokoll zum EG-Vertrag vorgesehen und wird zur Zeit von der Kommission in die Praxis umgesetzt. Daneben bestehen zahlreiche weitere und zum Teil verpflichtende Konsultationen von sektoralen Ausschüssen, von denen einige beispielhaft aus dem Bereich der EU-Rohstoffindustrie vorgestellt werden.

A. Ziele von Regulierungen

Durch die Regulierung der Teilnahme von Interessenvertretern am Rechtsetzungsverfahren können im Wesentlichen drei Ziele erreicht werden:[502] Die Eröffnung eines formellen Zugangs für Verbände und Interessengruppen, die formalisierte Inanspruchnahme des Sachverstandes der Verbände durch staatliche Organe und die Offenlegung und Kontrolle des Verbandseinflusses.
Die Teilnahme von Interessengruppen am Rechtsetzungsverfahren durch Beratung der Institutionen, insbesondere der EG-Kommission, ist wie dargelegt legitim. Eine Steigerung dieser prinzipiellen Legitimität z.B. durch eine formalisierte Beteiligung oder Verhaltensregeln ist schwer möglich. Schröder führt zu Recht aus, „was einmal legitim ist, wird dadurch nicht legitimer."[503] Ihm ist zuzustimmen, wenn er fortfährt: „Doch darf nicht übersehen werden, dass die Anerkennung der Legitimität der Verbandsbeteiligung eben nur im Grundsatz gilt, aber sich nicht auf die Einwirkungen im Einzelnen erstreckt. Sobald nämlich die Verbände von den ihnen zustehenden Möglichkeiten der Einflussnahme Gebrauch machen, haftet ihren

---

[500] Schröder, Gesetzgebung und Verbände, S. 45.
[501] Schröder, Gesetzgebung und Verbände, S. 45, der näher auf dieses Problem eingeht.
[502] Schröder, Gesetzgebung und Verbände, S. 29-36.
[503] Schröder, Gesetzgebung und Verbände, S. 29.

Einwirkungen gleich der Geruch des Illegitimen an." Es muss bezweifelt werden, dass Regelungen für die Interessenvertretung zur Folge haben, illegitime Einwirkungen der Interessengruppen zu unterbinden, dennoch spricht einiges dafür, dass diese Wege eingeschlagen werden, wenn legitime nur unzureichend zur Verfügung stehen.[504] Schröder vertritt die These, dass „mit Hilfe von Institutionalisierungsmaßnahmen akzeptable, der Bedeutung der Verbände angemessene Beteiligungsalternativen angeboten werden, die den Weg über die ´Hintertreppe´ unattraktiv werden lassen....Das Vorhandensein rechtlich geordneter Zugangswege für die Verbände verschafft damit gleichzeitig den potentiellen Adressaten eine größere Standfestigkeit gegenüber illegitimen Einflussversuchen – wenigstens dann, wenn sie standfest bleiben wollen." Da auf die Beteiligung der Verbände an der staatlichen Willensbildung nicht verzichtet werden könne, müssten Formen der Beteiligung vorhanden sein, die über den Zweifel der Illegitimität erhaben sind. Nur so werde man der Aufgabe der Verbände im politischen Prozess gerecht.[505] Erst eine Offenlegung des Verbandseinflusses würde dazu führen, dass der Ruf des Illegitimen verloren gehe.[506] Zudem würde die Tätigkeit der Verbände rationeller, wenn sie von den Informationen und Argumenten der anderen Interessengruppen Kenntnis haben. Für die EU-Institutionen hätte eine transparente Einbeziehung der Interessengruppen den Vorteil, dass auch sie Bescheid wüssten, welche Institutionen zu welchen Interessengruppen Kontakt haben.[507]
Ob man derart weit gehen muss und direkt auf der Ebene der verbindlichen Institutionalisierung ansetzt, ist sehr fraglich und bedarf jedenfalls einer genauen Untersuchung, besonders im Hinblick auf den hier gesetzten Schwerpunkt der Interessenvertretung bei der EG-Kommission mit ihrem alleinigen Initiativrecht.

Es ist zunächst zu untersuchen, welche Regelungen für Interessengruppen bestehen, um gegebenenfalls Defizite aufzuzeigen.

B. Mitteilung zum Dialog mit Interessenvertretern

Am 5.3.1993 veröffentlichte die EG-Kommission ihre Mitteilung „Ein offener und strukturierter Dialog zwischen der Kommission und den Interessenvertretern".[508] Darin hat die Kommission ihre Leitprinzipien für das Verhältnis zu den Interessengruppen festgelegt. Die Mitteilung enthält keine Ausführung über die Art und Weise einer Beteiligung von Interessenvertretern am Rechtsetzungsverfahren. Als Leitprinzipien werden aufgeführt die Erhaltung offener Beziehungen zwischen Kommission und Interessengruppen nach dem Grundsatz der Bürgernähe, die Gleichbehandlung aller Interessengruppen, wobei die Kommission generell europä-

[504] Vgl. Schröder, Gesetzgebung und Verbände, S. 30.
[505] Schröder, Gesetzgebung und Verbände, S. 30, 31.
[506] Schröder, Gesetzgebung und Verbände, S. 32.
[507] Vgl. zu diesem Ansatz auf deutscher Ebene: Schröder, Gesetzgebung und Verbände, S. 33.
[508] Mitteilung der Kommission „Ein offener und strukturierter Dialog zwischen der Kommission und den Interessengruppen", ABl. 93/ C 63/ 02 vom 5.3.1993, S. 3.

ische Verbände bevorzugt und eine Transparenz der vertretenen Interessengruppen gegenüber der Kommission. Die Kommission strebt zudem eine weitestgehende Einfachheit der Verfahren und eine Abstimmung mit anderen Institutionen bei der Behandlung von Interessengruppen an.

In ihrer Mitteilung forderte sie von Interessengruppen folgende Mindestanforderungen:[509]

- Interessengruppen sollen in der Öffentlichkeit keine Titel, Logos oder sonstige Symbole verwenden, die den Interessenvertretern eine falsche Autorität verleihen.
- Interessenvertreter sollen bei Kontakt mit der Kommission immer den Namen der vertretenen Person angeben.
- Interessenvertreter sollen mitteilen, ob sie in der gleichen Angelegenheit bereits Kontakt mit anderen Kommissionsvertretern gehabt hatten.
- Interessengruppen sollen Beamten der Kommission keinen Anreiz bieten, um ihnen Informationen zu beschaffen oder eine Vorzugsbehandlung zu genießen.
- Interessengruppen sollten keine irreführenden Informationen verbreiten oder Kommissionsdokumente zu Gewinnzwecken veräußern.

Im Anschluss an die Mitteilung zum Dialog mit Interessenvertretern lud die EG-Kommission 1993 zu einem runden Tisch mit Interessenvertretern ein mit dem Ziel, einen Selbstregulierungskodex zu entwickeln. Obwohl 200 Interessenvertreter der Einladung folgten, gelang keine Einigung auf einen solchen Kodex.

Währenddessen arbeiteten 25 public-affairs-consultants Firmen einen Selbstregulierungskodex aus. Dieser wurde im September 1994 veröffentlicht, enthielt Verhaltensempfehlungen, brachte aber auch nicht den erhofften Durchbruch, da er zwar von Consultants, aber nie von Industrieverbänden unterzeichnet wurde.[510]

C. Subsidiaritätsprotokoll zum Vertrag von Nizza und darauf beruhende Maßnahmen der Kommission

I. Das Subsidiaritätsprotokoll zum Vertrag von Nizza

Im Amsterdamer Vertrag werden Anhörungen zu Rechtsetzungsinitiativen auf eine neue rechtliche Grundlage gestellt: Ziffer 9 erster Spiegelstrich des Subsidiaritätsprotokolls als Anlage zum Vertrag von Amsterdam und übernommen in den Vertrag von Nizza verlangt die Durchführung von Anhörungen zu Rechtsetzungsiniti-

---

[509] Mitteilung der Kommission „Ein offener und strukturierter Dialog zwischen der Kommission und den Interessengruppen", ABl. 93/C 63/ 02 vom 5.3.1993, Anhang II.

[510] Greenwood, Representing Interests in the EU, S. 85-88: Die Unterwerfung unter den Kodex ist freiwillig. Den Regeln wird oftmals nur symbolischer Charakter beigemessen. Er wird auch als zu „lasch und harmlos" kritisiert. Der von Interessenvertretern ausgearbeitete Kodex passte seiner Art nach zu den Anforderungen der EG-Kommission an Interessengruppen. Dieser Kodex wurde als Vorlage für die in Anlage IX zur GO EP enthaltenen Verhaltensregeln für Interessenvertretern benutzt (vgl. unten, S. 125).

ativen (Initiativanhörungen).[511] Das Subsidiaritätsprotokoll ist Teil des Primärrechts (Art. 311 und 5 EG i. V. m. Art. 2 EU).[512]
Der Kommission steht gemäß Ziffer 9 des Subsidiaritätsprotokolls ein Ermessensspielraum bei der Durchführung von Konsultationsverfahren zu. Dieser Spielraum erstreckt sich auf die Fragen, ob die Kommission Initiativanhörungen durchführt und ob sie Konsultationsunterlagen veröffentlicht. Es heißt im Subsidiaritätsprotokoll: "Unbeschadet ihres Initiativrechts sollte die Kommission vor der Unterbreitung von Vorschlägen für Rechtsvorschriften außer im Falle besonderer Dringlichkeit oder Vertraulichkeit umfassende Anhörungen durchführen und in jedem geeigneten Fall Konsultationsunterlagen veröffentlichen.“ Die Handlungsanweisung basiert auf dem Verb „sollte“, das ein Ermessen ausdrückt, aber keine Verpflichtung zum Handeln.[513] Keine Regelung trifft Ziffer 9 darüber, „wie“ Anhörungen durchzuführen und Konsultationsunterlagen zu veröffentlichen sind.
Aus Ziffer 9 des Subsidiaritätsprotokolls ergibt sich die Verpflichtung der Kommission nach pflichtgemäßem Ermessen über die Durchführung von Initiativanhörungen und Ausgabe von Unterlagen zu entscheiden. Trifft die Kommission eine positive Entscheidung in dieser Hinsicht, muss sie grundsätzlich allen interessierten Akteuren die Möglichkeit eröffnen, an der Diskussion von Initiativen teilzunehmen. Bei der Ausübung ihres Ermessens ist die Kommission verpflichtet, die Grundentscheidungen des Subsidiaritätsprotokolls zugunsten einer Anhörung und zugunsten der Ausgabe von Unterlagen zu berücksichtigen.[514]
Die Kommission darf innerhalb ihres Ermessens Zweckmäßigkeitsgesichtspunkte bei der Durchführung von Anhörungsverfahren berücksichtigen. Ansonsten bestünde die Gefahr der Bindung der begrenzten personellen Ressourcen der Kommission. Zudem könnte auf diesen Anhörungen von Seiten der Interessenvertreter politischer Druck auf die Kommission ausgeübt werden, wodurch die Unabhängigkeit der Kommission beeinträchtigt werden könnte. Die Kommission darf somit auf Basis berechtigter Interessen die Durchführung von Initiativanhörungen und die Veröffentlichung von Konsultationsunterlagen unterlassen.[515]
Die Kommission hat zur Ausgestaltung dieser Vorgaben aus dem Subsidiaritätsprotokoll zahlreiche Maßnahmen ergriffen, die im folgenden dargestellt und bewertet werden.

---

[511] Vgl. hierzu Marziali, Lobbying in Brussels, S. 30ff.

[512] Moersch, Subsidiaritätsprinzip, S. 374.

[513] Das Fehlen einer Verpflichtung ergibt sich auch aus der Geschichte des Entwurfs, die Sobotta, Transparenz i.d. Rechtsetzungsverfahren der EU, S. 120, genau darlegt.

[514] Sobotta, Transparenz i.d. Rechtsetzungsverfahren der EU, S. 120.

[515] Sobotta, Transparenz i.d. Rechtsetzungsverfahren der EU, S. 121.

II. Kodizes als Verhaltensanleitung und Mittel für gute Verwaltungspraxis

1. Hintergrund

Die EU-Institutionen sehen Regelungen in Form von Kodizes als ein taugliches Mittel an, die Verwaltungspraxis und damit auch zum Umgang mit Interessenvertretern zu verbessern. Ziel dieser Kodizes ist es generelle Verhaltensregeln aufzustellen, die auch Regeln für den Umgang mit Interessenvertretern enthalten können. Diese Regelungen können die Interessenvertreter und die Mitarbeiter der jeweiligen Institution zur Einhaltung gewisser Regeln im Umgang miteinander verpflichten. Die Bemühungen von EP, Rat und Kommission zur Ausarbeitung solcher Kodizes wurden durch die Kodifizierung des Rechts auf eine gute Verwaltung in Art. 41 Grundrechtecharta beflügelt, liefen teilweise parallel und befruchteten sich auch gegenseitig, führten aber zu eigenständigen Ergebnissen.

a. Regulierungsansätze des EP

Die Diskussion über die Regulierung von Interessengruppen begann auf europäischer Ebene 1989 zuerst im Europäischen Parlament. Zu diesem Zeitpunkt wurde das EP verstärkt Ziel von Lobbying-Bemühungen. Einige bekannt gewordene Vorfälle von „Mauscheleien" zwischen Mitgliedern des EP (MEP) und Interessenvertretern, so hatte ein MEP Lobbyisten als persönliche Mitarbeiter registriert sowie interne Dokumente veruntreut und verkauft, führten schließlich zum Auftrag an Marc Galle (belgischer Sozialist), Vorschläge für einen sog. „code of conduct" auszuarbeiten.[516] Dem Galle-Bericht gelang es aber nicht, eine zufrieden stellende Definition des Begriffs „Lobbyist" zu finden. Der Bericht lief ins Leere und hatte keine Maßnahme zur Folge.[517]
Im Jahr 1996 nahm das EP einen Bericht des Abgeordneten Glynn Ford, einem britischen Sozialisten, über Interessenvertretung im EP an. Allgemein werden der Ford-Bericht und die daraus resultierenden Vorschläge als ein Beginn in der Regulierung der europäischen Interessenvertretung gesehen.[518] Das Ergebnis der Diskussionen im EP wurde umgesetzt durch Regulierungen zum Verhalten der Mitglieder gegenüber den Interessengruppen und zum Verhalten der Interessenvertreter gegenüber den Mitgliedern des EP als Anlage IX zur Geschäftsordnung EP.[519] Die Regelungen sind in Form von Verhaltenskodizes erlassen worden. Nach Art. 9 der GO des EP kann das Parlament für seine Mitglieder Verhaltensregeln bestimmen. Sie dürfen die Ausübung des Mandats und damit zusammenhängende politische oder andere Tätigkeiten in keiner Weise präjudizieren oder einschränken.

---

[516] Vgl. Greenwood, Representing Interests in the EU, S. 81.

[517] Vgl. Greenwood, Representing Interests in the EU, S. 82, 83.

[518] So Greenwood, Representing Interests in the EU, S. 100.

[519] Geschäftsordnung des EP vom 02. August 1999, Anlage IX der Geschäftsordnung des EP - Bestimmungen zur Durchführung von Artikel 9 Absatz a – Interessengruppen beim EP; vgl. hierzu auch Bouwen, Corporate Lobbying in the EU - Towards a theory of access, S. 23.

In Art. 9 Abs. 2 GO EP ist die Ausgabe personengebundener Ausweise für Personen geregelt, die einen häufigen Zugang zum Parlamentsgebäude wünschen oder Mitglieder des EP mit Informationen versehen. Anlage IX zur GO EP enthält Bestimmungen zur Durchführung von Art. 9 Abs. 2 GO EP über Interessengruppen beim EP. Interessenvertreter müssen sich schriftlich registrieren lassen und werden in eine Liste eingetragen, die über die Internethomepage des EP öffentlich zugänglich ist.[520] Voraussetzung der Erteilung des personengebundenen EP-Ausweises ist, dass der Antragsteller sich nach dem der Geschäftsordnung EP als Anlage IX beigefügten Verhaltenskodex für Mitglieder des EP richtet. Obwohl es sehr fraglich ist, ob dies von der Geschäftsordnungskompetenz des EP erfasst wird, sind Antragsteller/ Interessenvertreter durch diese Verhaltenskodizes verpflichtet, die von ihnen vertretenen Interessen oder Interessengruppen gegenüber den Abgeordneten und Mitarbeitern des EP offen zulegen. Interessenvertreter dürfen nach Anlage IX Artikel 2 vor allem keine Informationen erschleichen. Es ist ihnen auch verboten, sich bei Geschäften mit Dritten auf eine formale Beziehung zum Parlament zu berufen. Auch hat der Interessenvertreter sich zu vergewissern, dass jede Zuarbeit (im Rahmen von Anlage I Art. 2) in das entsprechende Register eingetragen wird. Jeder Verstoß gegen den Verhaltenskodex aus Anlage IX, Artikel 3 kann gemäß Artikel 3 Abs. 2 der Anlage IX zur GO EP zum Entzug des Ausweises führen.

Zusammenfassend enthalten die Regelungen des EP damit Verhaltensregelungen, aber keine Regeln wie Interessenvertreter, in das Rechtsetzungsverfahren, z.B. in Anhörungen, einbezogen werden könnten.

b. Maßnahmen des Rates – der Mandelkern-Bericht

Am 13. November 2001 hat die Mandelkern-Gruppe ihren Schlussbericht verabschiedet[521], in dem ein Aktionsplan zur besseren Rechtsetzung für Europäisches Parlament, Kommission, Rat und Mitgliedsstaaten vorgeschlagen wird.

Die Expertengruppe (high-level-group on better regulation) ist von den EU-Ministern für den öffentlichen Dienst und die Verwaltung mit Beschluss vom 7. November 2000 (Straßburg) unter französischer Präsidentschaft eingesetzt worden. Ihr gehörte pro Mitgliedstaat ein Vertreter an. Das Mandat der Gruppe geht zurück auf den Auftrag der Staats- und Regierungschefs an die Kommission und die Mitgliedstaaten vom Europäischen Rat Lissabon, bis Ende 2001 eine koordinierte Strategie zu erarbeiten, um die Qualität der Normsetzung im nationalen und europäischen Bereich zu vereinfachen und zu verbessern.[522]

Der Mandelkern-Schlussbericht schlägt im Rahmen eines Aktionsplanes u.a. die Einrichtung einer Folgenabschätzung und von Konsultationsverfahren (Anhörungen/Beteiligungen) vor.

---

[520] http://www2.europarl.eu.int/lobby/lobby.jsp?lng=de&sort=byorg&index=A (zuletzt abgerufen am 20.12.2004).

[521] Der Bericht ist im Internet abzurufen unter: http://www.staat-modern.de / Anlage/ original_548848/ Moderner-Staat-Moderne-Verwaltung-Der-Mandelkern-Bericht-Auf-dem-Weg-zu-besseren-Gesetzen.pdf (zuletzt abgerufen am 30.04.2006).

[522] Schlussfolgerungen des Vorsitzes – Europäischer Rat (Lissabon) 23. und 24. März 2000.

Hinsichtlich der Problematik von Anhörungen und Beteiligungen betroffener Kreise führt der Mandelkern-Bericht aus, dass Konsultationen ein Mittel transparenten Regierens sind. „Als solches sind frühzeitige und effektive Konsultationen mit den Betroffenen durch die EU und nationale Politiker ein elementares Erfordernis. Die Rolle, welche öffentliche Bedienstete (Beamte), Minister und Parlamentarier im politischen Entscheidungsprozess spielen, wird dadurch in keiner Weise überflüssig. Sie alle können dadurch vielmehr zusätzliche, wichtige Informationen gewinnen. Bei Anwendung lege artis können politische Verzögerungen aufgrund von erst zu spät aufbrechenden Kontroversen verhindert werden. Auch der zeitliche Fortgang eines Gesetzgebungsverfahrens wird nicht zwangsläufig ungebührlich behindert."

Der Bericht schlägt als konkrete Maßnahmen vor:[523]

- Annahme eines einheitlichen Mindestzeitraumes von 16 Wochen für die Konsultation zu Vorschlägen der Kommission.
- Annahme eines Kodex für Konsultationen durch die Kommission.
- Einrichtung eines zentralen, webbasierten Registers für alle laufenden EU-Konsultationen seitens der Kommission. Der Stand der Konsultationen sollte online verfügbar sein.
- Soweit praktikabel sollen sämtliche eingegangenen Stellungnahmen online zur Verfügung gestellt werden, es sei denn, die Befragten selbst haben ausdrücklich anderes gewünscht.

Die Bedeutung einer verbesserten Rechtsetzung wird durch eine von der EU-Kommission in Auftrag gegebene und am 26. November im EU-Binnenmarktrat vorgestellte Gallup-Untersuchung aus dem Jahr 2001 deutlich.[524] Die Umfrage unter 4000 Unternehmen kommt zu dem Ergebnis, dass sich durch bessere Rechtsetzung – allein für den Bereich der Unternehmen – eine durchschnittliche Einsparung von 15 % (Deutschland: 14 %) der Gesamtkosten für die Erfüllung von Vorschriften ergibt. Die Gesamtkosten, die nur den Unternehmen durch die Erfüllung von Vorschriften entstehen, werden auf 4 % bis 6 % des Brutto-Inlandsprodukts geschätzt.[525]

Der Mandelkern-Bericht wurde rechtlich nicht verbindlich, floss aber in die Beratungen der Institutionen beim Vorgang „Bessere Rechtsetzung" - Organisierte Zivilgesellschaft" maßgeblich mit ein (vgl. unten S. 133f.)

c. Vorschlag des Europäischen Bürgerbeauftragten

Der Europäische Bürgerbeauftragte leitete im November 1998 eine Untersuchung über die Existenz von Verhaltenskodizes für gute Verwaltungspraxis in den verschiedenen EU-Institutionen ein. Der Europäische Bürgerbeauftragte empfahl die

---

[523] Zusammenfassung Mandelkern Bericht: http://www.staat-modern.de/infos/daten/mandelkern_de.pdf (abgerufen am 24.07.2003).

[524] Einzelheiten unter http://europa.eu.int/comm/internal_market/en/update/score/score9de.pdf (abgerufen am 24.7.2004).

[525] http://www.staat-modern.de/infos/daten/m131101.html (abgerufen am 24.07.2003).

Schaffung eines einheitlichen „Kodex für gute Verwaltungspraxis" und legte einen Musterentwurf vor.[526] Ziel der Initiative war die Erhöhung der Transparenz des Verwaltungshandelns gegenüber dem Bürger, auch vor dem Hintergrund der Umsetzung des Art. 41 Grundrechtecharta. Die Organe der EG haben die Initiative zwar begrüßt, aber nicht vollständig umgesetzt. Der Musterentwurf wurde nicht übernommen. Kommission und EP haben sich gegen die Übernahme des Musterentwurfs ausgesprochen.[527] Im Zentrum der Initiative des Bürgerbeauftragten steht der Begriff „gute Verwaltungspraxis". Im Gegensatz zum Europarecht ist dieser Begriff dem deutschen Verwaltungsrecht nicht geläufig. Im Europarecht versteht man darunter das Zusammenfassen von Handlungspflichten der Verwaltung gegenüber dem Bürger. Zusammenfassend muss in Bezug auf die Interessenvertretung hervorgehoben werden, dass der Entwurf des Bürgerbeauftragten keine Regelungen speziell zum Dialog zwischen den EU-Organen und den Interessenvertretern enthielt, sondern lediglich Verhaltensregeln für die EU-Organe.

2. Kodex für gute Verwaltungspraxis der EG-Kommission

Die EG-Kommission hat im Jahr 2000 einen eigenen Kodex für gute Verwaltungspraxis als Anhang zu ihrer Geschäftsordnung (GO-KOM) erlassen.[528] Zuvor hatte sie bereits 1994 einen Verhaltenskodex über den Zugang der Öffentlichkeit zu den der Kommission vorliegenden Dokumenten angenommen.[529]

In dem Kodex für gute Verwaltungspraxis aus dem Jahr 2000 heißt es: „Die Kommission und ihre Bediensteten haben die Pflicht, dem Interesse der Gemeinschaft und hierdurch auch dem öffentlichen Interesse zu dienen. Die Öffentlichkeit erwartet zu Recht eine offene, zugängliche Verwaltung, die effizient geführt wird und Dienste von hoher Qualität erbringt. Hohe Qualität setzt voraus, dass sich die Kommission und ihre Bediensteten höflich, sachlich und unparteiisch verhalten." Die Kommission verpflichtet sich, „die in diesem Kodex niedergelegten Leitlinien einer guten Verwaltungspraxis zu beachten und sich durch sie in ihrer täglichen Arbeit leiten zu lassen."

Es fällt auf, dass dieser Kodex für gute Verwaltungspraxis sehr allgemein gehalten ist, insbesondere enthält er keine Regeln für Konsultationen oder für den Umgang mit Interessenvertretern. Die Grundsätze beziehen sich auf das Verhältnis Kommission zum Bürger und nicht speziell auf das Verhältnis Kommission zu Interessenvertretern.

---

[526] Im Internet abrufbar unter http://www.euro-ombudsman.eu.int/recommen/pdf/de/code1_de.pdf (zuletzt abgerufen am 30.04.2006).

[527] Vgl. Martinez Soria, Die Kodizes für gute Verwaltungspraxis, EuR 2001, 682 (684).

[528] „Kodex für gute Verwaltungspraxis in den Beziehungen der Bediensteten der Europäischen Kommission zur Öffentlichkeit", veröffentlicht im Anhang zum Beschluss der Kommission vom 17. Oktober 2000 zur Änderung der Geschäftsordnung (2000/633/EG, EGKS, Euratom).

[529] 94/90/EG: Beschluss der Kommission vom 8. Februar 1994 über den Zugang der Öffentlichkeit zu den der Kommission vorliegenden Dokumenten, Abl. L 46 v. 18.02.1994, S. 58.

Auch die GO-KOM regelt nicht den Umgang mit Interessenvertretern. Ihre Regelungsintensität ist weit geringer als die der GO-EP, was auch daran deutlich wird, dass die GO-KOM lediglich 28 Artikel umfasst, während die Geschäftsordnung des EP aus 186 Artikel besteht.

Diese Regelungspraxis ist auf den ersten Blick erstaunlich, da die Kommission mindestens ebensoviel mit Interessenvertretern zusammenarbeitet wie die Mitglieder des EP, die ihrer GO einen solchen Verhaltenskodex als Anlage beigefügt haben. Die Kommission wurde für diesen Kodex kritisiert, da er nicht hinreichend konkrete Regelungen zur Arbeitsweise der Kommission enthält. Lediglich der dazugehörige Beschluss zur Änderung der Geschäftsordnung enthält einen Artikel, der festlegt, dass die Kommission "in Bezug auf ihre Arbeitsweise [...] weitere Maßnahmen ergreifen wird, die im Anhang zur derzeitigen Verordnung beigefügt werden".[530] Durch die Begriffswahl des Kodex stehe es den Beamten weitgehend frei, ob sie dessen Vorgaben erfüllen oder nicht. Es werde von "Leitlinien" gesprochen, und davon, dass die Kommission "erwartet", dass die Beamten diese Leitlinien auch erfüllen.[531] Der Europäische Bürgerbeauftragte hat kritisiert, dass dieser Kodex "eher den Charakter einer nicht-bindenden Leitlinie als einer bindenden Entscheidung" hat.[532] Zudem wurde die mangelnde Außenwirkung des Kodex bemängelt, denn der Geschäftsordnung eines Organs sowie ihrer Anhänge kämen in der Regel keine Außenwirkung zu: sie dienten allein der Funktionsfähigkeit des Organs und verliehen dem Bürger keine subjektiven Rechte. Aufgrund der Stellung des Kodex als Teil des organinternen Dienstrechts der Kommission könne sich der Bürger bei der rechtlichen Überprüfung von Maßnahmen der Kommission nicht darauf berufen.[533]

3. Geeignetheit von Kodizes

Ob Kodizes als Mittel der Regulierung des Umgangs mit Interessenvertretern geeignet sind, hängt zum einen von ihrer schwer zu bewertenden politischen Bedeutung und zum anderen von ihren rechtlichen Folgen ab. Die rechtliche Einstufung von Kodizes ist umstritten, da die unterschiedliche Stellung von Kodizes in den Rechtsordnungen der Mitgliedstaaten der EU berücksichtigt werden muss. Es ist insbesondere zu prüfen, ob Kodizes eine verbindliche Wirkung nach außen zu

---

530 Europäische Kommission, Beschluss der Kommission v. 17.10.2000 zur Änderung ihrer Geschäftsordnung, ABl. 2000/ L 267/ 63 vom 20.10.2000.

531 Lais, Das Recht auf eine gute Verwaltung unter Berücksichtigung der Rechtsprechung des EuGH, ZEuS 2002 Heft 3.

532 Sonderbericht des Europäischen Bürgerbeauftragten an das EP im Anschluss an die Initiativuntersuchung betreffend das Vorhandensein und die öffentliche Zugänglichkeit eines Kodex für gute Verwaltungspraxis in den verschiedenen Gemeinschaftsinstitutionen und -organen, OI/1/98/OV, S. 12, im Internet abrufbar unter: http://www.euro-ombudsman.eu.int/ special/pdf/de/oi980001.pdf (zuletzt abgerufen am 30.04.2006).

533 Martinez Soria, Die Kodizes für gute Verwaltungspraxis, EuR 2001, 682 (699); Ebenso Lais, Das Recht auf eine gute Verwaltung unter Berücksichtigung der Rechtsprechung des EuGH, ZEuS 2002 Heft 3.

kommen kann und sie damit ein Mittel sind, Interessenvertretung verbindlich zu regulieren.

a. Innenwirkung

Gegen eine verbindliche Wirkung von Kodizes an sich spricht, dass diese sich teilweise nicht an Außenstehende wenden. Diese Kodizes könnten auch als nicht bindende Leitlinien der Verwaltung einzustufen sein. Diese Auffassung vertritt der Europäische Bürgerbeauftragte bei der rechtlichen Einstufung der Kodizes für gute Verwaltungspraxis. Er betont in seinem Sonderbericht, dass „diese Vorschriften, um wirksam und den Bürgern zugänglich zu sein, in Form einer Entscheidung verabschiedet und im Amtsblatt veröffentlicht" werden müssen.[534]
Geschäftsordnungen eines Organs sowie deren Anhängen kommt in der Regel keine Außenwirkung zu, da sie die Organisation und den Verfahrensablauf in diesen Organen betreffen und grundsätzlich nur deren Mitglieder binden. Geschäftsordnungen dienen allein der Funktionsfähigkeit eines Organs[535] und regeln den inneren Dienstbetrieb.[536] Insoweit käme beispielsweise den als Anlage zur GO veröffentlichten Kodizes grundsätzlich keine Außenwirkung zu. Zudem hat das EP in seinem „Leitfaden für die Pflichten der Beamten und Bediensteten des Europäischen Parlaments"[537] erklärt: „Verhaltenskodexe sind keine formellen Verfahren, sondern sie sollen einen moralischen Bezugspunkt für Beamte und Inhaber öffentlicher Ämter bieten."[538] Daher hätten die Regelungen den Charakter von Dienstvorschriften ohne Außenwirkung.
Das EuG hat in der Sache „The Guardian" [539] entschieden, dass einem Verhaltenskodex an sich nur interne Wirkungen zukommt. Er stelle eine Selbstverpflichtung der Organe dar, die nicht einklagbar sei. Im Fall The Guardian ging es um den Zugang zu Dokumenten des Rates. Rat und Kommission hatten am 6.12.1993 einen Verhaltenskodex für den Zugang der Öffentlichkeit zu Dokumenten verabschiedet. Am 20.12.1993 erließ der Rat den Beschluss 93/731/EG über den Zugang der Öffentlichkeit zu Ratsdokumenten, dessen Inhalt weitgehend den Grundsätzen des Verhaltenskodex entspricht. Die Kommission erklärte in ihrem Beschluss 94/90 vom 8.2.1994 die Regeln des Verhaltenskodex für anwendbar.[540] Das EuG ent-

---

[534] Sonderbericht des Europäischen Bürgerbeauftragten an das EP im Anschluss an die Initiativuntersuchung betreffend das Vorhandensein und die öffentliche Zugänglichkeit eines Kodex für gute Verwaltungspraxis in den verschiedenen Gemeinschaftsinstitutionen und -organen (OI/1/98/OV), S. 11f.

[535] Maurer, Allgemeines Verwaltungsrecht, § 24 Rdnr. 12, 13.

[536] EuG Rs. T-194/94- Guardian Newspapers, Rdnr. 62, Slg. 1995, II-2765 - abgedruckt in EuR 1996, 199ff.

[537] ABl. 2000/ C 97/ 01 vom 5.4.2000.

[538] ABl. 2000/ C 97/ 01 vom 5.4.2000, S. 3.

[539] Rs. T-194/94 vom 19.10.1995, Slg. 1995, II-2765 – Guardian Newspaper; vgl. die Kommentierung bei Kugelmann, Zur Transparenz des Handeln der EU, EuR 1996, 207ff.

[540] ABl. 1994/ L 46/ 58.

schied, dass erst mittels der Beschlüsse die Verpflichtungen des Kodex „nach außen gewendet" werden.

b. Außenwirkung

Kodizes werden teilweise als Rechtsakte mit Außenwirkung qualifiziert, denen damit auch eine rechtliche Verbindlichkeit zukommt. Dies ist der Fall, wenn sie durch formellen Beschluss der zuständigen Stelle angenommen und im Amtsblatt der EG veröffentlicht worden sind. Oft sind sie dann für die Beamten der Organe und Einrichtungen, die sie beschlossen haben, ausdrücklich für verbindlich erklärt worden.[541]

Eine Außenwirkung und damit Verbindlichkeit kann sich auch im Wege der Selbstbindung der Verwaltung entfalten. Der Grundsatz der Selbstbindung der Verwaltung ist gemeinschaftsrechtlich anerkannt.[542] Voraussetzung einer rechtlichen Außenwirkung ist aber das Vorliegen einer tatsächliche Außenwirkung. Den GO kommt gegenüber den Interessenvertretern Außenwirkung zu, soweit diese von ihnen betroffen sind. Dies ist z.B. der Fall bei der GO des EP. Diese regelt in ihrem Verhaltenskodex ausdrücklich den Umgang mit und das Verhalten von Interessenvertretern, wobei sich die Frage stellt, ob dies noch von der GO-Kompetenz gedeckt ist.

Soweit ihnen Außenwirkung zukommt, sind die in den Kodizes festgeschriebenen Standards auch weitgehend justiziabel und damit verbindlich. Dies hat das EuG in der Sache WWF UK./. Kommission[543] entschieden:

Das EuG hatte in diesem Rechtsstreit die Rechtsnatur des Beschlusses 94/90/EG der Kommission zu klären. Durch den Artikel 1 dieses Beschlusses wurde der in seinem Anhang 1 wiedergegebene Verhaltenskodex über den Zugang der Öffentlichkeit zu den der Kommission vorliegenden Dokumenten förmlich angenommen.[544] Die EG-Kommission trug als Beklagte in diesem Verfahren vor, der Beschluss 94/90 und der Verhaltenskodex hätten keine verbindliche Rechtsnatur. Bei zutreffender Auslegung würden sie den Bürgern kein absolutes Recht oder Grundrecht auf Zugang zu den Dokumenten nach dem Verfahren des Beschlussanhangs gewähren. Vielmehr hätten die Bürger nur das Recht, dass ihre Anträge auf Zugang zu Dokumenten gemäß den dort festgelegten Grundsätzen und Verfahren behandelt würden. Der Verhaltenskodex habe nicht die gleiche Bedeutung wie die Grundregeln des Vertrages, weil er lediglich zur Durchführung allgemeiner politischer Leitlinien definiert sei.[545] Die Kommission stellte in diesem Verfahren heraus, dass es für sie als Hüterin der Verträge wichtig sei, Verfahren unter Wahrung des

---

[541] Martinez Soria, Die Kodizes für gute Verwaltungspraxis, EuR 2001, 682 (702); Hetmeier in Lenz/ Borchardt, EU- und EG-V, Art. 255 Rdnr. 2; Röger, Ein neuer Informationsanspruch auf europäischer Ebene, DVBl. 1994, 1182 (1182); Kugelmann, Zur Transparenz des Handeln der EU, EuR 1996, 207 (209).

[542] Vgl. EuGH Rs. 148/ 73, Urteil v. 30.1.1974 Slg. 1974, 81 (89) Louwage/ Kommission.

[543] EuG Slg. 1997 II- 317 ff., WWF UK./. Kommission.

[544] ABl. 1994/ L 46/ 58.

[545] EuG Slg. 1997 II- 317 (336 f.), WWF UK./. Kommission.

vertraulichen Charakters zu untersuchen. Es liege auf der Hand, dass es unerlässlich sei, für die Aufrechterhaltung einer Atmosphäre gegenseitigen Vertrauens zu sorgen, die durch eine Bekanntgabe an die Öffentlichkeit ernsthaft gestört werden könnte.[546]
Das EuG urteilte, mit dem Erlass des Beschlusses 94/90 habe die Kommission gegenüber den Bürgern zum Ausdruck gebracht, dass sie deren Anträge nach dem in dem Beschluss vorgesehenen Verfahren behandeln möchte. Der Beschluss sei daher eine Handlung, die Dritten Rechte verleihen kann, die die Kommission zu beachten habe. Dies gelte auch, wenn der Beschluss eine Reihe von Verpflichtungen mit sich bringe, die sich die Kommission freiwillig als Maßnahme der internen Organisation auferlegt habe. Sodann sei die Tragweite der im Verhaltenskodex enthaltenen Ausnahmen zu bestimmen. Diese Ausnahmen seien aber eng auszulegen, um die Anwendung des allgemeinen Grundsatzes nicht zu beeinträchtigen.[547] Damit ist das EuG der Rechtsauffassung des Klägers gefolgt.
Das EuG beurteilt die Rechtsnatur des Kodex in diesem Urteil nach dessen Zweck und konkreten Wortlaut. Interessanterweise gibt es dem Kodex einen verbindlichen Charakter, obwohl die Kommission den Zugang von Bürgern zu Dokumenten freiwillig geregelt hat. Das EuG spricht der Freiwilligkeit der Maßnahme keine Bedeutung zu. Vielmehr muss sich die Kommission am Zweck der Maßnahme messen lassen, den Bürgern Zugang zu Dokumenten zu gewähren. Verallgemeinert man diese Rechtsprechung, so kommt dem Inhalt eines Kodex, wenn er einmal (auch freiwillig) erlassen wird, eine verbindliche Wirkung zu. Zu beachten ist auch, dass nach dieser Rechtsprechung der allgemeine Grundsatz des Kodex, also der Zweck seines Erlasses, durch Ausnahmen nur eng eingeschränkt werden kann.

c. Ergebnis

Die rechtliche Verbindlichkeit von Kodizes ist anhand des Einzelfalles zu beurteilen. Zur rechtlichen Beurteilung sind insbesondere die Art der rechtlichen Verabschiedung und der Wortlaut heranzuziehen, aber auch der Wille der Behörde zu würdigen. Um die rechtliche Verbindlichkeit sicher zu stellen, sollte ein Kodex in Form einer rechtlich bindenden Entscheidung angenommen werden, die im Amtsblatt veröffentlicht wird.[548] Dennoch ist weiterhin erforderlich, den Charakter eines Kodex zu bestimmen und die bindende Entscheidung von der nicht bindenden Leitlinie abzugrenzen.[549]
Kodizes, die den Umgang mit Interessenvertretern regeln und durch Beschluss verabschiedet wurden, sind grundsätzlich als rechtlich verbindliche Dokumente mit Außenwirkung einzuordnen.[550] Insoweit können Kodizes ein geeignetes und effizientes Mittel sein, Interessenvertretung zu reglementieren.

---

[546] EuG Slg. 1997 II- 317 (332), WWF UK./. Kommission.

[547] EuG Slg. 1997 II- 317 (342 f.), WWF UK./. Kommission.

[548] Vgl. auch den Sonderbericht des Europäischen Bürgerbeauftragten, S. 11/ 16.

[549] Vgl. auch den Sonderbericht des Europäischen Bürgerbeauftragten, S. 12/ 16.

[550] So auch Martinez Soria, Die Kodizes für gute Verwaltungspraxis, 682 (702).

Dem von der Kommission als Anlage zu ihrer Geschäftsordnung verabschiedeten Kodex für gute Verwaltungspraxis käme nach der Rechtsprechung des EuG verbindliche Wirkung zu, da er im Amtsblatt veröffentlich wurde und sich die Kommission darin zur Einhaltung der angesprochenen Punkte verpflichtet. Diese Verbindlichkeit wird aber eingeschränkt durch den sehr allgemeinen Inhalt des Kodexes, der wenig konkrete Vorgaben enthält. Er enthält keine speziellen Regelungen für den in der Praxis sehr häufigen Umgang mit Interessenvertretern. Erst das Weißbuch Europäisches Regieren der Kommission aus dem Jahr 2001 spricht sich für konkrete Mindeststandards im Umgang mit Interessengruppen aus, vgl. unten S. 134ff. Man gewinnt den Eindruck, die Kommission wollte auch noch im Jahr 2000 zunächst versuchen, den Umgang mit Interessenvertretern durch Selbstverpflichtungen der Interessengruppen auszugestalten und an ihre Mitteilung aus dem Jahr 1993 anknüpfen, in der sie lediglich Leitprinzipien für den Umgang mit Interessengruppen aufstellte (vgl. oben, S.122).[551]
Die Ansicht des EuG, die Kommission aufgrund selbstverpflichtender Kodizes zur Konsultation zu binden, ist zu unterstützen. Die in Art. 213 Abs. 2 EG normierte Unabhängigkeit der Kommission wird nicht berührt, da die Kommission die Kodizes selbst festgelegt und damit ihre Spielräume bezüglich der Durchführung von Anhörungen freiwillig eingeschränkt hat.

III. Das Projekt „Europäisches Regieren" – „European Governance"

Die Europäische Kommission hat das Problem des Umgangs mit Interessenvertretern erkannt und zahlreiche Berichte und Mitteilungen veröffentlicht, die sich mit dieser Thematik beschäftigen. Sie behandelt das Problem im Rahmen des Themas „Verbesserung der Rechtsetzung".[552] Gesetzgebung ist heute schwieriger als zu früheren Zeiten, nimmt quantitativ zu und führt zu Unzulänglichkeiten bei der Umsetzung.[553] Durch Aufgreifen des Themas der Verbesserung der Rechtsetzung möchte die Kommission diesen Missstand beheben.
Ihre Bemühungen zur Regulierung der Interessenvertretung konkretisieren die Vorgaben von Ziffer 9 des Subsidiaritätsprotokolls.[554] Zur Beteiligung von Interessenvertretern am Rechtsetzungsverfahren hat die Kommission bis heute eine Vielzahl von Dokumenten erarbeitet, aus denen Maßnahmen abgeleitet wurden.[555] Sie verpflichtete sich zu Mindeststandards der Konsultation, insbesondere durch den Einsatz von Grünbüchern, von Legislativprogrammen und durch die Nutzung von

---

[551] Mitteilung der Kommission „Ein offener und strukturierter Dialog zwischen der Kommission und den Interessengruppen", ABl. 1993/ C 63/ 02 vom 5.3.1993.
[552] Vgl. auch Wägenbaur, Verbesserung der Rechtsetzung, ZRP 2002, 454f.
[553] So Redeker, Wege zu besserer Gesetzgebung, ZRP 2004, 160 (161); vgl. zu den Bemühungen um gute Gesetzgebung auch Schuppert, Gute Gesetzgebung, ZG Sonderheft 2003, S. 4ff.
[554] Vgl. KOM(2001) 428 endg., S. 42; KOM(2002) 277 endg., S. 5 Fußnote 2; KOM(2002) 704 endg., S. 4.
[555] Vgl. auch Sobotta, Transparenz i.d. Rechtsetzungsverfahren der EU, S. 119.

Experten- sowie Stakeholderwissen. Zudem veröffentlicht sie jährlich einen Bericht „Für eine bessere Rechsetzung".
Im Folgenden werden die verschiedenen Initiativen der Kommission dargestellt, die zum Ziel haben, die verschiedenen Interessengruppen in die Diskussion bei Ausarbeitung eines Rechtsetzungsvorhabens einzubeziehen.

1. Weißbuch der Kommission über europäisches Regieren

a. Inhalt

Die Kommission hat 2001 ihr Weißbuch über das europäische Regieren veröffentlicht.[556] Hintergrund dieses Weißbuches ist, dass die EG-Kommission unter Romano Prodi die Reform des europäischen Regierens Anfang 2000 zu einem ihrer strategischen Ziele erklärt hat. Die Diskussion wird auch mit dem englischen Wort „Governance" überschrieben. Nach Ansicht der Kommission verlangen die Bürger von der EU die Lösung grundlegender gesellschaftlicher Probleme, stehen den europäischen Institutionen aber weitgehend misstrauisch gegenüber.[557]
Die Kommission stellt in diesem Weißbuch Mängel bei der Einbindung öffentlicher und privater Akteure in die Entscheidungsprozesse der EU fest.[558] Diese Defizite können in einer repräsentativen Demokratie durch zwei Möglichkeiten gelöst werden:[559]

- Bürgerbeteiligung durch Teilnahme in Wahlkampfdebatten und anschließenden Wahlen, das Urbild repräsentativer Demokratie.
- Durch das Handeln von Interessengruppen und Bürgerinitiativen. Die Bürger sind in diesem Fall Mitglied in Vereinigungen, die sich ein spezialisiertes Wissen über die jeweiligen Bereiche verschaffen.

Unter „Governance" versteht die Kommission alle Regeln, Verfahren und Verhaltensweisen, die mit der Art der Ausübung der Befugnisse auf europäischer Ebene zusammenhängen. Dieses „Governance Konzept" beruht dem Weißbuch zufolge auf den fünf Grundsätzen der Offenheit, Partizipation, Verantwortlichkeit, Effektivität und Kohärenz, an denen sich die Arbeitsweise aller Organe der EU ausrichten sollte.[560] Unter der Partizipation versteht die Kommission die Einbeziehung von Akteuren in den Politikgestaltungsprozess, von der Konzipierung bis hin zur Durchführung. Nach Angaben der Kommission bewirkt verstärkte Teilhabe größeres Vertrauen in das Endergebnis und die Politik der Institutionen.[561] Das Konzept

---

[556] KOM(2001) 428 endg. v. 25.7.2001 „Europäisches Regieren Ein Weißbuch"; vgl. auch Hayder, Weißbuch Europäisches Regieren, ZG 2002, 49ff.; Hilp, Weißbuch "Europäisches Regieren" und Bürgerbeteiligung, ZG 2003, 119 ff.
[557] KOM(2001) 428 endg., S. 3.
[558] KOM(2001) 428 endg., S. 9.
[559] Hilp, Weißbuch "Europäisches Regieren" und Bürgerbeteiligung, ZG 2003, 119 (120).
[560] KOM(2001) 428 endg., S. 13.
[561] KOM(2001) 428 endg., S. 13.

der Partizipation bezeichnet die Kommission mit dem Stichwort Zivilgesellschaft[562] oder auch Bürgergesellschaft. Es stellt sich die Frage, was unter diesem häufig gebrauchten Modewort[563] zu verstehen ist. Der WSA vertritt die Auffassung, die Zivilgesellschaft sei ein Sammelbegriff für alle Formen sozialen Handelns von Einzelnen oder Gruppen, die nicht auf Initiative des Staates zurückgehen und nicht von diesem gelenkt werden. Es sei ein dynamischer Begriff.[564] Organisierte Zivilgesellschaft bedeute die Bürgerbeteiligung durch das Handeln von Interessengruppen. Der WSA fasst diese „Zivilgesellschaft“ zusammen als Gesamtheit aller Organisationsstrukturen, deren Mitglieder über einen demokratischen Diskurs und Verständigungsprozess dem allgemeinen Interesse dienen und welche auch als Mittler zwischen öffentlicher Gewalt und den Bürgern auftreten.[565] Nach Ansicht der Kommission leiht die organisierte Zivilgesellschaft den Belangen der Bürger ihre Stimme und kommt den Bedürfnissen der Bevölkerung damit entgegen.[566] Sie ist eng verbunden mit dem in Art. 12 EU-Grundrechtecharta aufgeführten Recht der Bürger, Vereinigungen zu bilden, um ein gemeinsames Ziel zu verfolgen.[567] Es sollen strukturierte Kanäle geschaffen werden, durch die Feedback, Kritik und Protest weitergegeben werden können. Die Zivilgesellschaft soll Gewerkschaften und Arbeitgeberverbände ("Sozialpartner", vgl. unten, S. 173), Nichtregierungsorganisationen, Berufsverbände, gemeinnützige Einrichtungen, gesellschaftliche Basisgruppen und Organisationen, über die sich die Bürger am lokalen und kommunalen Leben beteiligen, insbesondere Kirchen und Religionsgemeinschaften, umfassen.[568]

Die Kommission stellt in dem Weißbuch fest, dass gegenwärtig unklar ist, wie die Konsultationen ablaufen und wie die Ergebnisse Berücksichtigung finden. Die Kommission stütze sich derzeit auf fast 700 beratende Ad-hoc-Gremien in einem breiten Spektrum von Politikfeldern. Ein Verzeichnis aller bestehenden sektorspezifischen Konsultationsgremien soll erstellt werden. Eine Konsultationskultur lasse sich nicht mit Gesetzesregeln erreichen, die zu starr sind und Verzögerungen bewirken. Die Kommission bevorzugt die Festlegung von Mindeststandards in Form von Verhaltenskodizes. Dadurch würde die Gefahr vermindert, dass sich die Entscheidungsträger allzu einseitig informieren oder dass einzelne Gruppen bevorzugt

---

562 Zur Diskussion über die europäische Zivilgesellschaft vgl. Smismans, European Civil Society, European Law Journal 2003, S. 473ff.; Armstrong, Rediscovering Civil Society, European Law Journal, S. 102ff.

563 So der WSA in seiner Stellungnahme zum Thema „Die Rolle und der Beitrag der organisierten Zivilgesellschaft zum europäischen Einigungswerk“ (1999/C 329/10), S. 2. Der WSA gibt in seiner Stellungnahme auch einen Überblick über die Historie des Begriffs und betont darin das wechselhafte Verständnis seines Inhalts.

564 Stellungnahme des Wirtschafts- und Sozialausschusses zum Thema „Die Rolle und der Beitrag der organisierten Zivilgesellschaft zum europäischen Einigungswerk“ (1999/C 329/10), S. 3, 4.

565 Stellungnahme des Wirtschafts- und Sozialausschusses zum Thema „Die Rolle und der Beitrag der organisierten Zivilgesellschaft zum europäischen Einigungswerk“ (1999/C 329/10), S. 3.

566 KOM(2001) 428 endg., S. 10.

567 KOM(2002) 704 endg., S. 5.

568 KOM(2001) 428 endg., S. 19, 20.

werden. Zudem kündigt sie die Erstellung einer umfassenden Online-Datenbank über die auf europäischer Ebene tätigen Organisationen der Zivilgesellschaft an. Durch diese Standards erhielten die Organisationen der Zivilgesellschaft repräsentativeren Charakter und würden ihre Diskussionen mit den europäischen Organen strukturieren.[569]

Im Gegenzug stellt sich die Kommission vor, dass die Organisationen der Zivilgesellschaft ihre eigenen Strukturen straffen, Offenheit und Repräsentativität garantieren und ihre Fähigkeit zur Verbreitung von Informationen oder Leitung von Debatten in den Mitgliedstaaten unter Beweis stellen müssen.[570]

b. Auswertung und Folgen des Weißbuches

In ihrem Bericht über europäisches Regieren vom 11.12.2002 (KOM(2002) 705 endg.) zieht die Kommission Lehren aus den weitgehend positiven Reaktionen der Öffentlichkeit auf das Weißbuch zum Europäischen Regieren. Die Konsultation der Öffentlichkeit zu dem Weißbuch über europäisches Regieren verlief über einen Zeitraum von acht Monaten. Die eingegangenen Stellungnahmen haben bestätigt, dass die Einbeziehung in die politische Gestaltung nationale und subnationale Stellen sowie eine große Bandbreite interessierter Nichtregierungseinrichtungen umfassen sollte. Auch die beabsichtigte verstärkte Einsetzung des Instruments der Gesetzesfolgenabschätzung wurde von den Antwortenden begrüßt. In einem Teil der Reaktionen der Öffentlichkeit wird bedauert, dass der Anwendungsbereich des im Weißbuch geprägten Begriffs „Governance“ scheinbar beschränkt ist und sich vorrangig auf Effizienz und Effektivität des Entscheidungsprozesses der EU konzentriert und dabei dem Anschein nach Fragen der demokratischen Legitimation und des Demokratiedefizits bei der europäischen Integration außer Acht lässt, die als wichtiger wahrgenommen werden.[571] Die Kommission betont in ihrem Bericht, dass einige Kommentare die Bevorzugung von Vereinigungen hervorhoben. Einigkeit herrsche nach Angaben der Kommission darüber, dass die Grundsätze des verantwortungsvollen Regierens nicht mit denen einer demokratischen Regierung gleichgesetzt werden sollten, denn mit einem besseren Regieren sei das Problem des Demokratiedefizits nicht zu lösen. In einem Teil der Stellungnahmen wird der demokratischen Legitimierung entscheidende Bedeutung beigemessen, was voraussetzt, dass Entscheidungen in einem repräsentativen Beratungsverfahren getroffen werden. Generell wird die Auffassung vertreten, dass die im Weißbuch geforderte Einbeziehung einer größeren Zahl von Akteuren in den politischen Prozess zwar notwendig sei, jedoch für sich allein weder der Politik noch den Organen größere demokratische Legitimität verleihe.[572]

Zusammenfassend muss herausgestellt werden, dass die Kommission hinsichtlich des Konzeptes der organisierten Zivilgesellschaft bewusst in Kauf nimmt, dass die

---

[569] KOM(2001) 428 endg., S. 20-23.

[570] KOM(2001) 428 endg., S. 22, 23.

[571] KOM(2002) 705 endg., S. 6.

[572] KOM(2002) 705 endg., S. 34.

verstärkte Einbindung in den Rechtsetzungsprozess auf die organisierte Zivilgesellschaft beschränkt bleiben kann.[573] Der nicht organisierte Bürger bleibt somit außen vor.

2. Maßnahmen für „Bessere Rechtsetzung"

a. Überblick

Motiviert durch die Reaktionen auf ihr Weißbuch „Europäisches Regieren"[574], eine Entschließung des Europäischen Parlaments und unter Berücksichtigung der Empfehlungen der Gruppe hochrangiger Sachverständiger, der sog. „Mandelkern-Gruppe" (vgl. oben S. 126) vom November 2001, schlug die Kommission im Juni 2002 einen umfassenden Rahmen für „Bessere Rechtsetzung"[575] und einen Aktionsplan zur „Vereinfachung und Verbesserung des Regelungsumfelds"[576] vor.
Im Laufe des Jahres 2002 und Anfang 2003 konkretisierte die Kommission diesen Aktionsplan durch acht Mitteilungen und legte gleichzeitig mit dem Europäischen Parlament und dem Rat eine Gesamtstrategie für bessere Rechtsetzung fest. Die Initiativen der Kommission fallen weitgehend in zwei Kategorien: Maßnahmen, die auf eine bessere Vorbereitung der Gemeinschaftsvorschriften und eine genauere Kontrolle der Annahme von Rechtsakten der Union abzielen einerseits (z.B. Mindeststandards für die Konsultation und Folgenabschätzung) und gezielte Maßnahmen zur besseren Durchführung von Gemeinschaftspolitiken andererseits (z.B. bessere Qualität der Politikumsetzung durch besser angepasste Instrumente, Aktualisierung und Vereinfachung der bestehenden Rechtsvorschriften und verstärkte Kontrolle der Umsetzung des Gemeinschaftsrechts).[577] Im folgenden wird auf die für Interessenvertretung wichtigen Projekte Gesetzesfolgenabschätzung, Minimum-Standards der Konsultation und Nutzung von Expertenwissen als Maßnahmen für „Bessere Rechtsetzung" genauer eingegangen.[578]

---

[573] Hilp, Weißbuch "Europäisches Regieren" und Bürgerbeteiligung, ZG 2003, 119 (119).

[574] KOM(2002) 705.

[575] Mitteilung der Kommission „Europäisches Regieren: Bessere Rechtsetzung" (KOM(2002) 275 endg./2) vom 06.06.2002.

[576] Mitteilung der Kommission „Aktionsplan - Vereinfachung und Verbesserung des Regelungsumfeldes" (KOM(2002) 278 endg.) vom 05.06.2002.

[577] KOM(2003) 770 endg.= BRatDrs. 23/04 vom 07.01.04, S. 4.

[578] Zur Durchführung ihres Projektes „Bessere Rechtsetzung" hat die Kommission weitere Mitteilungen erlassen, die aber die Interessenvertretung nicht direkt betreffen und daher hier nur kurz erwähnt werden sollen:
- Mitteilung der Kommission - Ein Rahmen für den Abschluss dreiseitiger Zielverträge durch die Gemeinschaft, die Mitgliedstaaten und deren regionalen und lokalen Gebietskörperschaften (KOM(2002) 709 endg.)
- Mitteilung der Kommission – Rahmenbedingungen für die europäischen Regulierungsagenturen (KOM(2002) 718 final)
- Vorschlag für einen Beschluss des Rates zur Änderung des Beschlusses 1999/468/EG zur Festlegung der Modalitäten für die Ausübung der der Kommission übertragenen Durchführungsbefugnisse (KOM(2002) 719 endg.) (Anpassung des Komitologiesystems

b. Gesetzesfolgenabschätzung

aa. Hintergrund

Ein wichtiger Teil des Prozesses zur Verbesserung des Europäischen Regierens und der Steigerung der Effizienz ist die Gesetzesfolgenabschätzung, d.h. der Umgang mit Expertenwissen.[579]

Gesetzesfolgenabschätzung setzt bei der Frage an, ob sich eine Regelung als zweckmäßig im weitesten Sinne erweist. Sie ist in drei unterschiedlichen Stadien der Gesetzgebung denkbar: Während des Planungsstadiums als prospektive Gesetzesfolgenabschätzung, auf Basis einer rechtsförmlichen Grundlage als begleitende Gesetzesfolgenabschätzung und als retrospektive Gesetzesfolgenabschätzung, die sich auf schon bestehende Regeln bezieht.[580] Das Mittel der Gesetzesfolgenabschätzung soll den immer wieder erhobenen Vorwurf entkräften, der EG fehle die inhaltliche Berechtigung und ihre Mittel seien unverhältnismäßig, da durch die EG hervorgerufene Kosten in keinem Verhältnis zum Nutzen stünden.[581] Die Gesetzesfolgenabschätzung war bereits in den Schlussfolgerungen des Gipfels von Edinburgh am 11. und 12. Dezember 1992 enthalten[582], gefolgt von einer Resolution des Rates im Jahr 1993.[583] In der institutionellen Vereinbarung zwischen Rat, Kommission und EP vom 3. Dezember 2003 (vgl. unten 147ff.) wird der Gesetzesfolgenabschätzung eine wichtige Stellung eingeräumt, da die Kommission den finanziellen und administrativen Auswirkungen ihrer Rechtsetzungsvorschläge in gebührender Weise Rechnung tragen muss.[584] Auch in Art. 2 des Subsidiaritätsprotokolls, ausgearbeitet durch den Europäischen Konvent als Anhang zum Vertrag über eine Verfassung

---

- Mitteilung der Kommission zur besseren Kontrolle der Anwendung des Gemeinschaftsrechts (KOM(2002) 141 endg. und KOM(2002) 725 endg.)
- Mitteilung der Kommission zur Aktualisierung und Vereinfachung des Aquis communautaire (KOM(2003) 71 endg.)
- Commission Working Paper: Dialogue with associations of local and regional authorities) abzurufen im Internet unter: http://europa.eu.int/comm/regional_policy/ consultation/permanentdialogue_en.pdf (zuletzt abgerufen am 30.04.2006).

[579] Vgl. zur Gesetzesfolgenabschätzung: Hartmann, Institutionelle Möglichkeiten der Gesetzesfolgenabschätzung, ZG 2003, 74ff.

[580] Lange, Gesetzesfolgenabschätzung auf Ebene der EU, ZG 2001, 268 (269-271).

[581] Lange, Gesetzesfolgenabschätzung auf Ebene der EU, ZG 2001, 268 (268); Böhner, ZG 2001, 85.

[582] Edinburgh European Council , Bulletin of the European Communities, No. 12/1992; im Internet abrufbar unter http://aei.pitt.edu/1445/01/edinburgh_dec_1992.pdf (abgerufen am 30.04.2006).

[583] Entschließung des Rates vom 8.6.1993 über die redaktionelle Qualität der gemeinschaftlichen Rechtsvorschriften (93/C 166/01).

[584] Beschluss des Europäischen Parlaments über den Abschluss einer Interinstitutionellen Vereinbarung zwischen dem Europäischen Parlament, dem Rat und der Kommission über „bessere Rechtsetzung" (2003/2131(ACI)), (Veröffentlicht als Dokument P5_TA-PROV(2003)0426), Rdnr. 27-31.

für Europa, wird die Durchführung einer Gesetzesfolgenabschätzung als „Soll-Vorschrift" festgeschrieben.[585]

Konkretisiert werden diese Ausführungen zur Gesetzesfolgenabschätzung durch eine Mitteilung der Kommission aus dem Jahr 2002[586], in der sie darlegt, wie der Prozess der Folgeabschätzung ablaufen soll. Die Kommission sieht die Folgenabschätzung als einen Beitrag zur Herstellung eines wirksamen und effizienten Regelungsumfeldes an. Es sollen sämtliche bisher existierenden Methoden sektoraler Folgenabschätzung integriert werden, wie beispielsweise die Umweltverträglichkeitsprüfung als sektoraler Ansatz im Umweltbereich. In der Kommissionsmitteilung aus dem Jahr 2002 wird mehrfach betont, dass die Methode der Folgenabschätzung kein Ersatz für eine politische Entscheidung darstellen soll. Grundlegendes Kriterium, ob eine Folgenabschätzung durchgeführt wird, ist die Aufnahme eines Vorschlages in die jährliche Strategieplanung der Kommission und/ oder in das Arbeitsprogramm. Die Tiefe der durchzuführenden Analyse soll dabei im Verhältnis zu den erwarteten Auswirkungen des Rechtsaktes stehen.[587]

Die Mitteilung schlägt ein 2-Phasen-System für die Durchführung der Folgenabschätzung vor: eine erste vorläufige Folgenabschätzung, mit der ein erster Überblick über den Problembereich, denkbare Optionen und betroffene Sektoren gewonnen werden soll, sowie eine sich daran ggf. anschließende ausführliche Folgenabschätzung, bei der eine vertieftere Analyse der potentiellen Auswirkungen auf Wirtschaft, Gesellschaft und Umwelt erfolgt.[588]

Auf dieser Mitteilung aufbauend wurde eine interne Kommissionsanleitung (sog. Internal Guidelines) zu Umsetzung und Verfahren ausgearbeitet und angenommen.[589] Dieses Folgenabschätzungsverfahren für alle wichtigen Kommissionsinitiativen berücksichtigt nicht nur die wirtschaftlichen Auswirkungen, sondern auch die sozialen und umweltrelevanten Auswirkungen eines Vorschlages.[590]

Interessenvertreter werden der Mitteilung zufolge erst bei der vertiefteren Analyse einbezogen, indem sie gemäß den Mindeststandards für Anhörungen konsultiert werden. Bei der vorläufigen Folgenabschätzung geht die Mitteilung nicht auf die Einbeziehung von Interessenvertretern ein. Hier stellt sich das praktische Problem, wie die Kommission bei der vorläufigen Folgenabschätzung an die benötigten Informationen gelangen soll. Die Mitteilung und die Internal Guidelines gehen auf dieses Problem nur insoweit ein als generell geraten wird, interessierte Kreise und

---

585 Protokoll über die Anwendung der Grundsätze der Subsidiarität und der Verhältnismäßigkeit als Anhang zum Vertrag über eine Verfassung für Europa, ABl. 2004/ C 310/ 01 vom 16.12.2004, S. 207.

586 Mitteilung der Kommission über Folgenabschätzung vom 05.06.2002, KOM(2002) 276 endg.

587 KOM(2002) 276 endg., S. 10.

588 KOM(2002) 276 endg., S. 7ff.

589 "Internal Guidlelines on the new impact assessment procedure developed for the commission services", enthält keine DOK Nummer oder sonstige Registrierung, abrufbar im Internet unter: http://europa.eu.int/comm/governance/docs/comm_impact_en.pdf (zuletzt abgerufen am 30.04.2006).

590 Vgl. KOM(2003) 770 endg.= BRatDrs. 23/04 vom 07.01.04, S. 5.

anerkannte Experten soweit erforderlich zu konsultieren[591]. Den Kommissionsmitarbeitern werden neben der Durchführung der zwei Phasen weitgehende Freiheiten bei der Ausgestaltung des Impact Assessment gelassen.

In ihrem „Bericht bessere Rechtsetzung 2003“ resümiert die Kommission, dass „etwa 50 % der ursprünglich geplanten ausführlichen Folgenabschätzungen bis Ende Dezember 2003 abgeschlossen sein werden.“ „Diese verhältnismäßig niedrige Umsetzungsquote ist vermutlich auf ein allgemeines Problem zurückzuführen, das mit einer optimistischen Planung des Arbeitsprogramms 2003 der Kommission, fehlenden Ressourcen und politischen Schwierigkeiten zusammenhängt.“ In einigen Fällen haben die ausführlichen Folgenabschätzungen zu Verzögerungen bei der Annahme von Vorschlägen beigetragen. „Was die Qualität angeht, so waren die direkten und indirekten Auswirkungen der Einführung des neuen Verfahrens sehr positiv: es erleichterte die Koordinierung zwischen den Dienststellen, ermutigte die Kommission und ihre Dienststellen, außerhalb der üblichen Schemata zu denken, und trug wesentlich dazu bei, ausgewogenere Lösungen zu ermitteln.“ Insgesamt bezeichnet die Kommission die aufgetretenen Probleme als „Anfangsschwierigkeiten“.[592]

bb. Wertung

Der europäische Gesetzgeber sollte seine Vorschläge und Entscheidungen mit einer gründlichen Kenntnis der möglichen Folgen entwerfen, denn er muss wissen, was er tut und bewirkt. Oft besteht ein Missverhältnis zwischen den hohen Erwartungen an den Nutzen politischer Maßnahmen und einer Unterbewertung der möglichen negativen Folgen für Wirtschaft und Wettbewerbsfähigkeit. Einmal getroffene Regelungen können, zumal im Europa der 25, langfristige Folgewirkungen haben und sind zunehmend schwer zu korrigieren. Mit der Gesetzesfolgenabschätzung ist der europäische Gesetzgeber in der Lage, die Auswirkungen europäischer Gesetzgebung schon bei der Planung anhand faktischer Parameter vorausschauend zu ermitteln und seine Arbeit begleitend danach auszurichten.[593]

Ein wesentlicher Punkt einer erfolgreichen Gesetzesfolgenabschätzung ist die Art der Einbeziehung der Wirtschaft. Wenig Erfolg versprechend sind die bisher unsystematisch praktizierten Ansätze der EG-Kommission, die sich in der Vergangenheit oftmals an die betroffenen Verbände wendete mit der Bitte, die Kosten für die Unternehmen zu beziffern (so geschehen auch bei der Mining-Waste-Richtlinie).

---

[591] Internal Guidelines on the new impact assessment procedure developed for the commission services, S. 10. Auf Seite 20 heißt es insoweit auch: “You should also try to identify who is affected, and when the different impacts will occur.”

[592] KOM(2003) 770 endg.= BRatDrs. 23/04 vom 07.01.04, S. 5.

[593] So auch BDI, Fünf Thesen zur Gesetzesfolgenabschätzung in Europa, Mai 2004; vgl. auch Hartmann, Institutionelle Möglichkeiten der Gesetzesfolgenabschätzung, ZG 2003 S. 74 (77), der über den Vortrag von Friedrich Kretschmer über „institutionelle Voraussetzungen und Möglichkeiten einer Beteiligung der Wirtschaft“ berichtet.

Die Kommission verfolgt eine richtige Strategie, wenn sie die Gesetzesfolgenabschätzung systematisiert und ein stufenweises Vorgehen vorschlägt. Ihre Unterteilung in eine vorläufige und ausführliche Gesetzesfolgenabschätzung ist ein nachvollziehbarer Ansatz, auch wenn die Wirtschaft eine Einteilung nach direkten und indirekten Kosten bevorzugen würde. Direkte Kosten der Maßnahme sind frühzeitig einfach zu ermitteln und generell mit weniger Aufwand festzustellen als die indirekten.[594] Leider wird nach dem Vorschlag der Kommission eine vertieftere Abschätzung und damit die Einbeziehung der Wirtschaft nur vorgenommen, wenn die vorläufige Abschätzung dies empfiehlt.[595]
Eine erste Folgenabschätzung sollte so frühzeitig wie möglich erfolgen, am besten in der Phase der Konzeption, spätestens nach Fertigstellung eines ersten Textentwurfes. Je weiter der politische Prozess fortschreitet, desto weniger Spielraum verbleibt für die Berücksichtigung der Ergebnisse der Folgenabschätzung. Eine Folgenabschätzung sollte grundsätzlich von einer Stelle vorgenommen werden, die von der Rechtsetzung unabhängig ist. Eine erste grobe Abschätzung sollte auf den Sachverstand von Wirtschaftsverbänden, Unternehmen oder Behörden zurückgreifen können.[596] Diese sind möglichst frühzeitig zu beteiligen.
Das Konzept der Kommission über Folgenabschätzung geht davon aus, dass die Kommissionsstellen in der Lage sind, die Folgenabschätzung selbst vorzunehmen. Wenn aber die Kommission sich bei der vorläufigen Einschätzung über die Rechtsfolgen irrt, funktioniert das System nicht, da keine weiteren Maßnahmen zur Folgenabschätzung erfolgen. Ein solcher Irrtum ist aber gerade aufgrund der Personalknappheit der Kommission und ihrer Angewiesenheit auf externe Quellen nicht unwahrscheinlich. Interessenvertreter besitzen Informationen, die von erheblichem Nutzen sein können. Sie können aus Sicht ihrer Mitglieder umfassend darüber Auskunft geben, welche Ziele zu verfolgen sind, welche gesetzgeberischen Maßnahmen bevorzugt werden und welche Auswirkungen das Gesetz bei den Mitgliedern hat. Grundsätzlich birgt dies die Gefahr, dass eine Umsetzung der Verbandsinteressen zu einer Umsetzung von lediglich partikularen Interessen führt,[597] allerdings ist die Kommission völlig frei in der Berücksichtigung der Stellungnahmen.
Problematisch ist, dass eine Gesetzesfolgenabschätzungsmethodik für Rechtsakte aller Art geeignet sein muss. Eine solche Konzeption kann nur schrittweise durch Lernen am „praktischen Fall" entwickelt werden. Daher bietet sich zunächst die Entwicklung eines groben Rasters an, wie es die Kommission getan hat, das dann laufend verfeinert wird.

---

594 Vgl. BDI, Fünf Thesen zur Gesetzesfolgenabschätzung in Europa, Mai 2004.

595 Impact Assessment in the Commission – Internal Guidelines on the new impact assessment procedure, development for the commission services, S. 26. (Dokument ohne DOK-Nummer).

596 So auch BDI, Fünf Thesen zur Gesetzesfolgenabschätzung in Europa, Mai 2004.

597 Hartmann, Institutionelle Möglichkeiten der Gesetzesfolgenabschätzung, ZG 2003 S. 74 (77) berichtet über den Vortrag von Prof. Dr. Frank Daumann über „institutionelle Voraussetzungen einer Beteiligung von Verbänden.

c. Minimum-Standards der Konsultation

aa. Hintergrund

Mitte Dezember 2002 veröffentlichte die Kommission ihre Mitteilung: „Hin zu einer verstärkten Kultur der Konsultation und des Dialogs - Allgemeine Grundsätze und Mindeststandards für die Konsultation betroffener Parteien durch die Kommission"[598], durch die die Kommission nach eigenen Angaben Mindeststandards für ihre öffentlichen Konsultationen eingeführt hat.[599] In dieser Mitteilung legt die Kommission ihre Ansichten zu der Konsultation externer Interessengruppen dar.
Unter Konsultation versteht die Kommission den Prozess, in dessen Rahmen die Kommission die betroffenen externen Parteien vor einem Beschluss durch das Kollegium in die Politikgestaltung einbeziehen möchte.[600] Diese allgemeinen Grundsätze und Mindeststandards der Konsultation sollen u.a. ergänzt werden durch die Instrumente der Nutzung von Expertenwissen.[601] Die Kommission möchte mit diesem Konzept das Ziel erreichen, die betroffenen Parteien besser einzubinden. Zudem will sie die bestehenden Konsultationsverfahren rationalisieren, indem allgemeine Grundsätze und Standards bereitgestellt werden.
Insgesamt ist Ziel der Kommission, einen flexiblen Konsultationsrahmen einzurichten, der die verschiedenen politischen und sektoralen Interessen und Notwendigkeiten berücksichtigt.[602] Sie setzt Mindeststandards, die nach Ansicht der Kommission nicht rechtsverbindlich sind[603] und seit 2003 im Gesetzgebungsverfahren berücksichtigt werden.[604]

bb. Grundsätze und Mindeststandards

Folgende allgemeinen Grundsätze und Mindeststandards der Konsultation hat die Kommission ausgearbeitet und in ihrer Mitteilung veröffentlicht:[605]
Die Grundsätze orientieren sich an denen des Weißbuches der Kommission über das europäische Regieren (vgl. oben S. 134), Partizipation, Offenheit, Verantwortlichkeit, Effektivität und Kohärenz. Hinsichtlich des Umfangs der Konsultationen

---

[598] KOM(2002) 704 endg.; Vorausgegangen ist diesem Dokument das Konsultationsdokument KOM(2002) 277.

[599] Vgl. KOM(2003) 770 endg.= BRatDrs. 23/04 vom 07.01.04, S. 4.

[600] Wie beispielsweise die Rolle der institutionalisierten Beratungsgremien oder der Dialog zwischen den Sozialpartnern gemäß den Artikeln 137 bis 139 EG; Die Kommission klammert von diesem Konsultationsbegriff aus, die in den Verträgen oder in anderen Gemeinschaftsvorschriften vorgesehene Konsultationsrahmen, die Konsultation betreffenden Bestimmungen internationaler Abkommen und die Mitwirkung von Vertretern der Mitgliedstaaten im Rahmen des Komitologieverfahrens.

[601] KOM(2002) 704 endg., S. 15, 16; KOM(2002) 276 endg., S. 10.

[602] KOM(2002) 704 endg., S. 3, 4.

[603] KOM(2002) 704 endg., S. 9, 10, 13, 14, 15.

[604] So die Kommission in ihrem Bericht über das Weißbuch Europäisches Regieren, KOM(2002) 705), S. 11.

[605] KOM(2002) 704 endg., S. 15-21.

beabsichtigt die Kommission, die Anwendung der Grundsätze entsprechend ihrer Systematik bei der Gesetzesfolgenabschätzung zunächst auf Initiativen zu beschränken, die einer ausführlichen Wirkungsanalyse unterliegen. Ob eine ausführliche Wirkungsanalyse notwendig ist, wird von der Kommission in der "jährlichen Strategieplanung" oder in ihrem Arbeitsprogramm angekündigt. Die Entscheidung eine ausführliche Wirkungsanalyse durchzuführen erfolgt anhand der ökonomischen, umweltpolitischen bzw. gesellschaftlichen Auswirkungen des Vorschlages auf einen bestimmten Sektor und auf betroffene Parteien. Außerdem ist zu prüfen, ob der Vorschlag eine wesentliche politische Reform in einem oder mehreren Sektoren darstellt.[606]

Die anzuwendenden Mindeststandards enthalten Vorgaben zu:

- Dem eindeutigem Inhalt der Konsultationsverfahren: Jegliche Kommunikation im Hinblick auf Konsultationen muss klar und präzise sein und alle notwendigen Informationen enthalten, um Antworten zu erleichtern.[607]
- Den Zielgruppen für Konsultationen: Bei der Bestimmung von Zielgruppen für Konsultationsverfahren gewährleistet die Kommission, dass betroffene Parteien Gelegenheit haben, ihren Standpunkt darzulegen.[608]
- Der Veröffentlichung der Durchführung von Konsultationen: Öffentliche Konsultationen sollten im Internet veröffentlicht und über eine zentrale Anlaufstelle angekündigt werden.[609]
- Den Fristen für eine Partizipation: Acht Wochen für Antworten zu schriftlichen öffentlichen Konsultationen, zwanzig Werktage für Sitzungen.[610]
- Der Bestätigung des Eingangs von Beiträgen und der Veröffentlichung der Ergebnisse der Konsultation auf Internetseiten, die mit einem Link mit der zentralen Anlaufstelle verbunden sind.[611]

Die Kommission lehnt es somit ab, den Umfang der Standards allgemein (auf alle Konsultationen) auszuweiten bzw. sie von dem Kommissionskonzept zu trennen, erweiterte Wirkungsanalysen (wie Gesetzesfolgenabschätzung) vorzunehmen. Sie

---

606 KOM(2002) 704 endg., S. 15.

607 KOM(2002) 704 endg., S. 18:
„Die Informationen in Werbe- und Konsultationsunterlagen sollten folgendes beinhalten:
- Eine Zusammenfassung des Hintergrundes, des Gegenstands und der Ziele der Konsultation, wozu auch eine Beschreibung der Sonderfragen, die zur Diskussion stehen oder für die Kommission von besonderer Bedeutung sind, gehört.
- Gegebenenfalls detaillierte Angaben zu Anhörungen, Tagungen oder Konferenzen
- Angaben zu Ansprechpartnern und Fristen
- Erläuterungen im Hinblick auf die Behandlung der Beiträge durch die Kommission, das zu erwartende Feedback und Einzelheiten der folgenden Phasen der politischen Erarbeitung
- Hinweise auf einschlägige Dokumentation, falls nicht beigefügt (gegebenenfalls auch unterstützende Dokumente der Kommissionsdienststellen)."

608 KOM(2002) 704 endg., S. 19, 20.

609 KOM(2002) 704 endg., S. 20.

610 KOM(2002) 704 endg., S. 20.

611 KOM(2002) 704 endg., S. 21.

ist der Ansicht, dass dieser Beschluss dem zugrunde liegenden Prinzip der Verhältnismäßigkeit entspricht, der die Verwaltungspraxis der Kommission bestimmt. Die Kommission möchte ihren Konsultationsbedarf von Fall zu Fall entsprechend ihrem Initiativrecht beurteilen. Die Kommission betont weiterhin, dass eine Konsultation niemals ein unbegrenzter oder permanenter Prozess sein kann, d.h. es Fristen für die Konsultation und für die interne Beschlussfassung sowie für den endgültigen Beschluss der Kommission geben muss.[612]
Zur Berücksichtigung der eingegangenen Stellungnahmen wird ausgeführt, dass die Teilnehmer der Konsultation ein Feedback erhalten sollen. Zusätzlich verpflichtet sich die Kommission, in der Begründung die Legislativvorschläge zu erläutern und bekannt zu geben, wie und auf Welche Art und Weise sie die Ergebnisse der Konsultation berücksichtigt hat.[613]

cc. Praktische Umsetzung

Über die praktische Durchführung dieser Grundsätze und Mindeststandards berichtet die Kommission jährlich im Rahmen ihres Reports „Bessere Rechtsetzung“ (vgl. unten S. 150). So nahm die Kommission im Jahr 2003 fünf Grünbücher sowie 142 Mitteilungen an und veröffentlichte 143 Berichte, wobei sie insgesamt 60 Internetkonsultationen durchführte,[614] die auf der Internetseite „Ihre Stimme in Europa“ veröffentlicht sind.[615] Diese Internetseite bietet eine Übersicht aller durchgeführten Konsultationen, unterteilt nach den verschiedenen Generaldirektionen. Interessanterweise sind die durchgeführten Anhörungen zum Mining-Waste-Vorgang in dieser Übersicht nicht verzeichnet. Insgesamt hat die Kommission aber ihre in der Mitteilung festgelegten Ziele zur Konsultation von Interessengruppen praktisch umgesetzt. In ihrem Bericht Bessere Rechtsetzung 2003 gibt sie folgendes Fazit ab: “Auf der Grundlage einer am 3. November 2003 abgeschlossenen Überprüfung stellt die Kommission fest, dass die Mindeststandards für die Veröffentlichung über die zentrale Anlaufstelle, für die Fristen für Antworten sowie für Berichte über die Ergebnisse in fast allen Fällen ordnungsgemäß eingehalten wurden. Allerdings müssen bei der Verbesserung des Feedbacks an die Verfasser von Beiträgen noch besondere Anstrengungen unternommen werden. In einer begrenzten Anzahl von Fällen wurden Verzögerungen bei der Verabschiedung eines Vorschlags auf die Anwendung der Standards zurückgeführt.“[616]

---

[612] KOM(2002) 704 endg., S. 10.

[613] KOM(2002) 704 endg., S. 21; Auf die Problematik der Berücksichtigung des Konsultationen erlangten Wissen durch die Kommission wird diese Arbeit unten auf S. 159ff. näher eingehen.

[614] Bericht der Kommission der Europäischen Gemeinschaften "Bessere Rechtsetzung 2003" gemäß Ziffer 9 des Protokolls über die Anwendung der Grundsätze der Subsidiarität und der Verhältnismäßigkeit (11. Bericht), KOM(2003) 770 endg.= BRatDrs. 23/04 vom 07.01.04, S. 6.

[615] http://europa.eu.int/yourvoice/consultations/index_de.htm (zuletzt abgerufen am 30.04.2006).

[616] KOM(2003) 770 endg.= BRatDrs. 23/04 vom 07.01.04, S. 5.

dd. Wertung

Die Kommission ist der Auffassung, hinreichend detaillierte Mindeststandards der Konsultation gesetzt zu haben.[617] Sie weist das Argument zurück, dass die „Grundsätze und Leitlinien zur Konsultation, die bisher aufgestellt wurden, aufgrund ihrer Unverbindlichkeit sinnlos sind" wie vielfach geäußert, denn „es versteht sich von selbst, dass, wenn die Kommission beschließt, ihre Grundsätze und Leitlinien anzuwenden, ihre Dienststellen entsprechend handeln müssen."[618] Die Kommission ist auch der Meinung, dass die Verbesserung ihrer Konsultationspraxis sich nicht auf 'Befehl und Kontrolle' stützen sollte, sondern auf die Bereitstellung einer angemessenen Anleitung und Unterstützung für Kommissionsbeamte, die das Konsultationsverfahren leiten. „Die allgemeinen Grundsätze und Mindeststandards sollten als Bezugspunkt für einen ständigen internen Lernprozess dienen."[619]
Die Kommission verfolgt das Konzept der Trennung von Konsultation interessierter Kreise und dem offiziellen Entscheidungsverfahren. Die Mindeststandards werden von der Kommission als verpflichtend anerkannt, lassen ihr aber genügend Spielraum zur Ausgestaltung der Konsultation, was vor dem Hintergrund ihres uneingeschränkten Initiativrechts nachvollziehbar ist (vgl. hierzu die detaillierten Ausführungen auf Seite 155ff.). Ihr Konzept, Konsultationen mit den Abschätzungen zu den Folgen eines Vorschlages eng zu verbinden, ist grundsätzlich zu begrüßen. Kritisiert werden muss aber das 2-stufige Konzept der Kommission, wonach Interessengruppen erst bei einer vertiefteren Analyse hinzugezogen werden sollen. Damit können die Gesetzesfolgenabschätzung und auch die zu begrüßenden Mindeststandards umgangen werden: bei einem Irrtum der Kommission in der ersten Stufe finden sie keine Anwendung, und die Kommission kann auf diesem Wege nicht mehr auf ihren Irrtum hingewiesen werden.

d. Mitteilung über die Einholung und Nutzung von Expertenwissen

Die Mitteilung der Kommission über die Einholung und Nutzung von Expertenwissen durch die Kommission: Grundsätze und Leitlinien – „Eine bessere Wissensgrundlage für eine bessere Politik". (KOM(2002)713 endg.) wurde im Dezember 2002 veröffentlicht. In dieser Mitteilung führt die Kommission aus, dass sie intern über großes Fachwissen verfüge (und ein angemessenes Niveau internen Fachwissens erhalten muss[620]), dennoch häufig auf externe Fachleute zurückgreife. „Das erste Ziel besteht darin, die Dienststellen der Kommission dabei zu unterstützen, das jeweils am besten geeignete Expertenwissen zu mobilisieren und zu nutzen, um eine verlässliche Wissensgrundlage für eine bessere Politik zu schaffen. Das zweite Ziel besteht darin, die Kommission in ihrer Absicht zu unterstützen, den Prozess der Beschaffung und Nutzung von Expertenwissen glaubwürdig zu

---

[617] KOM(2002) 705 endg., S. 11.
[618] KOM(2002) 704 endg., S. 10.
[619] KOM(2002) 704 endg., S. 9,10.
[620] KOM (2002) 713 endg., S. 13.

gestalten.“[621] Zu dem Expertenwissen rechnet die Kommission wissenschaftliche Fachkenntnisse und Erfahrungen aus der Praxis. Insbesondere aus dem Vorsorgeprinzip resultiere ein ständiger Bedarf an Expertenwissen, damit Rechtsakte der wissenschaftlichen und technischen Entwicklung entsprechend aktualisiert werden können und umfassende Risikobewertungen möglich sind.[622] Die Kommission stellt klar, dass die in der Mitteilung niedergelegten Grundsätze und Leitlinien weder rechtsverbindlich sind, noch für die förmlichen Phasen der Beschlussfassung Anwendung finden. Förmliche Legislativverfahren und die förmliche Ausübung der Durchführungsbefugnisse der Kommission mit der Unterstützung von Ausschüssen sind ausgenommen von der Anwendung der Mitteilung.[623]
Die Kommission analysiert, dass für die Qualität der Gutachten Fachkompetenz, Grad der Unabhängigkeit und Vielfalt entscheidend sind.[624] Die Handlungen sollen dem Streben nach Offenheit unterliegen, allerdings unter der Maßgabe, solange dies angebracht ist. Nach Ansicht der Kommission gibt es Situationen, in denen zu viel Offenheit nachteilig für die Qualität der Gutachten ist oder die legitimen Interessen derjenigen verletzt, die mit dem Prozess befasst sind. Die Kommission schlägt vor, das Maß an Offenheit im Verhältnis zu der jeweiligen Aufgabe zu bestimmen. Gegebenenfalls sei es notwendig, die Gründe für eine nicht offene Vorgehensweise so transparent wie möglich zu machen.[625] Der Grundsatz der Effizienz soll ebenfalls Anwendung finden bei dem Verfahren der Einholung von Expertenwissen. Das System der Nutzung von Expertenwissen soll kontinuierlich beurteilt und verbessert werden.[626]
Die Kommission führt in der Mitteilung auch ein Problem kurz auf, dem große Bedeutung zukommt: Häufig ist es sehr problembehaftet, die für ein Gutachten notwendige Datenbasis zur Verfügung zu stellen. In der Mitteilung heißt es hierzu: “Es kann nicht vorausgesetzt werden, dass die Experten die Informationen selbst suchen und erheben.“[627] Dies ist bei der Nutzung von Expertenwissen nicht unproblematisch, da die Kommission in diesen Fällen oftmals auf Interessengruppen zurückgreift, wenn diesen das benötigte Datenmaterial zur Verfügung steht. Dies ist auch bei der Entstehung der Mining-Waste-Richtlinie geschehen: Dem Richtli-

---

621 KOM (2002) 713 endg., S. 3, 4.

622 KOM (2002) 713 endg., S. 6.

623 KOM(2002) 713 endg., S. 8.

624 Hinsichtlich des Problems der Unabhängigkeit führt die Kommission aus: Ziel ist es jedoch, die Gefahr zu minimieren, dass maßgebliche Kreise die Gutachten beeinflussen. Dies wird erreicht, indem Verfahrensweisen festgelegt werden, die die Integrität fördern, indem Abhängigkeiten deutlich gemacht werden und indem erkannt wird, dass je nach Fragestellung einige Abhängigkeitsverhältnisse vom Ausgang des Entscheidungsprozesses mehr profitieren als andere (KOM(2002) 713 endg., S. 10). Zudem müssen die Experten unverzüglich jedes direkte oder Indirekte Interesse an der betreffenden Thematik offen legen und melden (KOM(2002) 713 endg., S. 14.).

625 KOM(2002) 713 endg., S. 11.

626 KOM(2002) 713 endg., S. 15.

627 KOM(2002) 713 endg., S. 21.

nienvorschlag der Kommission ging ein Gutachten zur Rechtsfolgenabschätzung der Unternehmensberatung Symonds-Group voraus. Da der Kostenrahmen des Gutachtens anscheinend sehr beschränkt war, bat die Kommission, insbesondere die federführende GD Umwelt, im Internet und bei der Anhörung zu dem vorhergehenden Arbeitspapier Nummer zwei, alle interessierten Parteien und insbesondere die zahlreich anwesenden Interessenvertreter um Daten zu den vermeintlichen Rechtsfolgen des Gesetzgebungsvorschlages. Für die industriellen Interessenvertreter trat das Problem auf, dass die konkreten Folgen des Richtlinienvorschlages anhand des sehr abstrakten Arbeitspapiers ermittelt werden sollten. Diese Aufgabe war kaum lösbar und wurde teilweise mit der Entwicklung von „worst case"-Szenarien gelöst. Letztendlich stellt sich hier die Frage nach der Wissenschaftlichkeit eines solchen Gutachtens. Der später vorgelegte Kommissionsvorschlag bezieht sich unter anderem auch auf die durchgeführte Gesetzesfolgenabschätzung[628] und veranschaulicht, wie wichtig eine professionell durchgeführte Expertenanalyse bei der Entstehung eines Rechtsaktes ist.

3. Abschluss einer institutionellen Vereinbarung „Bessere Rechtsetzung"

Das Projekt „Bessere Rechtsetzung" der Kommission hat mit Verabschiedung einer Interinstitutionellen Vereinbarung „Bessere Rechtsetzung" vom 3. Dezember 2003 zwischen Europäischem Parlament, Rat und Kommission seine formelle praktische Umsetzung erfahren.[629] Im Einklang mit der Forderung des Europäischen Rates von Sevilla vom Juni 2002 und der Aufstellung des Aktionsplans „Vereinfachung und Verbesserung des Regelungsumfelds" vom Juni 2002 durch die Kommission wurde diese interinstitutionelle Vereinbarung geschlossen.

Die Hauptziele der Vereinbarung bestehen darin, die Qualität der Gemeinschaftsvorschriften und deren Umsetzung in nationales Recht zu verbessern. In der Vereinbarung werden Verfahren verankert und neue Ziele und Verpflichtungen niedergelegt. Die Schlüsselelemente der Vereinbarung sind u.a:

- Ein stabiler Rahmen für sog. „Soft law"-Instrumente wie Ko- und Selbstregulierung, um deren künftigen Einsatz zu erleichtern.
- Ein verstärkter Einsatz von Folgenabschätzungen im gemeinschaftlichen Entscheidungsprozess.
- Die Durchführung möglichst umfassender Konsultationen durch die Kommission in der Phase vor der Vorlage von Rechtsetzungsvorschlägen, unter Unterrichtung des Europäischen Parlaments und des Rates. Deren Ergebnisse sollen öffentlich zugänglich gemacht werden. In Einzelfällen, in denen die Kommission dies für angebracht hält, kann sie ein Konsultationsdokument

[628] KOM(2003) 319 endg., S. 26, Fußnote 45.

[629] Beschluss des Europäischen Parlaments über den Abschluss einer Interinstitutionellen Vereinbarung zwischen dem Europäischen Parlament, dem Rat und der Kommission über „bessere Rechtsetzung" (2003/2131(ACI)), (Veröffentlicht als Dokument P5_TA-PROV(2003)0426). Die interinstitutionelle Vereinbarung ergänzt drei andere interinstitutionelle Vereinbarungen (vgl. KOM(2003) 770 endg.= BRatDrs. 23/04 vom 07.01.04, S. 13.).

zur Vorbereitung der Rechtsetzung vorlegen, zu dem das Europäische Parlament und der Rat eine Stellungnahme abgeben können.[630]

Die drei Organe bestätigen die Bedeutung, „die sie der Verbesserung der Transparenz und der Unterrichtung der Bürger während des gesamten Ablaufs ihrer Rechtsetzungsarbeiten unter Berücksichtigung ihrer jeweiligen Geschäftsordnungen beimessen. Sie gewährleisten insbesondere eine größtmögliche Verbreitung der öffentlichen Debatten auf politischer Ebene durch systematische Nutzung der neuen Kommunikationstechnologien...“[631] Zudem stellt die Vereinbarung noch einmal klar, dass die Kommission den Umfang und die Ergebnisse der von ihr durchgeführten vorherigen Konsultationen und Folgenabschätzungen darlegt.[632]

Nach Angaben der Kommission in ihrem „Bericht bessere Rechtsetzung 2003“ stellt die Vereinbarung „das bis jetzt ehrgeizigste Projekt im Interesse einer besseren Rechtsetzung dar, da die drei Organe unter Wahrung der Befugnisse jedes einzelnen von ihnen eine gemeinsame Gesamtstrategie für eine bessere Rechtsetzung auf EU-Ebene entwickeln.“[633] In ihr wird auch daran erinnert, dass die Kommission zusätzlich beabsichtigt, zusammen mit den anderen Organen ein gemeinsames Konzept zur Einholung und Nutzung von Expertenwissen zu entwickeln.

Insgesamt sind die drei Organe der Auffassung, dass eine Verbesserung des Konsultationsprozesses zur Vorbereitung der Rechtsetzung und eine stärkere Inanspruchnahme sowohl vorheriger als auch nachträglicher Folgenabschätzungen zum Ziel der Steigerung von Klarheit, Einfachheit und Effizienz beitragen können.[634]

Zusammenfassend ist festzustellen, dass die institutionelle Vereinbarung die Absicht bekräftigt, Konsultationen bei der Gesetzgebung durchzuführen. Sie enthält aber keine genauen Vorgaben an die Institutionen, wie solche Konsultationen zu erfolgen haben und gewährt daher einen großen Spielraum.

4. Zusammenfassende Wertung

Das Konzept „Besseres Regieren“ zielt auf die Beteiligung der Bürger über Organisationen im Rahmen der Zivilgesellschaft ab und konkretisiert die Vorgaben der Ziffer 9 des Subsidiaritätsprotokolls. Es hat zur Folge, dass sich der Dialog zwi-

---

[630] Beschluss des Europäischen Parlaments über den Abschluss einer Interinstitutionellen Vereinbarung zwischen dem Europäischen Parlament, dem Rat und der Kommission über „bessere Rechtsetzung“ (2003/2131(ACI)), (Veröffentlicht unter: P5_TA-PROV(2003)0426), Rdnr. 26 der Anlage.

[631] Beschluss des Europäischen Parlaments über den Abschluss einer Interinstitutionellen Vereinbarung zwischen dem Europäischen Parlament, dem Rat und der Kommission über „bessere Rechtsetzung“ (2003/2131(ACI)), Rdnr. 10 der Anlage.

[632] Beschluss des Europäischen Parlaments über den Abschluss einer Interinstitutionellen Vereinbarung zwischen dem Europäischen Parlament, dem Rat und der Kommission über „bessere Rechtsetzung“ (2003/2131(ACI)), Rdnr. 15 der Anlage.

[633] Vgl. KOM(2003) 770 endg.= BRatDrs. 23/04 vom 07.01.04, S. 12.

[634] Beschluss des Europäischen Parlaments über den Abschluss einer Interinstitutionellen Vereinbarung zwischen dem Europäischen Parlament, dem Rat und der Kommission über „bessere Rechtsetzung“ (2003/2131(ACI)), Rdnr. 25 der Anlage.

schen dem Staat und den nichtorganisierten Bürgern auf die Teilnahme an Wahlen und diesen vorausgehenden bzw. anschließenden Debatten beschränkt.
Dieser Ansatz ist sehr umstritten. So zieht Hilp aus diesem Verständnis heraus den Schluss, dass aufgrund der Komplexität der Gemeinschaft ein Näheverhältnis zum Bürger als nicht dienlich erachtet werde. Er kritisiert an diesem Vorgehen die Ausgrenzung großer Teile der Bevölkerung. Er geht sogar soweit, dass diese Form der Zivilgesellschaft dem Demokratieprinzip aus Art. 6 Abs. 1 EU widerspreche, wonach die Willensbildung und unmittelbare Machtausübung des Volkes allein in Wahlen erfolgten. Bürger, die sich in Interessenverbänden zusammenschlössen, seien durch die Zivilgesellschaft privilegiert. Diese Privilegierung werde durch den WSA noch verstärkt, dessen Mitglieder, offiziell weisungsungebunden, in der Praxis aber ihre „Verbandsmeinung" verträten. Er sieht dies jedoch als unbedenklich an, da die größer werdende Bedeutung des EP den Einfluss des WSA mindere. Hilp ist der Auffassung, dass gerade die vorhandene und seiner Ansicht nach durch die Zivilgesellschaft nicht kleiner werdende Distanz zwischen Staat (Europa) und Bürger den Vorteil habe, dass unpopuläre Entscheidungen auf europäischer Ebene durchgesetzt werden könnten, an denen der einzelne Mitgliedstaat scheitere.[635]
Grundlegende Problematik der heutigen Regierungsformen ist, dass Fragen und Probleme immer schwieriger zu verstehen sind und folglich ein Trend zur Spezialisierung besteht. Dem Bürger ist es regelmäßig nicht möglich, dieser Entwicklung zu folgen und ihm ist hierdurch nach Schmitt Glaeser die individuelle Selbstverwirklichung beschnitten. Die notwendige Folge dieser Entwicklung sei die „Auslieferung" des Bürgers an Sachverständige. Die politische Freiheit konzentriere sich auf mächtige Interessenverbände.[636] Ein Ausgleich dieser Nachteile erfolge über die Pluralität autonomer Verbände, über die der Bürger im modernen Massenstaat den gesellschaftlichen und damit staatsbürgerlichen „Stand" gewinne.[637] Nachteil sei, dass der Gestaltungswille des Einzelnen bereits im Entstehen durch die Gruppe eingeschränkt werde, wobei regelmäßig ein guter Teil der individuellen Originalität verloren gehe. Schmitt Glaeser vertritt die Auffassung, die grundrechtliche Freiheit politischer Mitgestaltung in und durch Verbände erschöpfe sich unter solchen Bedingungen im Wesentlichen in der Freiheit sozialer Gruppenbildung und insbesondere im Eintritt und Austritt aus einem Verband.[638] Er wirft die Frage auf, inwieweit eine solche Einbeziehung demokratisch nicht legitimierter Organisationen und Verbände möglich ist, ohne das Demokratiedefizit aus Art. 6 EU zu verletzen.[639]
Schmitt Glaeser ist zuzustimmen, dass die europäische Zivilgesellschaft in der geplanten Ausgestaltung die Gefahr der Abhängigkeit des Einzelnen von gesellschaftlichen Verbänden in sich birgt. In der Zivilgesellschaft muss derjenige, der durch

[635] Hilp, Weißbuch "Europäisches Regieren" und Bürgerbeteiligung, ZG 2003, 119 (123-125).
[636] Schmitt Glaeser in Isensee/Kirchhof, HStR., Band II, § 31 Rdnr. 39.
[637] Schmitt Glaeser in Isensee/Kirchhof, HStR., Band II, § 31 Rdnr. 40.
[638] Schmitt Glaeser in Isensee/Kirchhof, HStR., Band II, § 31 Rdnr. 41.
[639] Vgl. hierzu Hilp, Weißbuch "Europäisches Regieren" und Bürgerbeteiligung, ZG 2003, 119 (126); Di Fabio, Verwaltung und Verwaltungsrecht zwischen gesellschaftlicher Selbstregulierung und staatlicher Steuerung, in: VVDStRL 56 (1996), 235 (263).

den Staat wahrgenommen werden möchte, sich einer Organisation anschließen oder eine bilden. Dies sind Ansätze zu einem faktischen Koalitionszwang.[640] Allerdings muss auch berücksichtigt werden, dass diese Situation bereits heute, z.B. in Deutschland und anderen EU-Mitgliedstaaten, in der täglichen Politik besteht. Wer auf kommunaler, Landes- oder Bundesebene wahrgenommen werden möchte, sollte sich einer Partei, einem Verband, einer Bürgerinitiative oder einer anderen Organisation anschließen, die seine Interessen kanalisiert. An die formellen Voraussetzungen solcher „Verbände“ sind keine hohen Anforderungen zu stellen. Interessenvertretungen gründen sich täglich und lösen sich auch täglich wieder auf. Charakteristisch für diese Zivilgesellschaft als Repräsentanz nichtstaatlicher Akteure ist, dass sie zu Kompromissen neigt, da jedermann sein Interesse kundtun kann und versuchen wird, es auch durchzusetzen. Dies ist aber in einem demokratischen Rechtsstaat nichts Ungewöhnliches.

Praktisch bietet die Zivilgesellschaft in dieser Ausgestaltung in der heutigen Demokratie, neben Wahlen, die einzige effiziente Möglichkeit an Entscheidungen des Staates mitzuwirken. Dies mögen viele kritisieren, eine Demokratie ist heute aber nicht anders zu regieren. Sie kann nur funktionieren, wenn gleiche Interessen gebündelt und kanalisiert werden, damit sie für die Verwaltungen verwertbar sind. Sonst wird der moderne Staat unregierbar. Di Fabio ist aber zuzustimmen, wenn er fordert, dass erkennbar sein müsse, wann Interessengruppen und wann demokratisch gewählte Vertreter handelten.[641] Die Entscheidungen des Staates müssen nachvollziehbar und transparent sein.

Deswegen ist Hilps Befürchtung einer Rückkehr des mittelalterlichen Ständestaates[642] nicht zu teilen. Die europäische Zivilgesellschaft verstößt nicht gegen das Demokratieprinzip.

Als Fazit ist festzuhalten, dass das Konzept „Europäisches Regieren“ mit Einbeziehung der Zivilgesellschaft die Frage, ob Konsultationen bei der Gesetzgebung durchzuführen sind, positiv beantwortet, indem sie die Einbeziehung von Interessengruppen zur Grundlage der Zivilgesellschaft erhebt.

IV. Die Transparenzinitiative der Kommission

Am 9. November 2005 beschloss die Kommission eine Europäischen Transparenzinitiative (ETI) zu initiieren.[643] Kernstück der Initiative ist das im Mai 2006 veröffentlichte „Grünbuch Europäische Transparenzinitiative“.[644] Hintergrund dieses Grünbuches ist, dass die Kommission sich im Rahmen der „Strategischen Ziele

---

[640] Hilp, Weißbuch "Europäisches Regieren" und Bürgerbeteiligung, ZG 2003, 119 (128).

[641] Di Fabio, Ein großes Wort - Verantwortung als Verfassungsprinzip, FAZ vom 2. Mai 2002 Nr. 101, S. 10.

[642] Hilp, Weißbuch "Europäisches Regieren" und Bürgerbeteiligung, ZG 2003, 119 (129).

[643] SEK (2005) 12; vgl. im Internet http://www.europa.eu.int/comm/eti/index_de.htm (abgerufen am 08.05.2006).

[644] Abzurufen im Internet unter http://www.europa.eu.int/comm/eti/docs/gp_de.pdf. (abgerufen am 8.5.2006, dem Grünbuch ist noch keine Dokumentennummer zugeordnet).

2005 – 2009"[645], mit denen eine „Partnerschaft für die Erneuerung Europas" ins Leben gerufen wurde, dazu verpflichtet, Interessengruppen aktiver in die EU-Politikgestaltung einzubinden, im Rahmen von Konsultation und Beteiligung. Die Transparenzinitiative baut auf dem oben beschriebenen Projekt „Europäisches Regieren" auf (vgl. oben Seite 133ff.). Der Präsident der EG-Kommission José Manuel Barroso äußerte sich wie folgt zum Grünbuch: „...Wir brauchen mehr Transparenz und größere Verantwortlichkeit gegenüber der Öffentlichkeit, wenn wir an der Legitimität des Entscheidungsprozesses der europäischen Organe festhalten wollen." Kommissions-Vizepräsident Siim Kallas vertritt insoweit die Ansicht, dass Lobbyarbeit ihre Berechtigung hat. Da das Lobbying in Brüssel zunehme müsse man für Transparenz sorgen und darüber informieren, wen die Lobbyisten vertreten, welche Ziele sie verfolgen und wie sie finanziert werden.[646]

Das Grünbuch besteht aus drei Kapiteln:

- Transparenz und Interessenvertretung: Dieser Teil soll für eine Diskussion über das Lobbying in der EU herangezogen werden.
- Die Mindeststandards der Kommission für die Konsultation: Dieser Teil liefert einen strukturierten Rahmen für Rückmeldungen zur Anwendung der Standards.
- Veröffentlichung der Namen der Empfänger von EU-Geldern: Dieser Teil soll für eine Diskussion über die Offenlegung der Namen der Empfänger von Geldern aus verschiedenen, von der Kommission in Zusammenarbeit mit den Mitgliedstaaten verwalteten EU-Fonds, insbesondere den Strukturfonds und der Gemeinsamen Agrarpolitik, herangezogen werden.

Die Kommission führt vom 3.Mai bis 31.August 2006 ein Konsultationsverfahren zu diesem Grünbuch durch. Auf Grundlage der Ergebnisse der Konsultation wird die Kommission überlegen welche konkreten Maßnahmen angemessen sein könnten, um die Transparenz in der EU zu verbessern.[647] So sollen auch die seit 2003 von der Kommission umgesetzten Konsultationsstandards überprüft werden.

V. Jährlicher Bericht der Kommission über „Bessere Rechtsetzung"

Die Kommission gibt seit 1993 einen jährlichen Bericht über „Bessere Rechtsetzung" heraus.[648] In diesen Berichten legt sie dar, wie im jeweils abgelaufenen Jahr, das Prinzip eine bessere Rechtsetzung zu schaffen, umgesetzt worden ist. Hintergrund ist, dass die EU-Organe, wie oben ausgeführt, wiederholt die Bedeutung anerkannt haben, die der Verbesserung des Regelungsumfeldes zukommt.

---

[645] KOM (2005)12.

[646] Presseerklärung IP/06/562 vom 03.05.2006.

[647] http://www.europa.eu.int/comm/eti/index_de.htm (abgerufen am 08.05.2006).

[648] Wägenbaur, Verbesserung der Rechtsetzung, ZRP 2002, 454 (454).

Die Entwicklungen im Jahr 2003 spiegelt der elfte Bericht „Bessere Rechtsetzung" wider.[649] Er konzentriert sich besonders auf die erheblichen Anstrengungen, die in der Union im Jahre 2003 im Sinne besserer Rechtsvorschriften unternommen wurden. Der Bericht beschäftigt sich mit dem allgemeinen Rahmen für eine bessere Rechtsetzung und untersucht die Durchführung des Aktionsplans der Kommission „Vereinfachung und Verbesserung des Regelungsumfelds" im Jahre 2003. Er konzentriert sich auf die Anwendung der Grundsätze der Subsidiarität und der Verhältnismäßigkeit. Er gibt einen Überblick über den rechtlichen und institutionellen Rahmen und analysiert die Anwendung dieser Grundsätze durch die Kommission bei Ausübung ihres Initiativrechts und durch das Europäische Parlament und den Rat bei der Änderung von Vorschlägen. Der Bericht stellt klar, dass die getroffenen Maßnahmen eng miteinander verbunden sind, da die zur Verbesserung der Rechtsetzung erlassenen Maßnahmen zu einer besseren Beachtung der Grundsätze der Subsidiarität und der Verhältnismäßigkeit führen dürften und umgekehrt. Der Bericht hebt auch hervor, dass derzeit in der Union beträchtliche Anstrengungen unternommen werden, um die Rechtsetzung zu verbessern.[650]

VI. Bewertung der Kommissionsmaßnahmen

Die Kommission hat die Regulierung der Interessenvertretung mit der „Organisierten Zivilgesellschaft" als Teil des Gesamtkonzeptes „Europäisches Regieren" verbunden und hierzu zahlreiche Dokumente ausgearbeitet, die mit Maßnahmen verbunden sind.

Ziele der bisher ergriffenen Kommissionsmaßnahmen sind

- die Einbeziehung der Interessenvertreter in die Meinungsfindung der Kommission und die Nutzung von Expertenwissen,
- die Gleichbehandlung aller Interessenvertreter,
- die Erhöhung von Effizienz und Transparenz der Kommissionsarbeit

Die Kommission drückt mit den ergriffenen Maßnahmen aus, dass sie diese Ziele nicht mit nach außen verbindlichen Konsultationsverfahren für Interessenvertreter erreichen möchte, vielmehr wendet sie sich gegen ein verbindliches formelles Konsultationsverfahren in der Initiativphase und bevorzugt Mitteilungen und Berichte als sog. Soft-law, an die sie sich aber gebunden fühlt und die sie intern einhalten will. Sie verwendet hierbei die Argumente

- Einhaltung der Vorgaben des EG-Vertrages, insbesondere des Ziffer 9 des Subsidiaritätsprotokolls,
- Sicherung des Initiativrecht der Kommission und damit zusammenhängend des institutionellen Gleichgewichts,
- Sicherung des Selbstorganisationsrechts,

---

[649] Bericht der Kommission der Europäischen Gemeinschaften "Bessere Rechtsetzung 2003" gemäß Ziffer 9 des Protokolls über die Anwendung der Grundsätze der Subsidiarität und der Verhältnismäßigkeit (11. Bericht), KOM(2003) 770 endg.= BRatDrs. 23/04 vom 07.01.04.

[650] KOM(2003) 770 endg.

- Verhinderung der Judizierbarkeit der Anhörung und damit des Kommissionsvorschlages.

Es stellt sich insgesamt die Frage, ob diese Argumente nicht gerade für die Einrichtung eines stärker formalisierten Verfahrens sprechen. Die ergriffenen Kommissionsmaßnahmen sollen im Folgenden vor diesen Hintergründen bewertet werden vor diesen Hintergründen.

1. Umsetzung der Vorgaben des Subsidiaritätsprotokolls

Der Kommission steht gemäß Ziffer 9 des Subsidiaritätsprotokolls zum EG-Vertrag ein Ermessensspielraum zu, der sich durch das Wort „sollte" ausdrückt (vgl. auch oben S.123). Der Ermessensspielraum erstreckt sich auf die Fragen, ob die Kommission Initiativanhörungen durchführt und Konsultationsunterlagen veröffentlicht, zum „wie" enthält die Vorschrift keine Angaben. Die Mindeststandards der Konsultation der Kommission haben dieses Ermessen ausgefüllt, lassen der Kommission aber viel Spielraum.

Teilweise wird die Ansicht vertreten, die Vorgaben des EG-Vertrages erforderten eine stärkere Systematisierung und auch Formalisierung des Prozesses der Konsultation, dem die Kommission bisher nicht nachgekommen sei. Die Kommission besitze derzeit bei der Konsultation interessierter Kreise große Spielräume, die der Offenheit, Chancengleichheit und Transparenz der Partizipation nicht förderlich seien.[651]

Dieser Ansicht widerspricht aber der Wortlaut von Ziffer 9 des Subsidiaritätsprotokolls, der lediglich vorschreibt, dass Anhörungen durchzuführen sind und dass das Initiativrecht der Kommission unbeschadet bleibt. Aus Ziffer 9 des Subsidiaritätsprotokolls ergibt sich lediglich die Verpflichtung der Kommission nach pflichtgemäßem Ermessen über die Durchführung von Initiativanhörungen und Ausgabe von Unterlagen zu entscheiden. Bei dieser Entscheidung hat die Kommission den Zweck des Subsidiaritätsprotokolls zu berücksichtigen, nämlich die Verbesserung der Rechtsetzung auch mittels Durchführung von Anhörungen zu erreichen. Das Subsidiaritätsprotokoll ist so auszulegen, dass Anhörungen nicht nur „pro forma" durchgeführt werden sollten. Um die Vorgaben des Subsidiaritätsprotokolls einzuhalten, genügen die von der Kommission durchgeführten Maßnahmen und gehen sogar darüber hinaus, indem Mindeststandards hinsichtlich des Ob und Wie der Durchführung festgelegt werden.

Auch zu Berücksichtigungspflichten bzw. Pflichten zur Auseinandersetzung mit eingegangenen Stellungnahmen trifft Ziffer 9 keine Regelungen. Es ist aber wiederum der Zweck des Subsidiaritätsprotokolls heranzuziehen, dass „pro-forma" Anhörungen zu vermeiden sind. Demnach ist an die Kommission zu appellieren, die eingegangenen Stellungnahmen, unter Berücksichtigung ihres Ausarbeitungsmono-

---

[651] So auch Sobotta, Transparenz i.d. Rechtssetzungsverfahren der EU, S. 135.

pols (vgl. oben S. 35 und unten S. 155), nach Möglichkeit auch in den Gesetzesvorschlag einfließen zu lassen, hierzu besteht allerdings keine Pflicht.

Zusammenfassend verlangt das Subsidiaritätsprotokoll grundsätzlich nur eine pflichtgemäße Entscheidung darüber, „ob" Anhörungen bei der Ausarbeitung von Gesetzgebungsvorschlägen durchzuführen sind, wobei der Kommission ein breiter Spielraum bei der Ausgestaltung der Anhörungen verbleiben soll. Die Einrichtung eines formellen und verbindlichen Konsultationsverfahren wäre dem sogar hinderlich und ist nach dem Subsidiaritätsprotokoll nicht geboten.

2. Bewahrung des institutionellen Gleichgewichts

a. Beeinträchtigung des institutionellen Gleichgewichts durch Eingriff in das Initiativrecht

Die Kommission vertritt in ihrer Mitteilung „Hin zu einer verstärkten Kultur der Konsultation und des Dialogs – Allgemeine Grundsätze und Mindeststandards für die Konsultation betroffener Parteien durch die Kommission" die Ansicht, dass ein rechtsverbindliches Konsultationskonzept zu vermeiden sei. Es müsse eine klare Trennlinie gezogen werden zwischen Konsultationen, die auf eigene Initiative der Kommission vor Annahme eines Vorschlags eingeleitet werden, und dem sich anschließenden formellen und verbindlichen Beschlussfassungsprozess entsprechend den Verträgen.[652] Hintergrund der Befürchtungen der Kommission ist eine Beeinträchtigung des sog. „institutionellen Gleichgewichts" durch Eingriff in ihr Initiativrecht. Dieses Initiativrecht verbleibt derzeit auch gemäß Ziffer 9 des Subsidiaritätsprotokolls zum Vertrag von Nizza trotz durchzuführender Anhörungen unbeschadet bei der Kommission.

b. Begriff des institutionellen Gleichgewichts

Der Begriff des institutionellen Gleichgewichts wurde vom EuGH in ständiger Rechtsprechung geschaffen und hat die Rolle eines normativen, justitiablen Gestaltungsprinzips.[653] Die Existenz des institutionellen Gleichgewichts wird in der Literatur teilweise angezweifelt, ist aber ständige Rechtsprechung des EuGH.[654] Auch das Protokoll über die Anwendung der Grundsätze der Subsidiarität und der Ver-

---

[652] KOM(2002) 704 endg., S. 9,10.

[653] Huber, Institutionelles Gleichgewicht, EuR 2003, 574 (576); Calliess in Calliess/Ruffert, Kommentar zu EUV-EGV, Art. 7, Rdnr. 8; vgl. auch Wegener in Calliess/Ruffert, Kommentar zu EUV-EGV, Art. 220, Rdnr. 31.

[654] Vgl. Calliess in Calliess/Ruffert, Kommentar zu EUV-EGV, Art. 7, Rdnr. 11; Ausführlich: Hummer, Das institutionelle Gleichgewicht als Strukturdeterminante der EG, FS-Verdross, 459 (483ff.). Zum Teil wird die Rechtsprechung des EuGH in der Literatur abgelehnt, da es im EG-Vertrag keinen Anhaltspunkt gebe, dass die institutionelle Struktur der EU unverrückbar vorgegeben sei. Auch aus Art. 7 EG lasse sich kein Anknüpfungspunkt für das institutionelle Gleichgewicht ableiten. Der EuGH verwende den Begriff ohne schlüssige Herleitung. Dem Begriff komme nur eine beschreibende Funktion der Momentaufnahme zu.

hältnismäßigkeit nimmt mittlerweile unter Nr. 2 ausdrücklich auf die Wahrung des institutionellen Gleichgewichts Bezug.
Der EuGH benutzt das institutionelle Gleichgewicht bei der Beurteilung von Kompetenzverschiebungen zwischen den Organen. So entschied er, dass die in den Vertragsbestimmungen vorgesehene Anhörung des Parlaments eine wirksame Beteiligung am Gesetzgebungsverfahren darstelle und dies für das vom Vertrag gewollte institutionelle Gleichgewicht wesentlich sei. Die Verträge haben ein System der Zuständigkeiten zwischen den verschiedenen Organen der Gemeinschaft geschaffen, das jedem Organ seinen eigenen Auftrag innerhalb des institutionellen Gefüges der Gemeinschaft und bei der Erfüllung der dieser übertragenen Aufgaben zuweist. Jedes Organ übt seine Befugnisse unter Beachtung der Befugnisse der anderen Organe aus. Der EuGH zieht das institutionelle Gleichgewicht auch heran bei der Überprüfung der Delegation von Kompetenzen und Entscheidungsbefugnissen auf nachgeordnete Organe und vertragsfremde Einrichtungen sowie bei der Auslegung der Verträge bei Regelungslücken.[655]
Hinter dem Begriff des institutionellen Gleichgewichts steht das Ziel, im Wege der Funktionsteilung ein System der „checks and balances" einzuführen und zu bewahren.[656]

c. Eingriff in das Initiativrecht der Kommission

Die sog. Ausarbeitungsphase von Rechtsakten auf EU-Ebene ist vom Initiativrecht der Kommission geprägt (vgl. oben S. 35). Verfassungsrechtlicher Hintergrund des Initiativmonopols ist es, eine gemeinsame Beteiligung des Rates als Vertreter der Mitgliedstaaten und der Kommission als Vertreterin der Gemeinschaftsinteressen zu gewährleisten.[657] Hauptzweck des Initiativrechts ist, nur solche Entwürfe zur Beschlussfassung zuzulassen, die dem Vertrag und dem Gemeinschaftsinteresse Rechnung tragen. Da der Rat im Prinzip nur einstimmig von den Vorschlägen der Kommission abweichen kann, wird verhindert, dass eine Mehrheit im Rat ohne Zustimmung der Kommission einen Staat zu einer Regelung zwingt, die einseitig den Wünschen der Mehrheit entspricht.[658]
Die Kommission befürchtet in ihrer Reaktion auf die Stellungnahmen zum Weißbuch europäisches Regieren, dass durch Einführung eines formellen Konsultationsverfahrens in der Initiativphase ihr Initiativrecht eingeschränkt werde und dies einer Veränderung des institutionellen Gleichgewichts gleichkomme.[659] [660]

---

[655] Calliess in Calliess/Ruffert, Kommentar zu EUV-EGV, Art. 7, Rdnr. 9; EuGH, Rs. C-70/88 (Fn. 20), Rdnr. 21f.; Rs. C-21/94 (Fn. 20), Rdnr. 17; vgl. auch Huber, Institutionelles Gleichgewicht, EuR 2003, 574 (577).

[656] So auch Calliess in Calliess/Ruffert, Kommentar zu EUV-EGV, Art. 7, Rdnr. 13-15.

[657] Schmitt von Sydnow in Groeben/Thiesing/Ehlermann, EU-Kom., Art. 155 Rdnr. 35.

[658] Von Buttlar, Initiativrecht der Europäischen Kommission, S. 17.

[659] KOM(2002) 704 endg., S. 9,10; vgl. auch Lehmann in Working paper „Lobbying in the EU: Current rules and practices", S. 40.

[660] Vgl. auch Nass in FS Mestmäcker, 411 (423), der als Beispiel für einen Eingriff in die Organisationsgewalt der Kommission das Verfahren der Bestellung einer neuen Kommission vor dem

Es ist allein Sache der Kommission, einen Vorschlag für einen Rechtsakt vorzulegen. Bereits im Laufe der fortschreitenden Demokratisierung der EU wurde immer wieder gefragt, ob dieses Vorschlagsmonopol noch gerechtfertigt ist.[661] Das Gemeinschaftsrecht enthält einige Ausnahmen vom Prinzip der Kommissionsinitiative, insbesondere im Bereich der Währungspolitik. Auch wurde das alleinige Initiativrecht der Kommission durch die Verträge von Maastricht und Amsterdam berührt, wonach gemäß Art. 192 EG das EP die Kommission auffordern kann, einen Vorschlag vorzulegen. Gemäß Art. 208 EG kann zudem der Rat die Kommission auffordern, die nach seiner Ansicht zur Verwirklichung der gemeinsamen Ziele geeigneten Untersuchungen vorzunehmen und ihm entsprechende Vorschläge zu unterbreiten.[662] Trotz dieser Rechte von EP und Rat kann aber nicht von einer Einschränkung des Initiativmonopols der Kommission gesprochen werden, da das förmliche Initiativmonopol der Kommission nicht angetastet wird, sondern lediglich rechtliche Grenzen markiert werden. Die Kommission hat sich bei den Vertragsverhandlungen stets erfolgreich gegen eine Einschränkung ihres Initiativmonopols gewehrt[663]. Das Gesetzgebungsverfahren kann durch EP und Rat, außer in einigen seltenen Ausnahmefällen auf dem Gebiet der eigenen Organisation (Art. 190 Abs. 4, 225 Abs. 2, 245; für die EZB Art. 107 Abs. 5 und 6), nicht in Gang gesetzt werden.[664] Eine weitere Berührung des Initiativmonopols erfolgt durch die Festlegung von Fristen, innerhalb derer die Kommission einen Vorschlag vorzubereiten hat und durch Grundprinzipien des EG-Vertrages wie dem Subsidiaritätsprinzip. Insgesamt ist das Initiativrecht der Kommission immer noch sehr weitgehend und wird derzeit durch den EG-Vertrag nicht wesentlich eingeschränkt. Dies wird auch daran deutlich, dass es bereits umstritten ist, ob die Kommission rechtlich verpflichtet ist, einer Aufforderung des EP zur Gesetzesinitiative nachzukommen.[665]

d. Wertung

Das Initiativmonopol der Kommission ist ein wesentlicher Bestandteil des Verfassungssystems der Gemeinschaft.[666] Die formalen, im EG-Vertrag enthaltenen insti-

---

EP 1994 anführt, bei dem das EP die zur Ernennung anstehenden Kommissionsmitglieder in denjenigen Parlamentsausschüssen anhörte, die dem vermeintlich zukünftigen „Ressort" des Kandidaten entsprach; Hölscheidt in Grabitz/Hilf, EU-Kommentar, Art. 192 Rdnr. 6.

661 Vgl. Schoo in Schwarze, EU-Kommentar, Art. 192, Rdnr. 18.

662 Vgl. die genaue Aufzählung und Beschreibung der Einschränkungen des Initiativrechts bei von Buttlar, Initiativrecht der Europäischen Kommission, S. 29-47.

663 Schoo in Schwarze, EU-Kommentar, Art. 192, Rdnr. 18; Jorna in Schwarze, EU-Kommentar, Art. 211, Rdnr. 29.

664 Vgl. hierzu Kluth in Calliess/Ruffert, Kommentar zu EUV-EGV, Art. 192, Rdnr. 9 und Art. 189, Rdnr. 13; Schoo in Schwarze, EU-Kommentar, Art. 192, Rdnr. 17; Von Buttlar, Initiativrecht der Europäischen Kommission, S. 25; Andere Ansicht: Jorna in Schwarze, EU-Kommentar, Art. 211, Rdnr. 29f.

665 Vgl. zu den verschiedenen Ansichten Schoo in Schwarze, EU-Kommentar, Art. 192, Rdnr. 18.

666 So auch Schmitt von Sydnow in Groeben/Thiesing/Ehlermann, EU-Kom., Art. 155 Rdnr. 61.

tutionellen Verfahrensabschnitte (Initiativ-, Beratungs- und Entscheidungsphase) sollen unter Einbeziehung der jeweiligen EU-Organe die EU-Rechtsetzung effizient und ausgewogen ermöglichen.
Das Vorschlagsrecht verleiht der Kommission eine starke, dem Rat ebenbürtige Stellung, die der europäischen Integration dienlich ist. Es gibt der Kommission ein Instrument, die inhaltliche Ausgestaltung und den Rhythmus der Gemeinschaftsarbeit nach ihrem politischen Willen zu beeinflussen.[667] Es verschafft der Kommission die politische Macht, den Inhalt eines Vorschlages, den Zeitpunkt seiner Vorlage, seine Verknüpfung mit anderen Vorschlägen und seine Rücknahme zu bestimmen. Insbesondere die Bestimmung des Zeitraumes des Vorschlages räumt der Kommission einen breiten Spielraum für Überlegungen taktischer Art ein.[668] Der Kommissionsvorschlag ist zudem die Grundlage für jedwedes weiteres Tätigwerden von Rat und EP. Zumindest seit dem Amsterdamer Vertrag obliegt dem EP im Bereich des Mitentscheidungsverfahrens ebenfalls eine starke Stellung, die der integrationsfreundlichen Kommission oft den Rücken stärkt.[669] Der EG-Vertrag steckt auch die Grenzen der Handlungsbefugnis des Rates ab. Bis zur endgültigen Beschlussfassung behält die Kommission die Herrschaft über ihren Vorschlag, d.h. sie kann ihn auch noch zurückziehen.[670]
Würde die Kommission durch formelle Regelungen der Konsultation in ihrer weitestgehend freien Entscheidung, einen Rechtsakt vorzuschlagen, beeinträchtigt oder eingeschränkt, würde dies in das institutionelle Gleichgewicht von Kommission, Rat und EP eingreifen. Die Vorschläge der Kommission zur Einbeziehung von Interessenvertretern spiegeln diese starke Stellung der Kommission bei der Ausarbeitung von Gesetzesinitiativen wider. Nach dem derzeitigen verfassungsrechtlichen System würde allein eine Pflicht zur Berücksichtigung der durch Konsultation erlangten Informationen in das Initiativrecht der Kommission eingreifen. Solange man der Kommission insoweit einen alleinigen, nicht nachprüfbaren Beurteilungsspielraum überlässt, würde auch eine genauere Regelung der Art und Weise der Konsultation von Interessenvertretern als sie derzeit existiert nicht in das Initiativrecht eingreifen.
Man kann zu der Auffassung gelangen, die Kommission handele hier unnötigerweise übervorsichtig, um jegliches Antasten ihres Vorschlagsmonopols zu verhindern und ohne zu erwähnen, dass die nicht existierende „Pflicht zur Berücksichtigung" das Entscheidende ist (vgl. auch unter S. 159ff.).

3. Das Selbstorganisationsrecht/ die Organgewalt der Kommission

Die von der Kommission durchgeführten Maßnahmen, die bezüglich der Frage „ob" und „wie" für die Anhörung von Interessenvertretern Mindeststandards mit einem Ermessenspielraum festlegen, wurden auch ergriffen vor dem Hintergrund,

---

[667] Schmitt von Sydnow in Groeben/Thiesing/Ehlermann, EU-Kom., Art. 155 Rdnr. 38.
[668] Schmitt von Sydnow in Groeben/Thiesing/Ehlermann, EU-Kom., Art. 155 Rdnr. 40.
[669] Vgl. auch Schmitt von Sydnow in Groeben/Thiesing/Ehlermann, EU-Kom., Art. 155 Rdnr. 55.
[670] Schmitt von Sydnow in Groeben/Thiesing/Ehlermann, EU-Kom., Art. 155 Rdnr. 42-47.

dass die Kommission ihre Organisationsfreiheit nicht hat einschränken wollen. Jedem EU-Organ steht für seinen Bereich die Organisationsgewalt zu. Hierdurch werden die Vorgaben der EG-Verträge umgesetzt.[671] Die umfassende Organisationsgewalt der Kommission ist aus Art. 218 Abs. 2 EG abzuleiten. Danach ist sie verpflichtet, sich eine Geschäftsordnung zu geben, die Beamtenhierarchie selbständig auf- und abzubauen, das Primär- und Sekundärrecht auszulegen oder Vorschriften über die Geschäftsverteilung und -erledigung zu erlassen. Innerhalb der Kommission erfolgt die Organisation häufig über allgemeine Akte an ihre Beamte, die die Auslegung und Anwendung des Gemeinschaftsrechts lenken sollen. Diese innere Organisationsform der Kommission ist gegenüber Rechtsakten von außen, also gegenüber Entscheidungen, Richtlinien, Verordnungen oder Akte sui generis, abgeschirmt.[672]

Eine detaillierte Ausgestaltung der Art und Weise, wie Interessenvertretern einzubeziehen sind, hätte zur Folge, dass die Kommission nicht mehr derart selbstständig wie bisher bei der Ausarbeitung eines Vorschlages für einen Rechtsakt handeln kann. Sie müsste die kommissionsinterne Ausarbeitungsphase neu organisieren und könnte diese Neuorganisation auch nicht beliebig vornehmen, sondern müsste die Vorgaben der Regulierungen berücksichtigen. Insoweit läge eine Einschränkung des Selbstorganisationsrechts der Kommission vor, ihre interne Organisationshoheit wäre berührt. Die Kommission kann nicht zur genaueren Ausgestaltung ihrer oben beschriebenen Maßnahmen zum „besseren Regieren“ verpflichtet werden.

4. Anfechtbarkeit eines Kommissionsvorschlages vor dem EuGH

Die Kommission hat ihre unverbindlichen Maßnahmen zur Regulierung der Interessenvertretung auch erlassen, um zu vermeiden, dass ein Vorschlag der Kommission vor dem Gerichtshof wegen mangelhafter Konsultation der betroffenen Parteien angefochten werden kann.

Ein übertrieben legalistischer Ansatz ist aus Sicht der Kommission unvereinbar mit der Notwendigkeit einer fristgerechten Umsetzung der Politik sowie mit den Erwartungen der Bürger, dass die Europäischen Organe sich mit inhaltlichen Fragen befassen, statt sich auf die Verfahren zu konzentrieren.[673] Hintergrund dieser Überlegungen der Kommission ist wiederum eine befürchtete Einschränkung ihres Initiativmonopols. Die Kommission möchte vermeiden, dass sie bereits bei Ausarbeitung eines Vorschlages verpflichtet ist, Interessenvertreter in einem genau vorgege-

---

[671] Vgl. EuGH, Slg. 1976, 593 (602), Urteil v. 20.05.1976 – Macevicius/ Parlament, 66/75; Bleckmann, EuropaR, Rdnr. 475, 476: Zu unterscheiden ist dabei zwischen den Intra-Organ-Beziehungen, also den Organisationsfragen innerhalb eines Organs und den Inter-Organ-Beziehungen, die das Verhältnis zwischen den einzelnen Organen umfasst. Die Inter-Organ-Beziehungen können sich auszeichnen durch übereinstimmende Geschäftsordnungen, Inter-Organ-Verträge oder durch Gründung gemeinsamer Hilfsorgane wie gemeinsamer Druckerei und werden durch die Einrichtung eines rechtlich verbindlichen Konsultationsverfahrens für Interessenvertreter nicht berührt, da Interessenvertreter nur während der Initiativphase verbindlich gehört werden müssten.

[672] Bleckmann, EuropaR, Rdnr. 472-474.

[673] KOM(2002) 704 endg., S. 9,10.

benen Verfahren anzuhören, dessen Befolgung gegebenenfalls vor dem EuGH eingeklagt werden kann.

5. Problem der Berücksichtigung der durch die Konsultation erlangten Informationen

a. Problemstellung

Problematisch ist, wie die Kommission die durch Hinzuziehung von Interessengruppen erlangten Erkenntnisse zu berücksichtigen hat. Die Kommission hat dieses Problem in ihrer Mitteilung „Hin zu einer verstärkten Kultur der Konsultation“[674] erkannt, geht auf eine Lösung des Problems im Mitteilungstext selbst aber nicht ein. Lediglich im Anhang der Mitteilung heißt es, dass die Kommission die eingehenden Beiträge daraufhin analysiert, ob und in wie weit die vorgebrachten Ansichten in die politischen Vorschläge eingebracht werden können. Zudem stellt sie den Parteien, die geantwortet haben, ein angemessenes Feedback bereit. Zu diesem Zweck beinhalten die Begründungen zu den Rechtsakten im Nachgang zu einem Konsultationsverfahren die Ergebnisse dieser Konsultationsverfahren sowie Erläuterungen zu ihrer Durchführung und zu der Art und Weise, wie die Ergebnisse im Vorschlag berücksichtigt wurden.[675]

Grundsätzlich stehen für die Art der Berücksichtigung der erlangten Informationen die folgenden Möglichkeiten zur Verfügung:

- die erlangten Informationen sollen nachvollziehbar berücksichtigt werden, wobei sich die Frage stellt, ob es gesichert sein muss, dass die Argumente erwogen werden oder sogar ein Begründungszwang für eine bestimmte Lösung besteht.
- Die Kommission muss sich lediglich auf die Anhörung berufen, also aufzeigen, dass eine solche durchgeführt wurde und eventuell die Ergebnisse in einem Bericht oder am Anfang der Begründung zum Gesetzesvorschlag kurz zusammenfassen, ohne zu werten.
- Die erlangten Informationen brauchen in keiner Form berücksichtigt oder erwähnt zu werden.

Bei den ersten beiden Möglichkeiten sollte Abwegiges nicht erwähnt und auch nicht berücksichtigt werden müssen, um die Effizienz der Kommissionsarbeit nicht einzuschränken.

Dem Kriterium der Repräsentativität möchte die Kommission derzeit nicht entscheidendes Gewicht beimessen bei der Frage, inwieweit Stellungnahmen berück-

---

[674] KOM(2002) 704 endg.,S. 10,11: „Im Konsultationsdokument der Kommission wurde unterschieden zwischen offenen und zielgerichteten Konsultationsverfahren, die dazu führte, dass viele sich die Frage stellten, ob der Zugang zu Konsultationen beschränkt werden sollte, und wie die Qualität der Eingaben der betroffenen Parteien bewertet werden würde.“.

[675] KOM(2002) 704 endg.,S. 21.

sichtigt werden müssen. Dagegen knüpft der WSA in seiner Stellungnahme zum Weißbuch Good Governance an das Kriterium der Repräsentativität an.[676]

b. Vergleich mit bestehenden Regelungen

aa. WSA und ADR

Ein Vergleich mit bestehenden Regelungen bei WSA und AdR, die nach dem EG-Vertrag je nach Gesetzgebungsverfahren zwingend angehört werden müssen, zeigt, dass Rat und Kommission sich in diesen obligatorischen Fällen lediglich auf erfolgte Anhörungen dieser Institutionen formell berufen müssen, bevor sie einen entsprechenden Rechtsakt erlassen können. Es steht in ihrem Ermessen, ob sie die Stellungnahmen inhaltlich bei ihren Entscheidungen berücksichtigen.[677] Es besteht keine Verpflichtung, die Stellungnahmen zu berücksichtigen, und die Kommission hat sich 1989 auch nur freiwillig einer Informationspflicht über die Berücksichtigung von Stellungnahmen des WSA unterworfen. Die Erfahrungen mit den vierteljährlichen Auflistungen der Kommission zeigen aber, dass die Stellungnahmen des WSA aufmerksam auf ihre Verwertbarkeit geprüft werden.[678]

bb. Art. 253 EG

Auch aus Art. 253 EG kann keine Pflicht zur Berücksichtigung eingegangener Stellungnahmen hergeleitet werden. Art. 253 EG statuiert eine Begründungspflicht für die in Art. 249 EG näher bezeichneten Rechtsakte. Die Begründung muss in dem Rechtsakt selbst enthalten sein, vom Urheber des Rechtsakts stammen und ihrem Inhalt nach die wichtigsten rechtlichen und tatsächlichen Erwägungen erkennen lassen.[679]
Die Anforderungen des EuGH an diese Begründungspflicht sind eher gering. Selbst eine lückenhafte, unklare und mehrdeutige Begründung läuft dem Begründungsprinzip nicht zuwider.[680] Der EuGH beschränkt die Begründungspflicht sogar die Darlegung der Auffassung des handelnden Organs. Es besteht somit keine Notwendigkeit auf sämtliche im Laufe des Gesetzgebungsverfahrens geäußerten Ansichten und Einwände einzugehen. Mögliche Alternativlösungen oder wissenschaftliche Erkenntnisse müssen ebenfalls nicht erörtert werden.[681]

cc. Deutsche Rechtslage

Aufschluss könnte auch ein Vergleich mit den Rechtsfolgen der Anhörung in Deutschland bringen: Im deutschen Verwaltungsrecht entspricht der Begriff der Anhörung, wie oben erwähnt, dem des rechtlichen Gehörs. Im Rahmen des verfassungsmäßig garantierten Rechts auf rechtliches Gehör besteht eine Verpflichtung

---

[676] Vgl. Lehmann in Working paper „Lobbying in the EU: Current rules and practices", S. 39.
[677] Siebeke in Schwarze, EU, Art. 262 Rdnr. 3 und Art. 265 Rdnr. 22.
[678] Siebeke, Institutionalisierte Interessenvertretungen, S. 97.
[679] Gellermann in Streinz, EUV-EGV, Art. 253 Rdnr. 6
[680] Gellermann in Streinz, EUV-EGV, Art. 253 Rdnr. 6; EuGH, verbundene Rs. C-260/91 und 261/91, Slg. 1993, I-1885, Rdnr. 12f; EuGH Rs. 158/80, Slg. 1981, 1805 Rdnr. 26.
[681] So Gellermann in Streinz, EUV-EGV, Art. 253 Rdnr. 6.

zur „adäquaten Berücksichtigung“ der eingegangenen Stellungnahmen durch die jeweiligen Stellen (Gericht, Behörde).[682]
Im deutschen Umweltrecht besteht die Tendenz, sich zur Durchsetzung seiner Ziele der Mitwirkung von Verbänden und Vereinen zu bedienen. Entsprechende Regelungen finden sich in den §§ 58ff. BNatSchG (vgl. unten, S. 180), wonach Äußerungen von den zuständigen Behörden zu berücksichtigen sind. Die Behörde muss die Äußerung des Verbandes zur Kenntnis nehmen, ernsthaft in Erwägung ziehen und gedanklich nachvollziehen. Ein Anhörungsgespräch muss nicht notwendigerweise stattfinden. Ein Recht auf einen ständigen Abstimmungsprozess oder Dialog mit der Behörde besteht nicht. Die Äußerung des Verbandes braucht nicht ausdrücklich beschieden werden. Es wird argumentiert, dass eine solche formelle Bescheidungspflicht, die die konkrete Auseinandersetzung mit den Vorstellungen und Bedenken des Verbandes zum Gegenstand hat, nicht Wesensmerkmal einer Anhörung ist. Auch hat der deutsche Gesetzgeber eine solche Pflicht nur ausnahmsweise normiert, z.B. in § 11 Abs. 8 S. 3 und 12 Abs. 5 S. 3 GenTG. Die Bescheidung steht letztendlich im Ermessen der zuständigen Behörde. Je substantiierter die Stellungnahme eines Verbandes ausfällt, um so eher indiziert das Unterbleiben einer Bescheidung einen Abwägungs- bzw. Ermessensfehler.[683]

c. Fazit

Eine Pflicht zur Berücksichtigung, auch in abgeschwächter Form, ist abzulehnen, obwohl man die Ansicht vertreten könnte, dass wenn die Kommission schon eine Konsultation durchführt, sie die Ergebnisse auch berücksichtigen muss. Auch aus Art. 253 EG folgt lediglich eine Begründungspflicht aber keine Pflicht zur Berücksichtigung. Gegen die verpflichtende Berücksichtigung spricht die verfassungsrechtliche Vorgabe des Initiativmonopols der Kommission im EG-Vertrag, aber auch die abschreckende Wirkung dieser Pflicht und die Rechtsfolgen bei einer vermeintlichen Verletzung: Der zuständige Referent in der Kommission könnte auf die Idee kommen, erst gar keine Anhörung durchzuführen, falls er fürchten muss, dass sein Handlungsspielraum danach stark eingeschränkt ist.
Abzulehnen ist auch die Statuierung einer Pflicht der Kommission zu begründen, warum sie einer oder mehreren Ansichten der Interessenvertreter nicht gefolgt ist, bzw. wieso sie den Rechtsakt in der gewählten Form erlassen hat. Die Kommission würde politisch verpflichtet, sich mit den Auffassungen der Interessenvertreter auseinanderzusetzen, und müsste diesen gegenüber begründen, aus welchen Gründen sie ihnen nicht folgt. Eine derart weitreichende Begründungspflicht ist auch von Art. 253 EG nicht umfasst. Neben starken verfassungsrechtlichen Bedenken würde eine derart weitgehende Verpflichtung die Kommission in ihrem Handlungsspielraum sehr einengen und zu einem großen Mehraufwand bei der Begründung eines Rechtsaktes führen. Zudem sähe sie sich bei Nichtberücksichtigung der Gefahr der

---

[682] Kopp/ Ramsauer, VwVfG § 28, Rdnr. 12; vgl. zur Funktion der parlamentarischen Anhörung Mengel, DÖV 1983, S. 226ff.
[683] Vgl. Gassner in Gassner/Bendomir-Kahlo/Schmidt-Räntsch, BNatSchG, § 58 Rdnr. 13; Ziekow/Siegel, Anerkannte Naturschutzverbände als 'Anwälte der Natur', S. 75.

Erhebung einer Untätigkeitsklage ausgesetzt.[684] Eine derart einschneidende Maßnahme, bei der die Gefahr besteht, dass die Kommission massiv an Effizienz und Handlungsfähigkeit verliert, kann nur durch eine Änderung des EG-Vertrages eingeführt werden.
Auf der anderen Seite sollte in einem von der Kommission erlassenen Vorschlag für einen Rechtsakt oder in einem vorgelagerten Arbeitspapier vermerkt sein, dass ein Konsultationsverfahrens durchgeführt wurde. Sobotta vertritt die Auffassung, eine Antwort müsse zumindest dokumentieren, dass die Kommission die Eingabe zur Kenntnis genommen habe. Daraus folge noch keine Verpflichtung zur inhaltlichen Auseinandersetzung mit der Eingabe.[685]
In der Antwort der Kommission auf eine Konsultation von Interessengruppen, die in Form eines neuen Arbeitspapiers oder bereits durch den Vorschlag des Rechtsaktes erfolgen kann, muss hervorgehen, dass die Kommission sich mit den Eingaben inhaltlich auseinandergesetzt hat. In der Mining-Waste-Angelegenheit wurde diese Auseinandersetzung mit den Eingaben der Interessengruppen belegt durch eine Beschreibung des durchgeführten Konsultationsverfahrens und eine Zusammenfassung der Standpunkte der konsultierten Kreise (Mitgliedstaaten, Beitrittsländer, Industrie, NRO).[686] Dies entspricht den Vorgaben, die die Kommission sich selbst in ihrer Mitteilung „Hin zu einer verstärkten Kultur der Konsultation“[687] gegeben hat. Diese Lösung der Kommission ist im Hinblick auf ihre Unabhängigkeit in der Initiativphase ausreichend und zu begrüßen. Mehr kann nicht verlangt werden mit Blick auf die Effizienz der Rechtsetzung und das institutionelle Gefüge in der EU. Eine weitergehende Verpflichtung der Kommission zur Berücksichtigung und Analyse der Konsultationsantworten wäre rechtlich nicht zulässig und würde in der Praxis zur Folge haben, dass der Kommission von der Durchführung einer Konsultation abzuraten wäre.

VII. Zusammenfassung Kommissionsmaßnahmen zur Regulierung der Interessenvertretung

Die Kommission hat den Problembereich „Dialog mit Interessenvertretern“ bereits Anfang der 90er Jahre erkannt. Sie sieht diesen Dialog als notwendig an und hat Selbstverpflichtungen ausgearbeitet, um diesen in geregelte Bahnen zu lenken. Die Debatte der Kommission über das „Bessere Regieren“ wurde in den Jahren 2001 bis Anfang 2003 stark vorangetrieben, auch hervorgerufen durch die Verankerung der Durchführung von Anhörungen zu Rechtsetzungsinitiativen in Ziffer 9 des Subsidiaritätsprotokolls zum Amsterdamer Vertrag.
Insgesamt entsteht der Eindruck, dass die Kommission ein sehr umständliches und unübersichtliches Verfahren zur Lösung des Problems gewählt hat, das sie unter

---

[684] Vgl. zur Möglichkeit der Erhebung einer Untätigkeitsklage im Fall des Art. 108 EG, Hix in Schwarze, EU-Kommentar, Art. 208, Rdnr. 9.
[685] Sobotta, Transparenz i.d. Rechtsetzungsverfahren der EU, S. 125.
[686] KOM(2003) 319 endg., S. 30-33.
[687] KOM(2002) 704 endg., S. 21.

den Stichworten „Bessere Rechtsetzung“ „Europäisches Regieren“ und „Organisierte Zivilgesellschaft“ sowie deren Einbeziehung in den Rechtsetzungsprozess versucht zu lösen. Sie verbindet die Lösung mit weiteren Problemen bei der Rechtsetzung, wie Gesetzesfolgenabschätzung und Nutzung von Expertenwissen, um insgesamt das Rechtsetzungsverfahren effizienter zu gestalten.

Die Kommission wagt durch ihr Konzept den „großen Wurf“ anstatt die Probleme einzeln anzugehen und nimmt damit ein fast unüberschaubares Dokumentendickicht zu diesem Thema in Kauf. Die von der Kommission ausgearbeiteten Maßnahmen zeichnen sich durch viele Wiederholungen, viele Absichtserklärungen und einen großen Ermessensspielraum für die Kommission aus. Sie versucht damit den schwierigen Spagat, einerseits ihr verfassungsrechtlich garantiertes Initiativrecht zu erhalten und andererseits die beinahe institutionalisierten Einbeziehung von interessierten Kreisen bei der Erarbeitung eines Kommissionsvorschlages zu berücksichtigen, obwohl diese formell nicht am Entscheidungsverfahren teilnehmen. Bei ihrer Lösung des Problems durch verschiedene Mitteilungen geht sie hinsichtlich der Einbeziehung von Interessenvertretern in Form eines institutionalisierten Verfahrens nicht so weit wie sie könnte, ohne dass sie ihre verfassungsrechtlich garantierten Rechte beschneiden würde. Ihre Mindeststandards im Umgang mit Interessenvertretern sind dennoch zu begrüßen und können stetig weiterentwickelt werden.

Entscheidender Gesichtspunkt aus verfassungsrechtlicher Sicht ist, dass jegliche Konsultation und Zusammenarbeit der Kommission mit Experten, Interessenvertretern etc. nicht zu einer Pflicht der Berücksichtigung der eingegangenen Stellungnahmen führen und ihre Unabhängigkeit nicht einschränken darf. Solange diese Grenze nicht überschritten wird, steht einer stärkeren Institutionalisierung des Umgangs der Kommission mit Interessenvertretern nichts im Wege.

D. WSA

I. Anhörungsverfahren von WSA

WSA und AdR unterstützen gemäß Art. 7 Abs. 2 EG Rat und Kommission mit beratender Aufgabe. Im Hinblick auf die Interessenvertretung soll hier allein der WSA betrachtet werden, da Interessengruppen direkt in ihm vertreten sind.[688] Der WSA hat seinen Sitz in Brüssel und ist kein Organ der Gemeinschaft, aber eine gemeinschaftliche Institution.[689] Der WSA fördert den Dialog zwischen Regierten und Regierenden und wird als ein Beitrag zur Legitimation der Europapolitik angesehen.[690]

Ihm liegt der Gedanke zugrunde, die Akteure des wirtschaftlichen und politischen Lebens direkt in das Rechtsetzungsverfahren einzubeziehen. Man möchte den

---

[688] Vgl. zum WSA auch Smismans, European Civil Society, European Law Journal 2003, 473 (481f.).

[689] Vgl. Suhr in Calliess/Ruffert, Kommentar zu EUV-EGV, § 257 Rdnr. 3-7.

[690] Suhr in Calliess/Ruffert, Kommentar zu EUV-EGV, § 257 Rdnr. 13.

Sachverstand und die besonderen Kenntnisse des WSA nutzen und die Interessenvertretung der Verbände institutionalisieren. Die Verbände verfügen über eine Plattform, ihre Meinung zu EG-Vorhaben kundzutun. Hierdurch will man Verbandseinflüsse transparenter gestalten und einen Beitrag gegen missbräuchlichen Lobbyismus leisten.[691]
Die Mitglieder des Ausschusses, die vorwiegend ihrer beruflichen Beschäftigung in ihren Heimatländern nachgehen, bilden drei Gruppen, die die Arbeitgeber, Arbeitnehmer und verschiedene andere wirtschaftliche und soziale Interessen vertreten[692]. Verbandspositionen können direkt in die Rechtsetzung einfließen. Der WSA sieht sich als Forum und Sprachrohr der „organisierten Zivilgesellschaft" (Art. 257 EG). Das Anhörungsverfahren des WSA richtet sich nach Art. 262 EG. Hiernach muss er von Rat oder Kommission in den im EG-Vertrag vorgesehenen Fällen gehört werden, in denen diese es für zweckmäßig erachten. Die Mitwirkung des WSA (und auch des AdR) an Rechtsetzungsverfahren besteht in der Abgabe unverbindlicher Stellungnahmen , die Kommission, EP und Rat bei der Erfüllung ihrer Aufgaben unterstützen.[693] Auf diese Stellungnahmen ist gemäß Art. 253 EG in dem Rechtsakt Bezug zu nehmen. Die Äußerungen dieses „unabhängigen, kompetenten, beratenden Gremiums neben dem Europäischem Parlament ermöglichen der Kommission und dem Rat die ´Kontrolle´, ob sie die verschiedenen Interessenlagen sachgerecht und vollständig erfasst haben."[694]
Es wird die Ansicht vertreten, dass der WSA zur Entstehung einer europäischen Verbandsebene mit beigetragen habe.[695]

II. Stellungnahme zur Funktion des WSA bei der Interessenvertretung

Der WSA trägt nur ungenügend zur Lösung der Problematik Beteiligung von Interessenvertretern bei. Er wird seiner „Dialogaufgabe" nicht gerecht. Er besitzt seit der EU-Osterweiterung 317 Sitze, und damit bietet er nur wenigen ausgewählten Interessenvertretern Gelegenheit zur Stellungnahme. Es wird sogar die Ansicht vertreten, der WSA gehöre aufgrund seiner geringen Bedeutung aufgelöst und es wäre eine Zeitverschwendung, überhaupt über diese Frage zu diskutieren. Greenwood schreibt insoweit: „It is a measure of the lack of significance of the Economic and Social Committee (ESC) that some Brussels commentators suggest that it would be

---

[691] Schwaiger/ Siebeke in Goeben/ Thiesing/ Ehlermann, Kom EU-/EG-Vertrag, Band 4, Vor Art. 193-198, Rdnr. 15.

[692] Homepage WSA, http://www.europa.eu.int/institutions/eesc/index_de.htm .

[693] Suhr in Calliess/Ruffert, Kommentar zu EUV-EGV, § 257 Rdnr. 1; Schwaiger/ Siebeke in Goeben/ Thiesing/ Ehlermann, Kom EU-/EG-Vertrag, Band 4, Vor Art. 193-198, Rdnr. 1-5.

[694] Schwaiger/ Siebeke in Goeben/ Thiesing/ Ehlermann, Kom EU-/EG-Vertrag, Band 4, 5. Auflage, Vor Art. 193-198, Rdnr. 15.

[695] Oppermann, EuropaR, § 5 Rdnr. 128; Schwaiger/ Siebeke in Goeben/ Thiesing/ Ehlermann, Kom EU-/EG-Vertrag, Band 4, 5. Auflage, Vor Art. 193-198, Rdnr. 15.

a waste of valuable .... time to even discuss the question of whether it should be abolished."[696]

Der WSA kann aufgrund seiner sehr allgemeinen Besetzung zudem nur übergreifende Themen im Detail behandeln. Sektorale Themen werden durch den WSA nicht in ausreichendem Maße behandelt. Hierfür hat der WSA zwar sog. beratende Ausschüsse und Fachgruppen gebildet (vgl. Art. 261 EG), wie den beratenden Ausschuss für industriellen Wandel, in dem auch Angehörige der Rohstoffindustrie vertreten sind (vgl. unten S. 171). Grundsätzlich ist zu unterscheiden zwischen Expertenausschüssen, die aus nationalen Beamten und Fachexperten bestehen, und beratenden Ausschüssen.[697] Das generelle Problem der Arbeit des WSA aus Sicht der Interessenvertretung ist aber, dass seine Anhörung erst nach Beendigung der Ausarbeitung der Gesetzentwürfe durch die Kommission erfolgt. Wie oben dargelegt, ist dies in der Praxis zu spät, um Einfluss auszuüben. Für Interessenvertreter ist gerade die frühe Einflussnahme bei der Kommission entscheidend. Zudem hat der WSA lediglich anzuhörenden Status (kein Entscheidungsorgan) und unterliegt dem Konsenszwang, was seine Effektivität mindert.[698] Problematisch ist zudem, dass es im Ermessen von Rat und Kommission liegt, ob sie die Stellungnahmen inhaltlich berücksichtigen. Sie müssen sich lediglich auf die Anhörung des WSA formell berufen, und können bei Unterlassen im Wege einer Nichtigkeitsklage vor dem EuGH belangt werden. Eine diesbezügliche Klagebefugnis des WSA ist umstritten.[699]
Dem WSA kommt für die Interessenvertretung somit lediglich eine ergänzende Funktion, neben der wichtigen Interessenvertretung insbesondere bei der Kommission zu. Siebeke ist zuzustimmen wenn sie fordert, dass eine Anpassung der Mitgliederzusammensetzung des WSA an die jeweils aktuelle Verbandswirklichkeit notwendig ist. Mittelstand und Dienstleistungssektor sollten stärker repräsentiert werden. Im Gegenzug sollten überhöhte Mandate für landwirtschaftliche Interessengruppen abgebaut werden. Anhaltspunkte für die Zusammensetzung des WSA sollten die jeweils aktuellen Daten von Eurostat über die Verbandszusammensetzung der EU sein, er sollte aber nicht vergrößert werden. Zudem sind die maßgeblichen europäischen Verbände, also UNICE für die Arbeitgeberseite und der EGB für die Arbeitnehmerseite, am WSA-Mitglieder-Ernennungsverfahren zu beteiligen und ihnen ist ein Beobachterstatus zuzugestehen.[700] Der WSA sollte bei jeder bedeutenden Stellungnahme die betroffenen Verbände, die nicht im WSA vertreten sind, anhören.[701]

---

696 So Greenwood, Representing Interests in the EU, S. 48.
697 Buholzer, Legislatives Lobbying in der EU, S. 170.
698 Siebeke in Schwarze, EU, Art. 257 Rdnr. 3 und 22.
699 Siebeke in Schwarze, EU, Art. 262 Rdnr. 3.
700 Siebeke, Institutionalisierte Interessenvertretungen, S. 85ff. und 100.
701 Siebeke, Institutionalisierte Interessenvertretungen, S. 91.

E. Beamtenrechtliche Regelungen

I. Das EU-Beamtenstatut

Zum 1. April 2004 trat das neue EU-Beamtenstatut in Kraft.[702] [703]Es gilt für die Beamten aller Organe der Gemeinschaft. Das Statut regelt in seinem 2. Titel die Rechte und Pflichten des Beamten. Nach Artikel 11 hat der Beamte sich bei der Ausübung seines Amtes und in seinem Verhalten ausschließlich von den Interessen der Gemeinschaften leiten zu lassen; er darf von keiner Regierung, Behörde, Organisation oder Person außerhalb seines Organs Weisungen anfordern oder entgegennehmen. Der Beamte führt die ihm aufgetragenen Aufgaben objektiv, unparteiisch und unter Einhaltung seiner Loyalitätspflicht gegenüber den Gemeinschaften aus.

Artikel 17 bestimmt, das der Beamte sich jeder nicht genehmigten Verbreitung von Informationen enthält, von denen er im Rahmen seiner Aufgaben Kenntnis erlangt, es sei denn, diese Informationen sind bereits veröffentlicht oder der Öffentlichkeit zugänglich.

Der Umgang mit Interessenvertretern ist in dem Beamtenstatut nicht ausdrücklich angesprochen.

II. Leitfaden für die Pflichten der Beamten und Bediensteten der Europäischen Kommission

Die EG-Kommission hat im Jahr 2000 einen Verhaltenskodex „Code of Good Administrative Behavior – Relation with Public" verabschiedet, der sich an alle Bediensteten der Kommission richtet und diese verpflichtet, ihn einzuhalten.[704] Der Leitfaden legt den Kommissionsbediensteten auf 12 Seiten grundlegende Pflichten im Umgang mit der Öffentlichkeit dar und soll so zu einem verbesserten Verhalten der Bediensteten führen. Der Leitfaden orientiert sich an den Grundsätzen der Achtung von Recht und Gesetz (Lawfullness), der Verhältnismäßigkeit und der Konsistenz von Verwaltungshandlungen. Er empfiehlt auch, dass alle interessierten

---

[702] Statut der Beamten der Europäischen Gemeinschaften und Beschäftigungsbedingungen für die sonstigen Bediensteten der Europäischen Gemeinschaften, im Internet abzurufen unter: http://europa.eu.int/comm/dgs/personnel_administration/statut/tocde100.pdf (zuletzt abgerufen am 30.04.2006). Dieses Statut und diese Beschäftigungsbedingungen sind an die Stelle des Statuts und der Beschäftigungsbedingungen für die sonstigen Bediensteten der Europäischen Wirtschaftsgemeinschaft und der Europäischen Atomgemeinschaft, wie sie die Verordnung Nr. 31 (EWG), 11 (EAG) der Räte vom 18.12.1961 (Amtsblatt der Europäischen Gemeinschaften Nr. 45 vom 14.6.1962) festgelegt hatte, sowie des Statuts der Beamten und der Beschäftigungsbedingungen für die sonstigen Bediensteten der Europäischen Gemeinschaft für Kohle und Stahl, die seitdem geändert worden sind, getreten.

[703] Vgl. zur Reform des EU-Beamtenstatuts Kilb, NVwZ 2003, S. 682ff.

[704] Im Internet abzurufen unter:
http://europa.eu.int/comm/secretariat_general/code/_docs/code_en.pdf (zuletzt abgerufen am 30.04.2006).

Parteien gehört werden sollen, wo Gemeinschaftsrecht dies vorschreibt. Insgesamt ist er sehr kurz und allgemein gehalten.

III. Exkurs: Leitfaden für die Pflichten der Beamten und Bediensteten des Europäischen Parlaments

Im Amtsblatt C 97/1 vom 5.4.2000 ist ein Verhaltenskodex des EP erschienen, der als „Leitfaden für die Pflichten der Beamten und Bediensteten des Europäischen Parlaments" überschrieben ist. Ziel des Kodexes ist es, den Beamten und Bediensteten ihre beruflichen Pflichten zu erläutern, indem ihnen zur Kenntnis gebracht wird, wie das Statut der Beamten, die Beschäftigungsbedingungen für die sonstigen Bediensteten und die sich daraus ergebenden Regelungen oder Anweisungen auszulegen sind. „Es handelt sich um eine Art Gebrauchsanweisung für die einschlägigen Bestimmungen, aber auch um einen Verweis auf die wichtigsten Grundsätze, die jeder Angehörige des europäischen Dienstes beachten muss. Er (Anm.: der Leitfaden) muss zusammen mit dem Statut gelesen werden.... Verhaltenskodexe sind keine formellen Verfahren, sondern sie sollen einen moralischen Bezugspunkt für Beamte und Inhaber öffentlicher Ämter bieten."[705] Dieser Leitfaden konkretisiert die Inhalte des EU-Beamtenstatuts und enthält auch Verhaltenspflichten gegenüber Interessenvertretern:

Unter der Überschrift „Pflicht zur Unabhängigkeit" ist normiert, dass eine Pflicht zur Unabhängigkeit u.a. gegenüber „politischen Kräften und Lobbys" besteht. Der europäische Beamte darf nach Art. 11 des Statuts „von keiner Regierung, Behörde, Organisation oder Person außerhalb seines Organs Weisungen anfordern oder entgegennehmen". Nimmt er Belohnungen, Geschenke oder Vergütungen irgendwelcher Art an, ist die Zustimmung der Anstellungsbehörde erforderlich, es sei denn der materielle Wert liegt unter 100 Euro.

„In diesem Sinne ist der Beamte bzw. Bedienstete gegenüber Interessengruppen (Lobbys), die die Tätigkeiten des Europäischen Parlaments genau verfolgen, zu einem Verhalten verpflichtet, das der Unabhängigkeit seines Amtes und dem Grundsatz der Integrität entspricht."[706]

In der Schlussbemerkung sind die Rechte und Pflichten der Bediensteten kurz zusammengefasst. Dort heißt es weiterhin: "Durch dieses Gleichgewicht von Rechten und Pflichten wollte der Gesetzgeber die Gemeinschaft im Auftrag des gemeinsamen Interesses der Staaten, die sie bilden, vor den Gefahren der Verpflichtung ihrer Beamten und Bediensteten gegenüber Akteuren oder Kräften, die Einfluß auf das Gemeinschaftsleben nehmen, schützen."[707]

---

[705] ABl. 2000/ C 97/ 01 vom 5.4.2000 „Leitfaden für die Pflichten der Beamten und Bediensteten des Europäischen Parlaments", S. 3.

[706] ABl. 2000/ C 97/ 01 vom 5.4.2000 „Leitfaden für die Pflichten der Beamten und Bediensteten des Europäischen Parlaments", S. 4.

[707] ABl. 2000/ C 97/ 01 vom 5.4.2000 „Leitfaden für die Pflichten der Beamten und Bediensteten des Europäischen Parlaments", S. 12.

F. Aarhus Konvention

Eine Regulierung der Interessenvertretung erfolgt im weitesten Sinne auch durch die Aarhus Konvention. Die Aarhus-Konvention ist das UN/ECE-Übereinkommen über den Zugang zu Informationen, die Öffentlichkeitsbeteiligung an Entscheidungsverfahren und den Zugang zu Gerichten in Umweltangelegenheiten.[708] Sie wird derzeit in das EU-Recht umgesetzt[709] und soll die Transparenz von Verwaltungsentscheidungen und die Bürgerbeteiligung verbessern. Vorgänge und Entscheidungen im Bereich der Umwelt sollen nachvollziehbarer sein, die Mitwirkungsrechte der Bürgerinnen und Bürger verbreitert und vertieft werden.[710]

Die zweite Säule der Aarhus-Konvention regelt im Wesentlichen die Beteiligung der Öffentlichkeit, zu der auch die Interessenvertreter zählen, bei bestimmten Entscheidungsverfahren, die Auswirkungen auf die Umwelt haben können.

In der Präambel zur Aarhuskonvention heißt es, Anliegen sei, dass die Öffentlichkeit[711], einschließlich Organisationen, Zugang zu wirkungsvollen gerichtlichen Mechanismen haben soll, damit ihre berechtigten Interessen geschützt werden und das Recht durchgesetzt wird. Die Konvention legt hierbei in Art. 6 (Öffentlichkeitsbeteiligung an Entscheidungen über bestimmte Tätigkeiten) die Mechanismen der Öffentlichkeitsbeteiligung fest, vor allem in Hinblick auf den Zeitpunkt, die Form und den Umfang der Mitwirkung der Öffentlichkeit.

Die „betroffene Öffentlichkeit" ist in „sachgerechter, rechtzeitiger und effektiver Weise" frühzeitig zu informieren, wobei die Information einen gewissen Mindestinhalt über das anstehende Entscheidungsverfahren zu enthalten hat. Gemäß Art. 3 Nr. 5. bedeutet "betroffene Öffentlichkeit" die von umweltbezogenen Entscheidungsverfahren betroffene oder wahrscheinlich betroffene Öffentlichkeit oder die Öffentlichkeit mit einem Interesse daran. Im Sinne dieser Begriffsbestimmung haben nichtstaatliche Organisationen, die sich für den Umweltschutz einsetzen und alle nach innerstaatlichem Recht geltenden Voraussetzungen erfüllen, ein Interesse.

Die Konvention gibt in Art. 6 vor, dass die zuständigen Behörden der Öffentlichkeit Zugang zu allen Informationen, die von Relevanz für das Entscheidungsverfahren sind, zu gewähren haben. Gleichzeitig räumt sie der Öffentlichkeit die Möglichkeit ein, zu den geplanten Tätigkeiten Stellungnahmen, Analysen und dergleichen vorzulegen. Das Ergebnis der Öffentlichkeitsbeteiligung ist durch die Behör-

---

[708] Vgl. zur Aarhus Konvention: Danwitz, Aarhus-Konvention, NVwZ 2004, 272ff.; Mathiesen, Public Participation, European Env. Law Review, 2003, S. 36ff.

[709] Derzeit sind die Richtlinien 2003/35/EG und 2003/4/EG zur Umsetzung von Teilen der Aarhus-Konvention verabschiedet.

[710] BMU zur Aarhus Konvention im Internet – text.bmu.de; vgl. auch http://www.unece.org/env/pp/ (in englischer Sprache, zuletzt abgerufen am 30.04.2006).

[711] Gemäß Art. 3 Nr. 4. der Aarhus Konvention bedeutet "Öffentlichkeit" eine oder mehrere natürliche oder juristische Personen und, in Übereinstimmung mit den innerstaatlichen Rechtsvorschriften oder der innerstaatlichen Praxis, deren Vereinigungen, Organisationen oder Gruppen.

den angemessen zu berücksichtigen, über das Ergebnis der Entscheidung ist die Öffentlichkeit unverzüglich zu informieren. Der Inhalt des Art. 6 ist anzuwenden bei Entscheidungen über die in Anhang I aufgeführten geplanten Tätigkeiten und falls eine nicht in diesem Anhang aufgeführte Tätigkeit gravierende Auswirkungen auf die Umwelt haben könnte. Die Rohstoffindustrie ist von der Aarhus-Konvention betroffen, da Anhang I Nr. (3) die mineralverarbeitende Industrie aufführt und Anhang I Nr. (16) Steinbrüche und Tagebau auf einer Abbaufläche von mehr als 25 Hektar ausdrücklich einbezieht.

Die Aarhus Konvention regelt die Beteiligung der Interessenvertreter somit nur sehr generell im Rahmen der Beteiligung der Öffentlichkeit. Sie gibt Interessenvertretern keine speziellen Beteiligungsrechte. Während bei Interessenvertretern von Umweltschutzorganisationen ein Interesse an umweltbezogenen Entscheidungsverfahren fingiert wird und sie somit zur „betroffenen Öffentlichkeit" zählen, gelten Interessenvertreter der Wirtschaft grundsätzlich nur als „Öffentlichkeit", bei denen ein Interesse nicht fingiert wird.

G. Die Regelungen des Vertrages über eine Verfassung für Europa

Der Vertrag über eine Verfassung für Europa wurde vom Europäischen Konvent erarbeitet unter Nutzung moderner Konsultationsinstrumente.[712] So wurde eine Website „Forum des Konventes" eingerichtet,[713] die es den Vertretern der Zivilgesellschaft (Sozialpartner, Wirtschaftskreise, Nichtregierungsorganisationen, Hochschulen) ermöglichte, den Teilnehmern des Konvents Kommentare zu übermitteln. Auch nach Abschluss der Arbeiten des Konvents besteht die Möglichkeit der Meinungsäußerung auf der interinstitutionellen Website „Futurum".[714]

Für die Interessenvertretung sind insbesondere die Art. I-46, I-47 und I-50 des Vertrages über eine Verfassung für Europa[715] zu beachten: Der Verfassungsvertrag sieht in Art. I-46 Abs. 3 vor, dass Entscheidungen so bürgernah wie möglich getroffen werden sollen. Hinsichtlich der Repräsentation der Bürger konstituiert er, dass diese auf EU-Ebene unmittelbar im EP vertreten sind (Art. I-46 Abs. 2). Politische Parteien tragen zur Herausbildung eines europäischen politischen Bewusstseins bei.

---

[712] Vertrag für eine Verfassung für Europa, ABl. 2004/ C 310/ 01 vom 16.12.2004, S. 1ff.; vgl. zu den Arbeiten des Europäischen Konvents Dederer, Die Konstitutionalisierung Europas, ZG 2003, S. 97ff.; vgl. zu dem vom Europäischen Rat am 19. Juni 2004 gebilligten Entwurf eines Verfassungsvertrages Wuermeling, Europa neu verfasst, BayVBl. 2004, S. 577ff.

[713] http://europa.eu.int/futurum/forum_convention/index_de.htm (zuletzt abgerufen am 30.04.2006).

[714] http://europa.eu.int/futurum/analyse/index_de.htm (zuletzt abgerufen am 20.12.2004, nicht mehr abrufbar).

[715] Vertrag über eine Verfassung für Europa, ABl. 2004/ C 310/ 01 vom 16.12.2004.

Art. I-47 handelt vom Grundsatz der partizipativen Demokratie: Die Union gibt hiernach den repräsentativen Verbänden in geeigneter Weise die Möglichkeit, ihre Ansichten in allen Bereichen des Handelns der Union öffentlich bekannt zu geben und auszutauschen (Artikel I-47 Abs. 1). Zudem ist normiert, dass die Organe der EU einen offenen, transparenten und regelmäßigen Dialog mit den repräsentativen Verbänden und der Zivilgesellschaft pflegen (Artikel I-47 Abs. 2). Die Kommission führt umfangreiche Anhörungen der Betroffenen durch, um die Kohärenz und Transparenz des Handelns der EU zu gewährleisten (Artikel I-47 Abs. 3).
Diese Regelungen sind im Vertrag von Nizza nicht enthalten. Insoweit gibt der Konventsentwurf jetzt einen Rahmen für die Beteiligung repräsentativer Verbände am Gesetzgebungsverfahren vor, der von den Institutionen ausgefüllt werden kann.

Artikel I-50 regelt, dass, um eine verantwortungsvolle Verwaltung zu fördern und die Beteiligung der Zivilgesellschaft sicherzustellen, die Organe, Einrichtungen, Ämter und Agenturen der Union unter weitest gehender Beachtung des Grundsatzes der Offenheit handeln (Abs. 1). Artikel I-50 Abs. 3 und 4 regeln den Zugang zu Dokumenten dieser Stellen.

Im Protokoll über die Anwendung der Grundsätze der Subsidiarität und der Verhältnismäßigkeit[716] ist unter Artikel 2, wie in der Fassung von Nizza aufgeführt, das die Kommission umfangreiche Anhörungen durchführt, bevor sie einen Gesetzgebungsakt vorschlägt. Insoweit präzisiert das Subsidiaritätsprotokoll die Regelung in Artikel I-47 des Verfassungsvertrages, indem sie Spezialregelungen für die Kommission schafft und zur Kenntnis nimmt, dass Interessenvertreter insbesondere im Stadium der Ausarbeitung des Kommissionsvorschlages Lobbying betreiben.

Der am 19. Juni 2004 durch den Europäischen Rat gebilligte Verfassungsvertrag soll 2007 in Kraft treten. Bis dahin muss er von allen Mitgliedstaaten ratifiziert werden.[717]

H. Exkurs: Spezielle Initiativen aus dem Bereich der Rohstoffwirtschaft

I. Die beratenden und ständigen Ausschüsse

Neben WSA und AdR gibt es eine Vielzahl von sog. „Ständigen Ausschüssen", die vom Rat eingesetzt werden und von der Kommission gehört werden müssen. Diese Ausschüsse sind zumeist paritätisch von Vertretern der Mitgliedstaaten, Arbeitnehmern- und Arbeitgebervertreter besetzt. Institutionell liegt ihr Schwerpunkt in der Beratung der Kommission im Komitologieverfahren, bei dem der Rat festgelegt hat, dass die Kommission die Stellungnahmen dieser Ausschüsse soweit wie möglich berücksichtigen muss.[718] Die Kommission steht allerdings in keiner Verpflich-

[716] Vertrag über eine Verfassung für Europa, ABl. 2004/ C 310/ 01 vom 16.12.2004, S. 207.
[717] Wuermeling, Europa neu verfasst, BayVBl. 2004, 577 (583).
[718] Vgl. Siebeke, Institutionalisierte Interessenvertretungen, S. 97f.

tung, diese nach der formellen Vorlage beim Rat zu konsultieren. Sie ist in diesen Ausschüssen nicht zwingend vertreten und steht ihnen dementsprechend oft sehr kritisch gegenüber, da sie sie nicht für eine geeignete Abstimmungsplattform im Vorfeld hält.[719]

1. Beratender Ausschuss der Gemeinschaft für Kohle und Stahl und der CCMI

Bezogen auf die Rohstoffindustrie existierte bis 2002 der Beratende Ausschuss der Gemeinschaft für Kohle und Stahl, beruhend auf dem EGKS-Vertrag, der am 23.07.2002 außer Kraft getreten ist.[720] Art. 48 EGKS-V normierte bereits 1951 den Rückgriff auf geschlossene politische Netzwerke[721], und Abs. 1 betonte die Vereinigungsfreiheit der betroffenen Unternehmen im Hinblick auf die Beteiligung von Verbänden an der Rechtsetzung. Diese hatten nach Absatz 2 ein Recht zur Stellungnahme. Die Kommission hatte nach Absatz 3 den Auftrag, erforderliche Informationen über die Verbände einzuholen, die ihrerseits nach Abs. 4 zu Auskünften verpflichtet waren.

Art. 19 Abs. 2 EGKS-V sah vor, dass die Kommission die allgemeinen Ziele und Programme gemäß Art. 46 EGKS-V dem Beratenden Ausschuss für Kohle und Stahl unterbreitet und ihn laufend über die allgemeinen Richtlinien ihrer Tätigkeit gemäß Art. 54, 65, 66 EGKS-V unterrichtet.[722]

Dieser beratende Ausschuss wurde mit Auflösung des EGKS abgeschafft und durch den Beratenden Ausschuss für Industriellen Wandel ersetzt (CCMI), der dem WSA angegliedert ist.[723] Im CCMI sind auch Repräsentanten der europäischen Rohstoffindustrie vertreten, er verdient daher eine genauere Betrachtung.[724]

Hintergrund der Einrichtung des Ausschusses war der Wunsch der Kommission und der Mitgliedstaaten, den konstruktiven Dialog wie bei dem „alten" Beratenden Ausschusses für Kohle und Stahl fortzusetzen. Die 50-jährige Erfahrung der EGKS, widersprüchliche Interessen zusammen zu bringen, soll genutzt werden, hochrangige Fachkenntnis erhalten bleiben.[725] In ihrer Mitteilung „Zukunft des strukturierten Dialogs nach dem Auslaufen des EGKS-Vertrages" vom 27 September 2000 (KOM (2000) 588 endg.) bringt sie dies zum Ausdruck und befürwortet eine Übernahme durch den WSA. Die Kommission sieht diese Eingliederung auch

---

[719] Von Buttlar, Initiativrecht der Europäischen Kommission, S. 109.

[720] Vgl. zum Ablauf des EGKS-Vertrages zum 27.07.2003: Grunwald, Erbe des EGKS, EuZW 2003, Editorial.

[721] Vgl. hierzu Wallace/ Smith, Democracy or Technocracy?, WEP 1995/3, S. 137-140.

[722] Vgl. hierzu auch Siebeke, Institutionalisierte Interessenvertretungen, S. 98.

[723] Vgl. im Internet http://www.esc.eu.int/sections/ccmi/index_en.asp (zuletzt abgerufen am 30.04.2006).

[724] So gehört diesem Gremium z.B. der Hauptgeschäftsführer des Deutschen Steinkohleverbandes an; vgl. die Mitgliederliste im Internet unter http://www.esc.eu.int/sections/ ccmi/index_en.asp (zuletzt abgerufen am 30.04.2006).

[725] KOM(2000) 588, S. 2 und 6.

als ersten Schritt zur Modernisierung des WSA und zur aktiven Beteiligung des WSA an der Modernisierung und dem Ausbau der Wettbewerbsfähigkeit der europäischen Wirtschaft.[726]

Am 24.10.2004 wurde daraufhin der neue „Beratende Ausschuss für den industriellen Wandel" CCMI gegründet, der sich nach seinem Aufgabenbereich auf den gesamten industriellen Wandel erstreckt und nicht nur mehr auf Kohle und Stahl wie der alte Ausschuss. Der CCMI hat 24 Mitglieder aus dem Kreis des WSA und 30 externe Delegierte.

Dieses Modell ist das erste seiner Art und bietet die Chance eines direkten Dialoges zwischen den Mitgliedern des WSA und den Vertretern von Sektoren, die vom industriellen Wandel betroffen sind. Durch diesen Dialog verspricht man sich eine detaillierte Analyse der in Folge des industriellen Wandels auftretenden Probleme aus wirtschaftlicher, sozialer und umweltpolitischer Sicht. Die Belange der neuen Mitgliedstaaten sollen ebenfalls berücksichtigt werden.[727]

Zusammenfassend kann gesagt werden, dass eine Stärke des Beratenden Ausschusses für Kohle und Stahl darin lag, in einem frühzeitigen Entscheidungsprozess Stellungnahmen abzugeben, teilweise sogar vor Beschlussfassung der Kommission. Diese frühzeitige Einbeziehung ist im EG-Vertrag beim WSA und damit auch beim CCMI nicht vorgesehen, was ein schwerer Nachteil ist.[728]

2. Standing Working Party for the Mining and Other Extractive Industries

Für die EU-Rohstoffindustrie wurde im Bereich des Arbeitsschutzes außerdem eine Ständige Arbeitsgruppe für Arbeitssicherheit im Bergbau und der mineralgewinnenden Industrie (Standing Working Party for the Mining and Other Extractive Industries) eingerichtet. Sie hat 15 Mitglieder, die sich zu gleichen Teilen auf Vertreter der Mitgliedstaaten, Arbeitnehmervertreter und Arbeitgebervertreter verteilen.

Institutionelle Grundlage dieses Ausschusses ist der Beschluss des Rates vom 22. Juli 2003 zur Einsetzung eines Beratenden Ausschusses für Sicherheit und Gesundheit am Arbeitsplatz, der sich auf Artikel 202 EG stützt.[729] Vorsitzender des Beratenden Ausschusses ist der bei der Kommission für die Sozialpolitik zuständige Generaldirektor (Artikel 6 Abs. 1). Der Ausschuss hat die Aufgabe, die Kommission bei der Vorbereitung, Durchführung und Bewertung sämtlicher Maßnahmen auf den Gebieten der Sicherheit und der Gesundheit am Arbeitsplatz zu unterstützen (Artikel 2 Abs. 1). Der Ausschuss führt auf der Grundlage der ihm vorliegenden Informationen einen Meinungs- und Erfahrungsaustausch über bestehende oder geplante Vorschriften durch und soll ein gemeinsames Vorgehen bei Problemen sicherstellen (Art. 2 Abs. 2 a), b)). Er gibt zu den geplanten Gemeinschaftsinitiativen, die sich auf Sicherheit und Gesundheit am Arbeitsplatz auswirken, eine

---

[726] KOM(2000) 588, S. 5, 6.

[727] http://www.esc.eu.int/sections/ccmi/index_en.asp (zuletzt abgerufen am 30.04.2006).

[728] Vgl. auch KOM(2000) 588, S. 10,11.

[729] ABl. 2003/ C 218/01.

Stellungnahme ab (Art. 2 Abs. 2 f)). Gemäß Artikel 6 Abs. 4 S. 3 wird im Rahmen des Ausschusses eine ständige Arbeitsgruppe eingesetzt, der fünf Experten je Interessengruppe angehören und die regelmäßig Fragen im Bergbau und in der mineralgewinnenden Industrie behandelt. Durch diesen Passus ist die Arbeitsgruppe für die mineralgewinnende Industrie die einzige ständig eingerichtete und genießt insoweit einen Sonderstatus gegenüber den anderen Arbeitsgruppen, die jederzeit wieder aufgelöst werden können, ohne dass es hierzu eines Ratsbeschlusses bedarf.[730] Hintergrund dieser bemerkenswerten Bestandsgarantie sind die Besonderheiten bei der Arbeitssicherheit im Bergbau und der mineralgewinnenden Industrie mit ihren speziellen Gefahren z.B. in Bezug auf Explosionen, den Umgang mit gefährlichen Stoffen, die Belüftung sowie den Atemschutz, die alle spezielles Fachwissen erfordern, das durch den Arbeitsausschuss bewahrt werden soll.[731]

II. Der soziale Dialog

Seit dem Jahr 2003 existiert für den Bereich Bergbau und mineralgewinnende Industrie ein sektoraler sozialer Dialog.[732] Nach Angaben der EG-Kommission gilt der soziale Dialog im Sinne eines Anhörungs- und Verhandlungsinstruments „als wesentlicher Bestandteil des europäischen Modells und wird auch als eine der wesentlichen Grundlagen der Demokratie betrachtet. Aus diesem Grund hat die Europäische Union schrittweise neue Regeln und Mechanismen zur Stärkung der Rolle der Akteure festgelegt, die Tag für Tag an der wirtschaftlichen und sozialen Entwicklung ihrer jeweiligen Mitgliedstaaten mitwirken."[733]
Der förmliche soziale Dialog ist in Art. 138 und 139 EG institutionalisiert. Den Sozialpartnern werden durch Art. 138 EG bestimmte Anhörungsrechte zugestanden. Art. 138 Abs. 4 und 139 EG eröffnen ihnen die Möglichkeit Vereinbarungen abzuschließen, zu deren Durchführung bestimmte Verfahren vorgesehen sind. Neben diesem formellen sozialen Dialog ist auch ein informeller sozialer Dialog statthaft.[734] Die gemeinschaftlichen Sozialpartner, dies können Gewerkschaften oder Arbeitgebervertreter sein, sind über das Anhörungsverfahren gemäß Art. 138 Abs. 2 und 3 EG und in noch größerem Maße nach Art. 139 EG in das gemeinschaftliche Rechtsetzungsverfahren einbezogen. Die Kommission beschränkt den Sozialpartnerbegriff auf Verbände von Verbänden, die aus etablierten Mitgliedern beste-

---

730 Vgl. Article 14 Abs. 3 der Rules of Procedure des Beratenden Ausschusses für Sicherheit und Gesundheit am Arbeitsplatz.

731 Vortrag MinR Kullmann vom Bundesministerium für Wirtschaft und Arbeit beim Bundesverband Baustoffe – Steine und Erden e.V. am 01.04.2004 in Berlin.

732 Vgl. zum Sozialen Dialog im Internet http://europa.eu.int/comm/employment_social/soc-dial/social/index_de.htm; Barnard, The Social Partners and the Governance Agenda, European Law Journal 2002, S. 80ff.

733 EG-Kommission, GD Beschäftigung und soziale Angelegenheiten unter: http://europa.eu.int/comm/employment_social/publications/2003/ke4702397_de.html (zuletzt abgerufen am 30.04.2006).

734 Krebber in Calliess/Ruffert, Kommentar zu EUV-EGV, Art. 138 Rdnr. 2, 3.

hen sollen. Die Organisationen sollen branchenübergreifend, sektor- oder berufsspezifisch sein und über eine Struktur auf europäischer Ebene verfügen. Sie sollen aus Verbänden bestehen, die in ihrem Land integraler und anerkannter Bestandteil des Systems sind und Vereinbarungen aushandeln können.[735] Nationale Organisationen können sich nicht an dem formellen Verfahren beteiligen, um die praktische Durchführbarkeit zu erleichtern und auf EG-Ebene geschlossene widersprüchliche Vereinbarungen zu vermeiden. Der informelle soziale Dialog steht ihnen aber offen.[736] Insgesamt gehen die Möglichkeiten des sozialen Dialoges hinsichtlich der Handlungsbefugnisse und der Handlungsformen über die Kompetenz des WSA hinaus.[737]

Die Kommission hat am 12. August 2004 eine Mitteilung veröffentlicht zur Verbesserung des Beitrages, den der soziale Dialog zur Stärkung der Wettbewerbsfähigkeit und zur Schaffung zusätzlicher Arbeitsplätze in der EU leisten kann.[738] Die Kommission empfiehlt den Sozialpartnern in dieser Mitteilung, die Ergebnisse des Dialoges transparenter zu gestalten und sie stärker herauszustellen, sowie den sozialen Dialog insgesamt zu intensivieren. In den Anhängen der Mitteilung werden die Hintergründe des sozialen Dialoges erläutert und eine Checkliste zur praktischen Gestaltung beigefügt.

Der soziale Dialog im Bergbau wurde im Jahr 2000 ins Leben gerufen und befindet sich immer noch in der Startphase. Arbeitgeber und Arbeitnehmer sehen ihn als Chance an, Probleme vorwiegend im Bereich des Arbeitsschutzes einheitlich und bilateral für die gesamte Branche in der EU praxisbezogen zu lösen. Konkrete Vereinbarungen sind bisher nicht geschlossen worden.

III. Der BAT-Prozess

Die EU hat allgemeine Vorgaben über die Genehmigung von Industrieanlagen festgelegt und diese 1996 in der IVU-Richtlinie zusammengefasst.[739] IVU steht für "Integrierte Vermeidung und Verminderung der Umweltverschmutzung". Im Wesentlichen dient die IVU-Richtlinie der Minimierung der Umweltverschmutzung in der Europäischen Union. Alle Anlagen, die im Anhang I der Richtlinie aufgeführt sind, benötigen eine behördliche Genehmigung der jeweiligen Mitgliedsstaaten. Ohne diese Genehmigung dürfen die Anlagen nicht betrieben werden. Die Genehmigungen sollen nach dem Konzept der besten verfügbaren

---

[735] Vgl. Krebber in Calliess/Ruffert, Kommentar zu EUV-EGV, Art. 138 Rdnr. 19, 20 wo auch eine Übersicht der bisher von der Kommission anerkannten Sozialpartner aufgeführt ist.

[736] Krebber in Calliess/Ruffert, Kommentar zu EUV-EGV, Art. 138 Rdnr. 8.

[737] Hilp, Weißbuch "Europäisches Regieren" und Bürgerbeteiligung, ZG 2003, 119 (126).

[738] Mitteilung der Koimmission „Partnerschaft für den Wandel in einem erweiterten Europa – Verbesserung des Beitrages des europäischen sozialen Dialoges", KOM(2004) 557 endg.

[739] Vgl. Hey, Industrielobbying in Brüssel: Einflussstrategien und -barrieren, ZUR 2003, 145 (147).

Techniken (BVT oder BAT: "best available techniques", vgl. Artikel 2 der Richtlinie) erteilt werden.
Ziel ist es, den industriellen Anteil an der allgemeinen Umweltverschmutzung weiter zu reduzieren durch Änderung der Produktionsmuster in den europäischen Industrieunternehmen. Hierfür werden „integrierte Genehmigungen vorgeschrieben, die von den nationalen Behörden auszustellen sind. "Integriert" bedeutet, dass die Genehmigungen die gesamten Auswirkungen der Industrieanlage auf die Umwelt in Betracht ziehen müssen. Da die Genehmigungen auf den besten verfügbaren Techniken basieren, benötigen die Genehmigungsbehörden eine Hilfestellung zur Beurteilung, welche Techniken den besten verfügbaren Techniken entsprechen. In Anhang IV der Richtlinie sind die Bereiche aufgeführt, die bei der Beurteilung der besten verfügbaren Techniken zu berücksichtigen sind.[740]
Entsprechend Artikel 16 Absatz 2 der Richtlinie hat die Kommission „einen Informationsaustausch zwischen den Mitgliedstaaten und der betroffenen Industrie über die besten verfügbaren Techniken, die damit verbundenen Überwachungsmaßnahmen und die Entwicklungen auf diesem Gebiet" durchzuführen und die Ergebnisse des Informationsaustausches zu veröffentlichen.[741] Die technische Arbeit wird vom Europäischen IVU-Büro in Sevilla koordiniert. Dort wird an ungefähr 30 Sektoren, die sich am Anhang I der Richtlinie orientieren, gearbeitet. Jeder Bereich benötigt in etwa zwei Jahre für die Zusammenstellung der besten verfügbaren Techniken in einem BVT-Merkblatt oder BREF (BAT reference document). Alle BVT-Merkblätter werden nach Angaben der Kommission Ende 2005 vorliegen. Viele Dokumente sind bereits fertig gestellt und können im Internet auf der BREF-Seite des Europäischen IVU-Büros eingesehen und bezogen werden. Die BVT-Merkblätter sind lediglich als Hilfestellung für die Genehmigungsbehörden gedacht. Die letzte Entscheidung obliegt im Einzelfall weiterhin der jeweiligen Genehmigungsbehörde.[742]
Im Bereich der EU-Rohstoffindustrie haben sich einige Sektoren bereit erklärt, freiwillig am Sevilla Prozess teilzunehmen und mit der Kommission und anderen Interessierten Gruppen ein BAT auszuarbeiten. Der Name des BAT lautet „Management of tailings and waste-rock in Mining activities". Dieses Dokument befindet sich derzeit noch im Entwurfsstadium.[743]

---

[740] EG-Kommission, GD Umwelt abzurufen im Internet unter: http://europa.eu.int/comm/environment/ippc/index_de.htm (zuletzt abgerufen am 30.04.2006).
[741] Vgl. http://eippcb.jrc.es/pages/FActivities.htm (zuletzt abgerufen am 30.04.2006).
[742] EG-Kommission, GD Umwelt abzurufen im Internet unter: http://europa.eu.int/comm/environment/ippc/index_de.htm (zuletzt abgerufen am 30.04.2006).
[743] Vgl. im Internet http://eippcb.jrc.es/pages/FActivities.htm .

IV. Raw Material Supply Group

In einer Darstellung der von der Kommission getroffenen Maßnahmen zur besseren Einbeziehung von Interessenvertretern in das Rechtsetzungsverfahren darf im Rohstoffbereich die europäische Rohstoffrunde (Raw Material Supply Group, kurz RMSG) nicht fehlen. Diese Runde ist ein von der Europäischen Kommission eingesetztes und vom Rat gebilligtes Gremium im nichtenergetischen Rohstoffbereich, in dem Vertreter der verschiedenen Generaldirektionen der Kommission, der Mitgliedstaaten (EU-25), der Industrie, der Gewerkschaften und der NROs bzw. Umweltgruppen repräsentiert sind.[744] Es soll die Wettbewerbsfähigkeit der nichtenergetischen mineralgewinnenden Industrie sicherstellen, die Transparenz und den Informationsfluss zwischen den Teilnehmern fördern und einen Ausgleich zwischen den Interessen der Industrie und Umweltschutzaspekten herbeiführen. Daneben stehen Fragen des Arbeitsschutzes und des Erfahrungsaustausches mit Ländern außerhalb der EU wie Russland und China ebenfalls auf der Agenda dieses Gremium. Seit Ende der 90er Jahre widmet sich die Gruppe zudem sehr intensiv dem Thema der Unfälle im Bergbau, z.B. in Aznallcóllar und Baia Mare (vgl. oben S.32). Das Gremium hat keine institutionelle Grundlage, was auch sein Schwachpunkt ist und dient lediglich dem Meinungsaustausch zwischen den Mitgliedern. Es findet ca. 2-mal jährlich eine allgemeine Sitzung statt, in der aktuelle Themen besprochen werden und die eingesetzten Unterarbeitsgruppen Bericht ablegen. Unterarbeitsgruppen existieren zu Themen wie Entwicklung von Indikatoren der Nachhaltigkeit, EU-Erweiterung und Förderung der nachhaltigen Entwicklung.
Zum Informationsaustausch steht der Gruppe das von der Kommission betriebene „CIRCA"-Netzwerk im Internet zur Verfügung.[745]

I. Exkurs: Konsultation von Interessenvertretern im deutschen Umweltrecht

Auch in Deutschland ist die Einflussnahme von Interessenvertretern in der Frühphase der Gesetzesausarbeitung, im Referentenstadium, besonders Erfolg versprechend und damit häufig anzutreffen. Ein Grund hierfür ist, dass etwa die Hälfte aller Gesetze im Bundestag ohne öffentliche Beratung verabschiedet wird.[746]

---

[744] Vgl. die Ausführungen der GD Unternehmen der EG-Kommission im Internet unter: http://europa.eu.int/comm/enterprise/steel/non-energy-extractive-industry/fiches-raw-materials-supply-group.pdf (zuletzt abgerufen am 20.12.2004).

[745] http://www.forum.europa.eu.int/ (zuletzt abgerufen am 30.04.2006).

[746] Vgl. Ellwein/ Görlitz, Gesetzgebung, S. 91; „Daß diese Kontakte scheinbar nicht nur von den Verbänden als wichtig angesehen werden, sondern auch die Ministerien die Beziehungen als bedeutsam einstufen, zeigt eine weitere Studie: Demnach gaben 41,7% der befragten Ministerialbeamten die "Fachverbände" als Kontaktstelle bei der Aufgabenerledigung an, womit sie als wichtigste Kontaktstelle außerhalb des Regierungsbereichs gesehen werden.... Und so wird auch allgemein davon ausgegangen, daß die Kontakte zwischen Interessengruppen und Ministerialverwaltung für beide Seiten wichtig sind. Die Interessenverbände auf der einen Seite wollen ihren Einfluß bei den Ministerien geltend machen. Für die Referatsleiter in den Ministerien auf der anderen Seite sind die Interessenverbände oft die wichtigste Informationsquelle."

Die rechtliche Stellung der Interessenvertretung in Deutschland wurde oben auf S. 73ff. abgehandelt. An dieser Stelle wird auf die Verbandsbeteiligung im deutschen Umweltrecht eingegangen.

I. Allgemein

Im deutschen Umweltrecht findet eine Verbandsbeteiligung in verschiedenen Formen auf allen Ebenen des Rechtsetzungsverfahrens statt, angefangen bei Parlamentsgesetzen, bei deren Ausarbeitung Verbände angehört werden, über Rechtsverordnungen bis hin zu Satzungen.[747]

Ein gesetzliches Verbandsbeteiligungsrecht besteht bei Bundesgesetzen nicht, Verbände können aber bei der Vorbereitung von Bundesgesetzen aufgrund von GO-Vorschriften im Entwurfsstadium durch die Bundesministerien beteiligt und im parlamentarischen Gesetzgebungsverfahren durch die Bundestagsausschüsse angehört werden.[748] Bei Landesgesetzen gestehen einige Bundesländer[749] den anerkannten Naturschutzverbänden sogar ein Mitwirkungsrecht bei der Landesparlamentsgesetzgebung zu. Dieses Beteiligungsrecht wird aber dadurch eingeschränkt, dass es nur für die Vorbereitung der Gesetze durch die Landesregierung gilt und abhängig ist vom Ausmaß des Naturschutzbezuges des Gesetzesvorhabens.

So eindeutig wie bei dem Erlass von Gesetzen sind die Regelungen über die Verbandsbeteiligung bei untergesetzlichen Normen wie Verordnungen, Satzungen und Raumordnungs- oder Regionalplänen leider nicht: Kloepfer spricht daher zu Recht von einem „Kunterbunt von unterschiedlichen Verbandsbeteiligungsrechten im Umweltrecht".[750]

Die Unübersichtlichkeit dieser Materie macht auch die Auflistung bei Wilrich deutlich, der sämtliche deutschen Mitwirkungsfälle im Umweltrecht auf 149 Seiten aufführt, unterteilt in Parlamentsgesetze, Rechtsverordnungen, Satzungen, Schutzausweisungen, Abfallwirtschaftsplanung, Raumordnungs- und Regionalpläne, Raumordnungsverfahren, Bauleitplanung, Landschaftsplanung, Planfeststellungsverfahren und Plangenehmigungsverfahren.[751]

Im Folgenden soll wegen der Komplexität der Materie der Fokus auf die Besonderheiten des Umweltrechts gelegt werden, die insbesondere durch die Beteiligung der Naturschutzverbände im BNatSchG, als hierfür zentralem Gesetz, zum Ausdruck kommt.

---

747 Vgl. zur Verbandsbeteiligung im deutschen Umweltrecht insgesamt: Wilrich, Verbandsbeteiligung im UmweltR.

748 Vgl. Wilrich, Verbandsbeteiligung im UmweltR, S. 106, der diese Möglichkeiten fälschlicherweise aber nur den Umweltverbänden zuspricht.

749 Berlin, Hamburg, Hessen, Mecklenburg-Vorpommern und Thüringen.

750 Kloepfer UmwelR, 2. Auflage, § 5 Rdnr. 72.

751 Wilrich, Verbandsbeteiligung im UmweltR, S. 86-235.

1. Zu beteiligende Kreise

Im deutschen öffentlichen Recht werden Verbände in der Regel nicht in den Gesetzgebungsprozess eingebunden, Ausnahmen, wie im Rahmen des BNatSchG, sind ausdrücklich normiert.[752] Verbände werden in der Regel nicht als Träger öffentlicher Belange eingestuft, da sie nur die privaten Interessen ihrer Mitglieder wahrnehmen. Die Beteiligung dieser Verbände erfolgt daher grundsätzlich nach den Regeln über die Bürgerbeteiligung. Ausgenommen hiervon sind die IHK´n und die Handwerkskammern, die den Trägern öffentlicher Belange zugeordnet werden und an der Rechtsetzung beteiligt sind. Anerkannte Naturschutzverbände werden im Rahmen des BNatSchG an der Rechtsetzung beteiligt (vgl. unten S. 180).
Von der Umweltbeteiligung anerkannter Naturschutzverbände zu unterscheiden sind die sog. „beteiligten Kreise", die in verschiedenen Bereichen des Umweltverwaltungsrechts vor dem Erlass von Rechtsverordnungen und Verwaltungsvorschriften einzubeziehen sind (z.B. in § 51 BImSchG, § 60 KrW-/AbfG, § 20 BBodSchG) und keiner Anerkennung wie im BNatSchG bedürfen. Zu den „beteiligten Kreisen" gehören ein auszuwählender Kreis aus Vertretern der Wissenschaft, der Betroffenen, der beteiligten Wirtschaft, der jeweils zuständigen obersten Landesbehörden, sowie weitere aufgeführte Kreise mit einem Bezug zur jeweiligen Fachmaterie.[753]

2. Zweck

Zweck der Beteiligung dieser Gruppen ist allgemein die Schaffung von Akzeptanz, die Effektivierung des Vollzuges von Vorschriften und die Förderung der Kommunikation zwischen der Behörde und den Beteiligten sowie den Beteiligten untereinander. Insgesamt soll die Sachentscheidung der federführenden Behörde optimiert werden indem auch spezifischer Sachverstand in den Entscheidungsprozess eingebracht wird.[754]
Die Einbeziehung der „beteiligten Kreise", die den Interessengruppen auf EU-Ebene am nächsten kommen, in Form der Anhörung dient dem Zweck, den Normgeber besser zu informieren und den zu erlassenden Vorschriften eine gesteigerte Legitimität zu verschaffen.[755]

3. Arten der Beteiligung

Je nach Intensität der Verfahrensteilhabe lassen sich im deutschen öffentlichen Recht drei Grundtypen der Beteiligung unterscheiden: [756]

---

[752] Vgl. zur Verbandsbeteiligung im deutschen Umweltrecht insgesamt: Wilrich, Verbandsbeteiligung im UmweltR.
[753] Siegel, Verfahrensbeteiligung, S. 52-58.
[754] Ausführlich hierzu Siegel, Verfahrensbeteiligung, S. 63-70.
[755] Siegel, Verfahrensbeteiligung, S. 58.
[756] Vgl. Siegel, Verfahrensbeteiligung, S. 73ff.

- die Mitteilung (nicht auf eine Rückäußerung abzielende Beteiligungsform, schwächste Form der Beteiligung, z.T. wird hier noch unterteilt in Mitteilungs- und Auskunftspflichten). Beispiel: § 22 Abs. 1 ChemG.
- die Mitwirkung (auf Rückäußerung angelegt, erfordert aber keine Willensübereinstimmung, Arten sind die Anhörung (z.B. § 4 Abs. 1 BauGB), die Erörterung (z.B. § 65 Abs. 2 LBauO R-P), die Abstimmung (z.B. 29 Abs. 6 KrW-/AbfG), die Beratung (z.B. GenTG, § 51 a BImSchG), das Vorschlagsrecht (z.B. § 45 Abs. 2 S. 1 HRG)).
- die Mitentscheidung (stärkste Form der Beteiligung, erfordert Willensübereinstimmung) (Beispiel: § 1 Abs. 1 RichterwahlG, § 36 Abs. 1 S.1 BauGB).

Die Beteiligungsintensität nimmt von der Mitteilung über die Mitwirkung bis zur Mitentscheidung stetig zu.[757]

4. Zeitpunkt

Hinsichtlich des Zeitpunktes einer Beteiligung ist zu beachten, dass diese, falls sie angeordnet ist, rechtzeitig zu erfolgen hat. Relevant ist dies allein bei der Beteiligungsform der Mitwirkung, da bei den zwei anderen Beteiligungsformen die reine Mitteilung keine Rückäußerung beinhaltet und die Mitentscheidung eine Einbeziehung vorschreibt. Die Beteiligung darf weder zu spät noch zu früh erfolgen. Rechtzeitig ist eine Beteiligung, wenn der Entscheidungsprozess noch nicht soweit vorangeschritten ist, dass die Stellungnahme nicht mehr berücksichtigt werden kann. Der Zeitpunkt darf auch nicht zu früh gewählt werden, da dann noch keine hinreichende problembezogene Erörterung zu erwarten ist. Es muss eine substantielle Behandlung der berührten Belange und Interessen ermöglicht werden. Dieses Gebot der substantiellen Anhörung wurde für das Verfahren der Planfeststellung entwickelt, findet aber auch z.B. im Naturschutzrecht Anwendung.[758] Der Entscheidungsprozess muss noch ergebnisoffen sein. Bei einer zu frühen Beteiligung kann der Rechtsakt noch nicht diskussionsfähig sein und damit „das gesetzgeberische Anliegen verfehlen, eine substantielle Behandlung der berührten Belange und Interessen zu ermöglichen“[759].[760] Vom Gestaltungsermessen gedeckt ist auch eine Information der Verbände vor der Einleitung des Verfahrens, die sogar in manchen Landesnaturschutzgesetzen vorgesehen ist. Interessant ist, dass in den Fällen, in denen der Landesgesetzgeber eine Beteiligung in der Einleitungsphase sogar normiert, teilweise auch eine Mitwirkungslast statuiert wird: Die anerkannten Vereine werden am weiteren Verfahren nur beteiligt, wenn sie innerhalb eines festgelegten

---

757 Vgl. Siegel, Verfahrensbeteiligung, S. 73ff.

758 Vgl. Gassner in Gassner/Bendomir-Kahlo/Schmidt-Räntsch, BNatSchG, § 58 Rdnr. 14; BVerwGE 75, 214 (226f.).

759 BVerwGE 75, 214 (226f.); ebenso Gassner, Kompetenz in Sachen Naturschutz, NUR 1986, 130 (132).

760 Siegel, Verfahrensbeteiligung, S. 110-114; Ziekow/Siegel, Anerkannte Naturschutzverbände als ‘Anwälte der Natur’, S. 76,77; Teilweise ist dieses Gebot der Rechtzeitigkeit in den Landesnaturschutzgesetzen normiert, vgl. § 65 Abs. 1 S. 1 LNatG M-V, § 57 Abs. 2 SächsNatSchG, § 51 a Abs. 1 LNatSchG S-H und § 45 Abs. 2 S. 1 ThürNatG.

Zeitraums (1 Monat/ 4 Wochen) nach Zugang der Mitteilung ankündigen, eine Stellungnahme abgeben zu wollen.[761]

II. Vereinsbeteiligung im Bundesnaturschutzgesetz

Im deutschen Umweltrecht fand die Verbandsbeteiligung 1976 Eingang in das BNatSchG. Zuvor wurde eine Mitwirkung der Verbände im LandschaftspflegeG Schl-H. (1973) und im BaWü-NatSchG (1975) etabliert. Hintergrund dieser besonderen Einbeziehung von Verbänden ist die Besonderheit des Naturschutzrechts, das allein im öffentlichen Interesse besteht und deshalb „völlig unergiebig für Nachbarklagen"[762] ist. Private können naturschutzwidrige Maßnahmen daher nur geltend machen, wenn Grundrechte betroffen sind (etwa das Eigentumsrecht aus Art. 14 GG oder Art. 2 Abs. 2 S. 1 GG das Grundrecht auf Leben und körperliche Unversehrtheit). Insoweit tritt das Problem auf, dass sich „der einzelne aber nur die Verletzung eines außerhalb seines Rechtskreises stehenden allgemeinen Interesses zur Verstärkung des Schutzes seiner eigenen Rechte zunutze" macht.[763] Ohne diese Rechtspositionen kann der Einzelne nicht wegen Verletzung des Naturschutzes klagen.

Diese Problematik wurde durch Einbeziehung von Verbänden zu lösen versucht, wobei zugute kam, dass insbesondere im Naturschutzbereich die Verbände als ein wesentlicher Teil der Öffentlichkeit verstanden wurden, die daher verstärkt beteiligt werden sollten. Es herrschte die Ansicht vor, dass die Allgemeininteressen Naturschutz und Landschaftspflege gegenüber den Wirtschaftsbelangen auf Unterstützung von Außen angewiesen waren. Die Öffentlichkeit sollte als Gegenmacht zu etablierten Interessenträgern miteinbezogen werden, um die Ausgewogenheit administrativer Entscheidungsgrundlagen zu verbessern. Ganz offensichtlich erkannten diese Verbände die öffentlichen Aufgaben des Naturschutzes und der Landschaftspflege als erste und verhalfen ihnen zu Anerkennung und staatlicher Wahrnehmung.[764]

Die Einführung der Verbandsbeteiligung ist außerdem auf ein Vollzugsdefizit der Verwaltung im Bereich des Naturschutzes zurückzuführen. Dem Umweltschutz steht im Abwägungsprozess häufig andere Interessen in Rechtsetzungsverfahren, Planfeststellungsverfahren und anderen Verwaltungsverfahren entgegen.[765]

---

[761] Ziekow/Siegel, Anerkannte Naturschutzverbände als 'Anwälte der Natur', S. 77, vgl. § 60 b Abs. 1 S. 2 NdsNatSchG, § 51 a Abs. 2 S. 2 NatSchG LSA.

[762] Kloepfer, UmweltR, 2. Auflage, § 8 Rdnr. 21; vgl. auch Kloopfer, UmweltR, 3. Auflage, § 5 Rdnr. 92ff.

[763] Wilrich, Verbandsbeteiligung im UmweltR, S. 26.

[764] Vgl. Gassner in Gassner/Bendomir-Kahlo/Schmidt-Räntsch, BNatSchG, § 58 Rdnr. 1-4.

[765] Bizer/ Ormond/ Riedel, Die Verbandsklage im Naturschutzrecht, S. 17 und 25-27; Wilrich, Verbandsbeteiligung im UmweltR., S. 44ff.

Im heutigen BNatSchG, dem einzigen bundesumweltrechtlichen Gesetz, das eine Verbandsbeteiligung ausdrücklich zulässt[766], wird in den §§ 58ff statt „Verbänden", der Begriff „Verein" verwendet. Ein Verein ist gemäß § 58 Abs. 1 BNatSchG zur Mitwirkung legitimiert, soweit er durch das geplante Vorhaben in seinem satzungsgemäßen Aufgabenbereich berührt ist. Bei Verbänden, die nach ihrer Satzung nur Teilaspekte des Naturschutzes wahrnehmen, muss geprüft werden, ob das konkrete Vorhaben von ihrem Aufgabenbereich erfasst ist.[767] Weitere Voraussetzung der Mitwirkung ist, dass der Verein gemäß § 59 BNatSchG durch das Bundesministerium für Umwelt, Naturschutz und Reaktorsicherheit anerkannt ist. Eine Voraussetzung der Anerkennung ist, dass Jedermann in den Verein eintreten kann (§ 59 Abs. 1 Nr. 6).[768] Anerkannte Naturschutzverbände sind aber keine Träger öffentlicher Belange.[769]
Die Mitwirkungsmöglichkeit erstreckt sich nur auf Verordnungen und unter dem Gesetz stehende Rechtsvorschriften, nicht auf Gesetze selbst, auf Planfeststellungsverfahren und Plangenehmigungsverfahren, § 58 Abs. 1 BNatSchG. § 60 BNatSchG regelt ergänzend als Rahmenvorschrift die Vereinsmitwirkungsrechte auf Landesebene[770]. Wie „Anwälte" sollen die Verbände ihre Interessen nicht nur neben den Behörden, sondern auch, falls erforderlich, gegen diese wahrnehmen. Insoweit wurde das objektivrechtliche Interesse des Naturschutzes und der Landschaftspflege in begrenztem Umfang subjektiviert.[771] Diese Verbände werden überwiegend als Verwaltungshelfer eingestuft, sind aber nicht als Träger öffentlicher Belange anerkannt[772], ihre Ausführungen gelten nicht als Einwendung i.S.v. § 31 Abs. 1 S. 3 WHG und sie sind auch keine Betroffene i.S.v. § 73 Abs. 4 VwVfG

---

[766] Kloepfer, UmweltR, 3. Auflage, § 5 Rdnr. 92.

[767] BVerwGE 104, 367 (371); Wilrich, Verbandsbeteiligung im UmweltR, S. 86.

[768] Diese Voraussetzung ist neu und die Konsequenz aus Gerichtsentscheidungen zu Vereinssatzungen, die die ordentliche Mitgliedschaft mit Stimmrecht an besondere Voraussetzungen geknüpft oder auf einen bestimmten Personenkreis beschränkt haben oder regelten, dass die Vollmitgliedschaft erst zu einem späteren Zeitpunkt eintreten soll (Z.B. OVG Lüneburg, NVwZ 1990, 999).

[769] Wilrich, Verbandsbeteiligung im UmweltR., S. 75; BVerwGE 104, 367 (371).

[770] Vgl. Wilrich, Verbandsbeteiligung im UmweltR, S. 5; Auf Landesebene kann die Vereinbeteiligung auch eingeschränkt die Parlamentsgesetzgebung (nur durch die Landesministerien eingebrachten Gesetzentwürfe), untergesetzliche Rechtsetzung, Abfallbewirtschaftung (geregelt in einigen Landesabfallgesetzen), Landschaftsplanung, Bauleitplanung, Planfeststellungsverfahren, Plangenehmigungsverfahren und einzelfallbezogene Befreiungen bei der Ausweisung von NSGs, Nationalsparks, Biosphärenreservate und Natura 2000 Gebieten umfassen (vgl. auch Wilrich, Vereinsbeteiligung und Vereinsklage im neuen BNatSchG, DVBl. 2002, 872 (876-878).

[771] Gassner in Gassner/Bendomir-Kahlo/Schmidt-Räntsch, BNatSchG, § 58 Rdnr. 6; Wilrich, Vereinsbeteiligung und Vereinsklage im neuen BNatSchG, DVBl. 2002, 872 (873); vgl. auch Ziekow/Siegel, Anerkannte Naturschutzverbände als 'Anwälte der Natur', S. 35.

[772] BVerwGE 92, 258/ 262; BVerwGE 104, 367; Ziekow/Siegel, Anerkannte Naturschutzverbände als 'Anwälte der Natur', S. 68; Siegel, Verfahrensbeteiligung, S. 55-57.

a.F.[773]. Da sie lediglich anzuhören sind, sind sie auch keine Verfahrensbeteiligte gemäß § 13 Abs. 3 VwVfG.

Hinsichtlich des Zeitpunktes der Beteiligung (Anhörung) gilt wiederum der Grundsatz, dass die Beteiligung nicht zu früh und nicht zu spät erfolgen darf. Ihr Umfang ergibt sich aus den zur Verfügung gestellten Unterlagen und Akten zum Sachverhalt, so dass eine Äußerung zu allen entscheidungserheblichen Tatsachen möglich ist. Die Behörde muss die ihrer Einschätzung nach maßgeblichen Rechtsgrundlagen darlegen.[774] Üblich ist, dass die Behörde den Beteiligten Gelegenheit zur schriftlichen Äußerung gibt.[775] Den Verbänden ist nach § 58 Abs. 1 zudem Einsicht in die einschlägigen Sachverständigengutachten zu geben.

Bei der Bemessung der Frist für die Abgabe der Stellungnahme ist in Deutschland zu berücksichtigen, dass insbesondere die zu beteiligenden Umweltverbände in aller Regel auf ehrenamtliche Mitglieder angewiesen sind, die hierfür ihre Freizeit zur Verfügung stellen. Dementsprechend muss ihnen genügend Zeit zur Stellungnahme eingeräumt werden.[776] Es sollte an dieser Stelle aber nicht unerwähnt bleiben, dass die großen deutschen Umweltschutzverbände wie NaBu, BUND oder Greenpeace neben ihren ehrenamtlichen Mitarbeitern auch auf hauptamtliche zurückgreifen können. Erfahrungsgemäß nutzen Umweltorganisationen oft den Sachverstand von externen Gutachtern und Sachverständigen, so dass die Gewährung einer extra langen Stellungnahmefrist in jedem Fall genau geprüft werden sollte und gegebenenfalls nicht erforderlich ist.

Falls die Planung geändert wird, sich also der Sachverhalt ändert, ist eine erneute Anhörung vorzunehmen. Unwesentlich sind hierbei Änderungen, die das Grundkonzept unberührt lassen.[777]

Die Mitwirkungsrechte der Verbände sind in Deutschland als subjektive Rechte auch gerichtlich durchsetzbar.[778]

Wie schon der alte § 29 BNatSchG enthält auch der neue Abschnitt 7 des BNatSchG über die „Mitwirkung von Vereinen“ nur wenige Regelungen zum Mitwirkungsverfahren und keine Vorschriften über die Folgen von Verfahrensfehlern.[779]

III. Fazit

Die Konsultation von Interessengruppen auf EU-Ebene hält einem Vergleich mit der Vereinsbeteiligung im deutschen Umweltrecht nicht stand. Interessengruppen

---

[773] VGH Kassel, NVwZ-RR 1999, 304.

[774] Gassner in Gassner/Bendomir-Kahlo/Schmidt-Räntsch, BNatSchG, § 58 Rdnr. 12; Bonk/ Kallerhof in: Stelkens/Bonk/Sachs, VwVfG, § 28, Rdnr. 20ff.

[775] BVerwG, NJW 1983, 1689.

[776] So Gassner in Gassner/Bendomir-Kahlo/Schmidt-Räntsch, BNatSchG, § 58 Rdnr. 16.

[777] BVerwG in NVwZ 1998, 395.

[778] BVerwGE 104, 367; Wilrich, Vereinsbeteiligung und Vereinsklage im neuen BNatSchG, DVBl. 2002, 872 (873).

[779] Wilrich, Verbandsbeteiligung im UmweltR, S. 6.

der Wirtschaft in der EU stehen nur bestimmten Personen- oder Firmenkreisen als Mitglieder offen. Nach dem BNatSchG muss aber „Jedermann" Zugang haben. Interessanterweise wurde bei der Diskussion um die Einführung der Verbandsklage von den Gegnern u.a. geltend gemacht, dass den Verbänden die demokratische Legitimation fehle und die Gefahr einer außerstaatlichen Machtkonzentration bestünde. Verwaltungskontrolle durch Verbände bedeute die Anmaßung eines Wächteramtes, das Verbänden nicht zustehe.[780] Dies sind allgemein gehaltene, nicht substantiierte Argumente gegen die Tätigkeit von Verbänden, die einer rechtlichen Bewertung nicht standhalten. Die Einführung der Verbandsklage in Deutschland war verfassungsrechtlicht umstritten, verstößt aber nicht gegen Verfassungsrecht. Insbesondere das Demokratieprinzip wurde nicht verletzt, auch wenn unter dem Schlagwort „Verwaltungskontrolle durch Verbände" ein solcher Eingriff suggeriert worden ist. Vielmehr handelt es sich bei der Verbandsbeteiligung im deutschen Umweltrecht, die ihren Höhepunkt in der Verbandsklage erreicht, lediglich um das in Gang setzen der gerichtlichen Kontrolle.[781]

J. Zusammenfassung Regulierung der Interessenvertretung in der EU

Regulierungen zur Interessenvertretung sind auf deutscher und europäischer Ebene anzutreffen.
Auf europäischer Ebene besteht die Tendenz zu einer Systematisierung des Umgangs und der Konsultation der betroffenen Interessengruppen bei Gesetzgebungsvorhaben. Insbesondere die Kommission hat zahlreiche Maßnahmen ergriffen, den Umgang mit Interessenvertretern zu regeln. Die Kommission begreift die bessere Einbeziehung von Interessengruppen als Teil der Verbesserung der Rechtsetzung beim Europäischen Regieren. Die Maßnahmen dienen der Konkretisierung und praktischen Umsetzung des in Ziffer 9 des Subsidiaritätsprotokolls zum EG-Vertrag normierten Anhörungs- und Informationsrechts.
Die Regulierungsansätze zur Interessenvertretung sind auf den ersten Blick nur sehr schwer zu überblicken, da sie in zahlreichen Dokumenten und noch dazu in unterschiedlichen Rechtsformen (Mitteilungen, Kodizes als Anlage zur GO, institutionelle Vereinbarungen) kodifiziert sind. Neben Regelungen speziell für Interessengruppen existieren Verhaltenskodizes für Mitarbeiter der Institutionen, die sich ebenfalls auf den Umgang mit Interessenvertretern auswirken.

Anhand der getroffenen Maßnahmen lässt sich auch exemplarisch darstellen, wie die Kommission heute abstrakte Probleme einer konkreten Lösung zuführt. Zunächst arbeitete sie 1993 eine Mitteilung aus, die aber nur ungenügende Ansätze umfasste, bevor Ziffer 9 des Subsidiaritätsprotokolls in die Amsterdamer Fassung

---

[780] Breuer, Wirksamer Umweltschutz, NJW 1978, 1562 ; vgl. zu den Argumenten gegen die Einführung einer Verbandsklage Bizer/ Ormond/ Riedel, Die Verbandsklage im Naturschutzrecht, S. 56-58; Zu Pro und Contra Verbandsklage vgl. auch die Anhörung des Arbeitskreises für Umweltrecht, Contra und Pro Verbandsklage.

[781] So auch Bizer/ Ormond/ Riedel, Die Verbandsklage im Naturschutzrecht, S. 86f.

des EG-Vertrages aufgenommen wurde und die Kommission ihren Kodex für Gute Verwaltungspraxis im Jahr 2000 überarbeitete. Erst nach Aufforderung durch den Mandelkern-Bericht auf Veranlassung des Rates von Lissabon im Jahr 2000 widmete sie sich dem Problem erneut intensiv und veröffentlichte 2001 ihr Weißbuch „Europäisches Regieren", als Grundlage für zahlreiche Mitteilungen zu Themen wie Dialog mit Interessenvertretern, Gesetzesfolgenabschätzung und Nutzung von Expertenwissen. Die Bemühungen der Kommission mündeten schließlich Ende 2003 in der Verabschiedung einer institutionellen Vereinbarung „Bessere Rechtsetzung" zwischen Rat, EP und Kommission. Der Entwurf für eine Verfassung für Europa knüpft daran an und übernimmt zahlreiche Grundprinzipien der Konsultation und des Umgangs mit Interessengruppen, so erwähnt er in Teil I Art. 46 die repräsentativen Verbände.

Die Kommission bevorzugt zur Regulierung der in ihrer Institution in großem Maße stattfindenden Interessenvertretung das Mittel der Selbstverpflichtung und hat Mindeststandards zur Konsultation von Interessenvertretern ausgearbeitet. Grundsätzlich hat sich die Kommission bereit erklärt, soweit wie möglich Interessenvertreter zu konsultieren. Es obliegt der Wertung des Einzelfalles, welche Konsultationen und wie diese durchgeführt werden. Durch diese Konsultationsprozesse verfolgt die Kommission das übergreifende Ziel einer „besseren Gesetzgebung" mittels Nutzung der „organisierten Zivilgesellschaft". Die Kommission verfolgt einen weiten Ansatz und verbindet die Lösung des Problems der Interessenvertretung mit Maßnahmen der Effizienzsteigerung der Rechtsetzung insgesamt. Ziel der bestehenden Regelungen für Interessenvertreter ist es, die Transparenz der Interessenvertretung zu erhöhen und die formelle Gleichbehandlung aller Interessenvertreter zu gewährleisten. Dabei sollen insbesondere die Umweltverbände nicht gegenüber den wirtschaftlich stärkeren Wirtschaftsverbänden benachteiligt werden.[782] Durch die Maßnahmen der Kommission zieht sich als leitendes Prinzip, den Interessenvertretern eine Stimme, aber kein Mitspracherecht zu geben. Die Kommission möchte sich ihr verfassungsrechtlich garantiertes Initiativrecht nicht beschränken lassen. Sie hat deswegen auch keine konkreten Verfahrensbestimmungen zum Dialog mit Interessenvertretern verabschiedet, sondern lediglich Mindeststandards der Konsultation veröffentlicht, die ihr einen weiten Spielraum lassen. Sie trennt insofern das Konsultationsverfahren vom formellen Entscheidungsverfahren, verbindet aber eng Konsultationen mit den Abschätzungen zu den Folgen eines Vorschlages. Interessengruppen werden allerdings erst bei einer vertieften Analyse der Gesetzesfolgenabschätzung hinzugezogen, was vielfach zu spät ist.

Nicht gelungen ist es bisher, die bestehenden Regelungen für Interessenvertreter bei den EU-Organen und Institutionen zu vereinheitlichen. Die institutionelle Vereinbarung zwischen EP, Rat und Kommission legt nur als Ziel die Entwicklung einer Gesamtstrategie für eine bessere Rechtsetzung fest, unter Berücksichtigung

---

[782] Insoweit wird auf nationaler und europäischer Ebene über verstärkte Beteiligungsrechte für Umweltverbände nachgedacht.

der Wahrung der Befugnisse der drei Organe. Ein weiterer Schritt der Vereinheitlichung könnte aber durch die neuen Regelungen erfolgen, die den Verfassungsentwurf für die EU umsetzen.

Im Ergebnis tragen die derzeitigen Regelungen zur Interessenvertretung dem tatsächlichen Einfluss der Interessenvertreter weitgehend Rechnung. Sie könnten aber detaillierter ausgestattet werden, ohne dass in das Initiativrecht der Kommission eingegriffen würde. Ein solcher Eingriff erfolgt nicht allein durch eine Regulierung des Konsultationsverfahrens, sondern erst wenn die Ergebnisse im Vorschlag eines Rechtsaktes berücksichtigt werden müssen.

Es ist fraglich, ob die bisherigen Maßnahmen inhaltlich geeignet sind, den Vorwurf der Öffentlichkeit zu widerlegen, dass eine „Mauschelei" zwischen Interessenvertretern und den europäischen Institutionen stattfindet. Sie sind aber zumindest ein weiterer Schritt zur Widerlegung dieser Vorurteile und zur Einführung transparenterer Rechtsetzungsverfahren. Transparenz sollte gegenüber Jedermann stattfinden, der sich für das europäische Gesetzgebungsverfahren interessiert. Es ist aber zu bedenken, dass Transparenzdefizite nicht allein aus der mangelnden Bereitschaft der Institutionen zur Transparenz resultieren. Vielmehr liegt ein Grund mangelnder Transparenz in der komplizierten europäischen Rechtsetzungsstruktur. Ein weiterer Grund mangelnder Transparenz ist die Informationsflut der europäischen Institutionen, die kaum noch zu durchschauen ist. Zu viel Transparenz der Institutionen, die mittlerweile fast jeden Schritt der Entstehung eines Rechtsaktes im Internet publizieren, führt zu einer intransparenten Informationsflut. Insoweit könnten die detaillierten Regelungen zur Ausgestaltung des Dialoges zwischen Kommission und Interessenvertretern die Transparenz zwar erhöhen, das grundsätzliche Transparenzproblem der EU aber nicht lösen. Der sog. „Normalbürger" würde auch nach Einführung eines formellen Konsultationsverfahrens nur mit größerem Aufwand in der Lage sein, die Entstehung eines Rechtsaktes zu verfolgen. Ersichtlich wird die große Bedeutung der EU in der Bevölkerung immer noch verkannt, was auch in der niedrigen Wahlbeteiligung zu Europawahlen zum Ausdruck kommt.

Aus Sicht der Interessenvertreter muss sichergestellt werden, dass auch neue Interessengruppen Gehör finden. Es darf kein „closed shop" System entstehen. Neue Interessengruppen müssen die Chance haben Gehör zu finden.

Die Untersuchung führt zu dem Ergebnis, dass die Kommission seit 2000 in ihrem Bemühen zur Systematisierung des Umgangs mit Interessengruppen große Fortschritte gemacht hat, dass aber weitere Bemühungen der Kommission zur Einbeziehung von Interessenvertretern in das Rechtsetzungsverfahren erforderlich sind. Gewonnene Erfahrungen können zur stetigen Verbesserung der Regulierungen beitragen und sollten genutzt werden.

Sechster Teil: Verbesserungsvorschläge für Regulierungen zum Dialog zwischen Kommission und Interessenvertretern

Im folgenden Teil werden Verbesserungsvorschläge für den Dialog zwischen Kommission und Interessenvertretern vorgestellt und anschließend mit Vor- und Nachteilen bewertet.

A. Verbesserungsvorschläge

Die Grenzen des Dialoges zwischen der Kommission und den Interessenvertretern werden durch den EG-Vertrag und die darin beschriebenen Aufgaben der Kommission gezogen. Die Verbesserungsvorschläge für den Dialog zwischen Kommission und Interessenvertretern setzen an auf den Gebieten

- stärker formalisierter Konsultationsprozess,
- Errichtung einer Liste mit Interessengruppen und
- interne Verhaltensregeln der Kommissionsmitarbeiter.

Insgesamt können diese Vorschläge nur zur Anregung der Diskussion dienen, da eine laufende Verbesserung der Informations- und Konsultationsverfahren notwendig erscheint, also ein „learning by doing".

I. Konsultationsverfahren

Eine Institutionalisierung des Dialoges zwischen Interessenvertretern und Kommission könnte durch die Einrichtung eines formellen Konsultationsverfahrens erfolgen. Ein solches Konsultationsverfahren könnte sich aus mündlichen Anhörungen und schriftlichen Äußerungsmöglichkeiten zusammensetzen. Ein formelles Konsultationsverfahren mit detaillierten verbindlichen Regelungen würde die EG-Kommission in ihrem verfassungsrechtlich zugestandenen Recht der Organisationsfreiheit beeinträchtigen und ist deshalb abzulehnen. Es ist auch zu berücksichtigen, dass die spätere Verwertung der eingegangenen Stellungnahmen allein im Ermessen der Kommission liegt, da dieser das alleinige Ausarbeitungs- und Vorschlagsrecht zusteht. Ein Konsultationsprozess könnte wie folgt gestaltet werden:

1. Ausarbeitung eines Rechtsaktes durch die Kommission

Bei der Ausgestaltung ist zu berücksichtigen, dass das vorzuschlagende Konsultationsverfahren allein den Dialog zwischen der Kommission und den Interessenvertretern regeln soll und somit das Ausarbeitungsverfahren bei einem Rechtsakt. Diese Begrenzung auf die Kommission ist der Funktion der Kommission als rechtsaktausarbeitender Stelle angemessen. Es sprechen auch rein pragmatische Gründe dafür, da eine Regelung für alle Organe oder Institutionen allein durch Änderung des EG-Vertrages oder durch institutionelle Vereinbarung erfolgen könnte, bei der alle beteiligten Organe zustimmen müssten. Die Einführung von gemeinsamen Vorschriften zur Konsultation von Interessenvertretern wäre aufgrund der unterschiedlichen Art und Weise der erfolgenden Interessenvertretung wenig Erfolg versprechend. Sie könnte nur in Form eines allgemein gehaltenen Kodex ergehen, der lediglich den Rahmen vorgibt. Insofern bietet es sich an, dass die Kommission eine

nur für sie verbindliche Intraorgan-Regelung über ein Konsultationsverfahren für Interessenvertreter einführt.
Für die Einführung solcher Regelungen wäre kein Rechtsetzungsverfahren mit Beteiligung anderer Institutionen verpflichtend vorgeschrieben, da es sich um eine Intraorgan-Maßnahme allein der Kommission handelt. Es obliegt somit der Kommission, ob sie freiwillig ein transparentes Verfahren wählt und beispielsweise zunächst ein Weißbuch herausgibt, um Stellungnahme bittet und anschließend eine Mitteilung verabschiedet, die dann für die Kommission interne Bindungswirkung hat.

2. Kriterien „ob" eine Konsultation stattfindet

Bei der Auswahl, wann eine Konsultation durchzuführen ist, könnte eine Unterscheidung getroffen werden zwischen „wichtigen" Gesetzen mit zu erwartenden großen und viele Branchen betreffenden Auswirkungen, bei denen eine Konsultation durchzuführen ist, und „unwichtigen" Gesetzen mit sektoral begrenzter Wirkung oder insgesamt geringen Auswirkungen, bei denen dies nicht erforderlich ist. Hier tritt das Problem auf, nach welchen Kriterien ein Gesetz als wichtig einzustufen ist, da z.B. ein nur sektorales Gesetz zwar einen eingeschränkten Wirkungskreis hat, diese Wirkung aber für den betroffenen Sektor verheerend sein kann. Weiterhin ist fraglich, ob die Kommission gerade am Beginn der Ausarbeitung in der Lage ist, die Auswirkungen eines geplanten Gesetzes richtig einzuschätzen. Beim Zustandekommen der Mining-Waste-Richtlinie haben sich hier Schwächen offenbart bei der Beauftragung eines externen Gutachters zur Gesetzesfolgenabschätzung, der nur mit einem unzureichenden Budget ausgestattet wurde. Insoweit kam bei Mining-Waste der Eindruck einer lediglich pro forma durchgeführten Gesetzesfolgenabschätzung auf.
Der Kommission ist zu raten, bei jedem Legislativvorschlag ein Konsultationsverfahren durchzuführen und auch in jedem Fall Interessengruppen miteinzubeziehen.

3. Beteiligte

Es stellt sich die Frage, welche Personen oder Gruppen bei der Informationsverteilung und Konsultation zu berücksichtigen sind. Es besteht die Möglichkeit, alle Interessierten anzuhören, d.h. nicht zu unterscheiden zwischen

- nationalen und europäischen Interessengruppen,
- der Repräsentanz großer und kleiner Interessengruppen,
- der wirtschaftlichen Stärke der jeweiligen Gruppe oder
- der Wichtigkeit des Interesses.

Auf der anderen Seite muss bedacht werden, dass eine uneingeschränkt große Anzahl von Teilnehmern die Effizienz zumindest einer mündlichen Anhörung einschränken kann. Bei einer Internetkonsultation sollte jeder Interessierte die Möglichkeit haben teilzunehmen.
Eine gezielte Auswahl von Interessenvertretern stellt die Kommission vor das Problem, sachgerechte Kriterien zu finden, nach denen unterschieden werden kann.

a. Beispiel Mining-Waste-Richtlinie

In der heutigen Praxis wird die Teilnahmeberechtigung an mündlichen Anhörungen sehr unterschiedlich gehandhabt. In Vorbereitung des Mining-Waste-Richtlinienvorschlages gab es bei den Anhörungen der Kommission zu den 3 Arbeitspapieren keine Einschränkung des Teilnehmerkreises. Grundsätzlich war jeder Teilnehmer zugelassen, der Interesse hatte. Allerdings wurden die stattfindenden Anhörungen vorher nicht im Internet öffentlich bekannt gegeben, sondern E-Mails an Personen verschickt, die gegenüber dem zuständigen Referat der Kommission ihr Interesse an dem Vorgang bekundet hatten.
Im EP führte der Berichterstatter des federführenden Umweltausschusses, Jonas Sjöstedt, im Laufe des Verfahrens eine Anhörung zum Kommissionsvorschlag durch. Zu dieser Anhörung wurde nur eine kleine Anzahl ausgewählter Vertreter einiger betroffener Industrien und von Umweltschutzorganisationen geladen.

b. Lösungsmöglichkeiten

Es wird die Ansicht vertreten, dass Wissenschaft, europäische Interessenverbände, einzelstaatliche Akteure unterhalb der Regierungen und Medien besondere Gruppen bilden, die im Einzelfall eine weitere Differenzierung bei der Unterrichtung rechtfertigen können. Es kann hierbei schwierig festzustellen sein, ob sich die jeweilige Sondergruppe in Bezug auf das Vorhaben und die beabsichtigte Konsultation wirklich von anderen Gruppen unterscheidet.[783]

Der Wirtschafts- und Sozialausschuss hat Kriterien für den Dialog mit der Zivilgesellschaft aufgestellt.[784] Demnach muss eine europäische Organisation, um angehört zu werden, auf Gemeinschaftsebene dauerhaft organisiert sein, einen direkten Zugriff auf die Expertise ihrer Mitglieder und damit rasche und konstruktive Konsultationen gewährleisten sowie allgemeine Anliegen vertreten, die den Interessen der europäischen Gesellschaft entsprechen. Weiterhin ist Voraussetzung, dass sie sich aus Organisationen zusammensetzt, die auf der Ebene des jeweiligen Mitgliedstaats als repräsentativ für die von ihnen vertretenen Interessen anerkannt sind, über Mitgliedsorganisationen in der großen Mehrheit der Mitgliedstaaten der EU verfügen und eine Rechenschaftspflicht gegenüber den Mitgliedern der Organisation vorsehen.
Weiter erforderlich ist nach Ansicht des WSA, dass die Organisationen über ein Mandat zur Vertretung und Handlung auf europäischer Ebene verfügen, unabhängig und weisungsungebunden von außen und vor allem in finanzieller Hinsicht und in den Entscheidungsstrukturen transparent sind.

---

[783] So Sobotta, Transparenz i.d. Rechtsetzungsverfahren der EU, S. 123, der als Beispiel Wissenschaftler als Quelle von Sachverstand anführt, der für die Kommission bedeutsam sein kann aber auch bestimmte Interessen vertreten kann.

[784] Stellungnahme des WSA zum Thema "Europäisches Regieren - ein Weißbuch" vom 20. März 2002, CES 357/2002); vgl. auch die Mitteilung der Kommission KOM(2002) 277 endg., S.15, 16.

Viele der Reaktionen auf das Konsultationsdokument der Kommission „Hin zu einer verstärkten Kultur der Konsultation und des Dialogs"[785] beschäftigten sich mit der Frage, ob der Zugang zu Konsultationen beschränkt werden sollte. Es wurden gegensätzliche Meinungen vertreten, wobei einige der Auffassung waren, dass nur repräsentative europäische Organisationen angehört werden sollten, während andere äußerten, dass keine interessierte oder betroffene Partei ausgeschlossen werden sollte.[786] Die Kommission hat diese Stellungnahmen ausgewertet und hält „an einem einschließenden Konzept entsprechend dem Grundsatz des offenen Regierens fest. Jeder Bürger, jedes Unternehmen oder jeder Verband kann die Kommission nach wie vor mit Input versorgen." Im Ergebnis soll gewährleistet werden, dass die betroffenen Parteien die Gelegenheit erhalten, ihre Meinungen zu äußern. Die Kommission schränkt diesen umfassenden Kreis der möglicherweise Anzuhörenden aber ein, indem sie die genaue Bestimmung der Zielgruppe vor der Einleitung eines Konsultationsverfahrens verlangt und die Interessengruppen auf der Grundlage solider Kriterien ausgewählt werden müssen. Die Kommission ist der Auffassung, dass eindeutige Auswahlkriterien dort notwendig sind, wo der Zugang zur Konsultation aus praktischen Gründen begrenzt ist, insbesondere bei der Beteiligung betroffener Parteien an beratenden Gremien oder Anhörungen.[787]
Die Kommission unterstreicht die Bedeutung, die sie dem Input repräsentativer europäischer Organisationen beimisst und betont, dass es wichtig ist festzustellen, wie repräsentativ die Ansichten sind, wenn politische Entscheidungen nach einem Konsultationsverfahren getroffen werden. Die Frage der Repräsentativität auf europäischer Ebene sollte aber nicht als einziges Kriterium verwendet werden, wenn die Bedeutung oder Qualität von Kommentaren beurteilt wird. Die Kommission möchte Konsultationsverfahren vermeiden, die den Eindruck erwecken könnten, dass "Brüssel nur mit Brüssel redet". In vielen Fällen können nationale und regionale Standpunkte ebenfalls wichtig sein, um die vielfältigen Situationen in den Mitgliedstaaten berücksichtigen zu können. Sie ist der Ansicht, dass auch Minderheitenmeinungen eine wesentliche Dimension eines offenen Politikdiskurses bieten.[788]
Die Kommission hat ihrer Mitteilung „Hin zu einer verstärkten Kultur der Konsultation"[789] einen Anhang mit Mindeststandards beigefügt, in dem die Kommission auch, in Übereinstimmung mit ihrer Auffassung, Zielgruppen der Konsultationen aufgeführt hat. Sie führt hier insbesondere Parteien und Gremien auf, die von der Politik betroffen oder an ihrer Umsetzung beteiligt sind oder aufgrund ihrer vorformulierten Ziele Interesse haben sowie Parteien, die über einschlägige Erfahrungen auf dem Gebiet verfügen. Diese Gruppen sollten unter Berücksichtigung der Ausgewogenheit zwischen großen und kleinen Organisationen/Unternehmen, wirtschaftlichen und sozialen Gesichtspunkten und auch unter dem Gesichtspunkt der

---

[785] Mitteilung der Kommission KOM(2002) 277 endg.
[786] KOM(2002) 704 endg., S. 10, 11.
[787] KOM(2002) 704 endg., S. 10, 11.
[788] KOM(2002) 704 endg., S. 10, 11.
[789] KOM(2002) 704 endg.

Notwendigkeit ggf. nicht organisierte Interessengruppen ebenfalls einzubeziehen, konsultiert werden.[790]

c. Ergebnis

Im Ergebnis sollte die Entscheidung, wer zur mündlichen Anhörung eingeladen wird, in das Ermessen der Kommission gestellt werden. Sie muss Effizienzgesichtspunkte mit dem zu erreichenden Hauptziel abwägen, Fachwissen über die Betroffenheit der Branche vom geplanten Rechtsakt und dadurch entstehende Probleme zu erlangen. Die Kriterien, die durch die Kommission aufgestellt wurden[791], sind eine Möglichkeit den Kreis der Anzuhörenden ggf. einzuschränken. Diese Kriterien sind zu begrüßen, da sie der Kommission ein der jeweiligen Sachlage angemessenes flexibles Agieren ermöglichen. Aus Effizienzgesichtspunkten bietet es sich an, interessierte Kreise „gebündelt", also in Form von Interessengruppen zu konsultieren, wie die Kommission es in ihrem Konzept der Zivilgesellschaft auch zugrunde legt. In der Praxis wird ein Angebot der Kommission zur Stellungnahme zu Gesetzgebungsvorhaben nur von den Betroffenen wahrgenommen werden, deren Meinung in Interessengruppen kanalisiert ist. Der normale Bürger sollte prinzipiell die Möglichkeit haben seine Meinung zu äußern, wird dies aber in der Regel nicht wahrnehmen.
Die Kommission muss aber beachten, dass ihr Ermessen dort aufhört, wo die Ungleichbehandlung anfängt. Diesen Grundsatz zu achten, hat sie sich mehrfach verpflichtet.[792]

4. Zeitpunkt der Konsultation

Der Zeitpunkt der Bekanntmachung der Kommission einen Rechtsakt zu erlassen und hierzu eine Konsultation durchzuführen, sollte im Ermessen der Kommission stehen[793] und sollte nicht zu früh und darf auch nicht zu spät erfolgen. Bei einer Information der Interessenvertreter, die in einem sehr frühen Stadium der Initiative erfolgt, nimmt sich die Kommission den politischen Handlungsspielraum. Der politische Handlungsspielraum ist vom rechtlichen zu unterscheiden, da die Kommission weiterhin Herrin des Verfahrens bleibt und Interessenvertreter im Rahmen einer freiwilligen Konsultation einbindet.
Wenn der Zeitpunkt der Information zu spät gewählt würde, kann dies Auswirkungen auf die Qualität des Inhaltes des Gesetzesentwurfs haben. Dies ist aus Sicht der Kommission und der betroffenen Gruppen und Branchen die sehr gravierende Folge einer zu späten Einbindung. Interessenvertreter werden in die Ausarbeitung eines Gesetzgebungsvorschlages mit eingebunden, damit die Kommission sich ihr Fachwissen erschließt.

---

[790] KOM(2002) 704 endg., S. 19, 20.

[791] Vgl. KOM(2002) 704 endg.

[792] Vgl. KOM(2002) 704 endg., S. 10.

[793] Dies schlägt auch Sobotta vor in Transparenz i.d. Rechtsetzungsverfahren der EU, S. 136, 137.

Zudem hat eine zu späte Information aus Sicht der Interessenvertreter den Nachteil, dass ein unpraktikabler Vorschlag eines Rechtsaktes erarbeitet wird, dessen Änderung im späteren Stadium viel schwieriger ist als am Anfang. Generell stehen Interessengruppen in späteren Stadien des Gesetzgebungsverfahrens weniger Einflussmöglichkeiten zur Verfügung als in früheren.

Kriterien für den Zeitpunkt der Einbeziehung von Interessenvertretern könnten sein:

- Abhängigkeit der Kommission vom Fachwissen der Interessenvertreter. Je mehr die Kommission auf dieses Wissen zurückgreifen muss, um den Entwurf eines Rechtsaktes ausarbeiten zu können, desto früher sind Interessenvertreter mit einzubeziehen.
- Die voraussichtlichen Auswirkungen des Vorschlages und damit verbunden seine politische Brisanz. Ein politisch sehr umstrittenes Thema kann aufgrund des auf Kompromiss ausgelegten legislativen Systems der EU nur durch einen Rechtsakt geregelt werden, der auf diese Konstellation Rücksicht nimmt. Insoweit ist die Kommission gut beraten, wenn sie bei umstrittenen Vorschlägen für Rechtsakte möglichst frühzeitig die betroffenen Interessengruppen einbezieht.

Die Kommission sollte eigenständige Informationsregeln entwickeln, die auf ihre institutionelle Einbettung in der EU zugeschnitten sind. Denkbar wäre *z.* B. der Zeitpunkt, zu dem die federführende Generaldirektion das Vorhaben anderen Stellen mitteilt. Alternativ, besser noch kumulativ, wäre an den Zeitpunkt zu denken, an dem die Kommission außen stehende Fachleute hinzuzieht. Spätestens die Einbeziehung von Personen, die keinen Geheimhaltungspflichten unterliegen, erfordert im Interesse der Chancengleichheit die Bekanntmachung.

5. Verfahrensmäßiger Ablauf

a. Information über Rechtsetzungsvorhaben durch die Kommission

An den Grundsatz des rechtlichen Gehörs angelehnt sollte den beteiligten Interessenvertretern zunächst ein Recht auf Information zugestanden werden. Diese Information durch die Kommission über geplante Rechtsakte ist Grundlage des weiteren Konsultationsverfahrens. Die Kommission sollte ihre Absicht, einen Rechtsakt zu erlassen, bekannt geben, bevor sie den Vorschlag für einen Rechtsakt fertig ausgearbeitet hat und an Rat und EP weiterleitet. Diese Bekanntmachung ist erforderlich, um möglicherweise interessierte Kreise über das geplante Verfahren zu informieren und diesen die Auseinandersetzung mit der Materie zu ermöglichen. Es bieten sich für die Kommission verschiedene Wege an, über ihrer Absicht, gesetzgeberisch tätig zu werden, zu informieren, wie die Europa-Seite im Internet[794] oder die jährlichen Berichte der Kommission zur Rechtsetzung. Hier kann die Kommis-

---

[794] www.europa.eu.int .

sion auf ihre Internetseite „Ihre Stimme in Europa"[795] zurückgreifen, die sie allerdings noch stärker publik machen sollte.

b. Gelegenheit zur Äußerung für Interessengruppen

Im Laufe des Konsultationsprozesses muss weiterhin sichergestellt werden, dass die betroffenen Interessenvertreter eine Gelegenheit zur Äußerung ihrer Ansichten bekommen. Diese Äußerung der Interessenvertreter könnte schriftlich oder mündlich erfolgen. Anzuraten ist zunächst eine Möglichkeit der schriftlichen Stellungnahme und dann eine Anhörung. Den Interessenvertretern sollte eine angemessene Vorbereitungszeit eingeräumt werden, d.h. der Termin der Anhörung oder das Fristende für Stellungnahmen muss in angemessenem Abstand zur ersten Information der Kommission über das Gesetzgebungsvorhaben liegen.
Ob eine mündliche Anhörung durchgeführt wird, sollte allein in das Ermessen der Kommission gestellt werden. Auch wenn der Kommission nahe gelegt werden sollte ein Konsultationsverfahren grundsätzlich immer durchzuführen, muss dieses nicht zwingend eine mündliche Anhörung enthalten. Vielmehr kann auch eine schriftliche Stellungnahmemöglichkeit dem Bedürfnis nach fachlicher Unterstützung der Kommission und Gleichbehandlung der Interessenvertreter genügen.[796]

Sicherzustellen wäre zudem, allen interessierten Gruppen die Teilnahme an einem solchen Konsultationsprozesses zu ermöglichen. Hierbei ist die unterschiedliche Ressourcenausstattung, insbesondere die finanzielle und personelle der verschiedenen Gruppen, zu berücksichtigen. Während die finanziell unterschiedliche Ausstattung der Interessengruppen durch Reisekosten- und Aufwendungsersatz durch die Kommission problemlos ausgeglichen werden kann, ist dies hinsichtlich der unterschiedlichen personellen Ausstattung der Interessengruppen nur schwer möglich. Ein Ansatz könnte hier die Bereitstellung von Infrastruktur für kleine Interessengruppen durch die EU-Institutionen sein. Eine Lösung dieses Problems unter den Interessengruppen, z.B. nach dem Grundsatz „die Reichen finanzieren die Armen", erscheint aussichtslos.

c. Berücksichtigung der Stellungnahmen durch Kommission

Die Kommission sollte abgegebene Stellungnahmen der Interessenvertreter zumindest zur Kenntnis nehmen. Hier kann an die in den Mindeststandards der Kommissionsmitteilung zur Konsultation niedergelegten Grundsätze[797] angeknüpft werden (vgl. oben S. 142f.). Es ist darüber hinaus erforderlich, dass auf der Stufe der Auswertung der Anhörung die quantitative Anzahl von Gruppen berücksichtigt wird, die die gleichen Interessen vertreten. Wenn dies nicht geschieht, besteht die

---

[795] http://europa.eu.int/yourvoice/consultations/index_de.htm (zuletzt abgerufen am 30.04.2006).

[796] Vgl. hierzu auch die Mitteilung KOM(2002) 704 endg., S. 10, in der sich die Kommission für eine völlige Ermessensfreiheit darüber ausspricht, ob überhaupt ein Konsultationsverfahren durchgeführt wird. Dieser Ansicht kann der Verfasser nicht folgen.

[797] KOM(2002) 704, S. 21.

Gefahr, dass die Kommission ein falsches Meinungsbild ihrer Entscheidung über den Rechtsakt zugrundelegt. So waren bei der Anhörung der GD Umwelt zum Arbeitspapier Nr. 3 des Mining-Waste-Vorganges weit mehr Industrie- als Umweltinteressenvertreter anwesend. Für die Umweltseite war lediglich WWF präsent, während die Rohstoffindustrie durch 15 Verbände vertreten wurde.
Zur effizienten Verfahrensgestaltung ist es notwendig, dass die Kommission eine Frist setzt, nach deren Ablauf eingehende Stellungnahmen nicht mehr berücksichtigt werden. Hier bietet sich im Rückgriff auf die Kommissionsmitteilung zur Konsultation[798] grundsätzlich eine achtwöchige Frist an. Im Einzelfall muss die Kommission die Möglichkeit haben, diese Frist angemessen zu verlängern.[799]

II. Erstellung einer Liste der Interessengruppen

Ein anderer pragmatischer Ansatz zur Verbesserung der Regulierung der Interessenvertretung könnte die Erstellung einer Liste sein, in die sich Interessengruppen eintragen müssen unter genauer Angabe der Art der Interessengruppe und der vertretenen Interessen, was bereits beim EP verwirklicht ist und im Internet abgerufen werden kann.[800]
Die Bekanntmachung des Vorhabens, einen Rechtsakt zu erlassen, könnte durch Bekanntmachung oder Information an Personen erfolgen, die auf dieser Liste verzeichnet sind. Hier wäre es hilfreich, eine Unterteilung nach Branchen und Art der vertretenen Interessen zu unternehmen, damit gezielt die interessierten Gruppen angesprochen werden können.
Zur Erstellung einer solchen Liste könnte auf die Liste des EP oder auf das Verzeichnis gesamteuropäischer, nicht gewinnorientierter Organisationen der Zivilgesellschaft auf der CONECCS-Webseite[801] („Konsultation, die Europäische Kommission und die Zivilgesellschaft") des Internet-Servers EUROPA zurückgegriffen werden. Dieses Verzeichnis wird auf freiwilliger Basis erstellt und ist als reine Informationsquelle konzipiert, die keinerlei Wertung vornimmt.[802] Nach Angaben auf dieser Internetseite geht die Einrichtung der Datenbank auf die Verpflichtung der Kommission zurück, ihre Konsultationsverfahren transparenter zu gestalten. Es können Informationen zu den förmlichen und strukturierten Beratungsgremien der

---

798 KOM(2002) 704, S. 20.

799 So hat die Kommission im Jahr 2003 die Stellungnahme Frist zum Verordnungsvorschlag zur EU-Stoffpolitik um zwei Wochen von sechs auf acht Wochen verlängert, als Interessenvertreter wegen der Komplexität des Vorgangs darum gebeten haben.

800 http://www2.europarl.eu.int/lobby/lobby.jsp?lng=de&sort=byorg&index=A (zuletzt abgerufen am 20.12.2004).

801 http://europa.eu.int/comm/civil_society/coneccs/index_de.htm (zuletzt abgerufen am 30.04.2006); die Datenbank CONECCS ist ein dynamisches Hilfsmittel, das ständig weiterentwickelt wird.

802 Mitteilung der Kommission Konsultationsdokument: Hin zu einer verstärkten Kultur der Konsultation und des Dialogs - Vorschlag für allgemeine Grundsätze und Mindeststandards für die Konsultation betroffener Parteien durch die Kommission (KOM(2002) 277 endg.), S. 9.

Kommission gefunden werden, an denen die Organisationen der Zivilgesellschaft teilnehmen. Außerdem besteht Zugang zu einem Verzeichnis von nicht gewinnorientierten Organisationen, die auf europäischer Ebene tätig sind. Es wird herausgestellt, dass dieses Verzeichnis auf Basis freiwilliger Beiträge erstellt wurde und nur der Information dient. Es wird Wert darauf gelegt, dass die Aufnahme einer Organisation in die Datenbank nicht bedeutet, dass die Kommission dieser Organisation einen offiziellen Beraterstatus gewährt. Nachteil von CONECCS ist, dass nur europaweit tätige Organisationen in die Liste aufgenommen werden können.

In dieser zu erstellenden Liste müsste deutlich werden, welche Interessen die Organisationen vertreten, wie einschließend diese Vertretung ist und wie genau sie diese Interessen vertreten.[803] Bei CONECCS müssen zwar die Finanzierungsquellen in einem sehr groben Rahmen offen gelegt werden, die vertretenen Interessen brauchen aber nicht erwähnt werden. Betroffene Parteien, die Kommentare zu einem Handlungsvorschlag der Kommission abgeben möchten, müssten bereit sein, der Kommission diese Informationen zur Verfügung zu stellen.

Falls die Kommission bei der Information über geplante Rechtsakte anhand einer solchen Liste vorgehen würde, wäre dies auch ein Anreiz für Verbände, sich in diese Liste unter korrekter Angabe ihrer Daten einzutragen. Es empfiehlt sich somit, dass die Kommission entweder eine eigene Liste mit Interessenvertretern erstellt, oder als einfacheren und zu empfehlenden Weg auf die Liste des EP zurückgreift und diese um zusätzliche Informationen, wie Branche und Interessensgebiete, ergänzt.

Zurzeit ermöglicht die Kommission auf ihrer Internetseite „Ihre Stimme für Europa" die Eintragung in E-Mail-Verteiler, sortiert nach Fachbereichen wie Umwelt oder Industrie, die dem Zuständigkeitsbereich der einzelnen Generaldirektionen ähnlich sind. Diese Verteiler informieren über geplante Konsultationen und Neuerungen auf der Homepage „Ihre Stimme für Europa".

III. Verhaltensregeln für Kommissionsmitarbeiter

Ein Ansatz zur Steuerung und Verbesserung des Dialoges zwischen Interessengruppen und der Kommission könnte auch die Festlegung strengerer Verhaltensregeln für Kommissionsmitarbeiter sein. So wäre es möglich, nur bestimmten Kommissionsmitarbeitern, wie den Abteilungsleitern, den dienstlichen Kontakt zu Interessengruppen zu gestatten. Da eine solche Reglementierung aber praxisfern erscheint, bietet sich eine Regelung an, nach der Kommissionsmitarbeiter jeden Kontakt zu Interessengruppen ihrem Abteilungsleiter anzeigen müssen. Der „Code of Good Administrative Behaviour – Relation with Public" (vgl. oben S. 166) ist ein

[803] KOM(2002) 277 endg., S. 11,12.

guter Ansatz, der im Laufe der Zeit aus den gewonnenen Erfahrungen noch ergänzt werden sollte.

IV. Ergebnis

Die aufgezeigten Verbesserungsvorschläge setzen bei Einrichtung eines formalisierteren, immer durchzuführenden Konsultationsverfahrens, bei der Verbesserung der Interessenvertreterliste und bei genaueren Verhaltensregeln für Kommissionsmitarbeiter an. Diese Vorschläge würden somit auf eine stärkere Institutionalisierung des Dialoges zwischen Interessengruppen und Kommission zulaufen. Eine freiwillige Vereinbarung der Interessengruppen zur Ausgestaltung des Dialoges scheidet aus, da sie nicht geeignet erscheint das Verbesserungsziel der Gleichbehandlung zu erreichen. Interessengruppen sind keine öffentlichen Institutionen und einseitig ihren Mitgliedern verpflichtet.
Die Verbesserungsvorschläge zeigen, dass die Kommission sie schon teilweise umgesetzt hat und insoweit sich auf dem richtigen Weg befindet.

B. Gefahren einer Institutionalisierung

Der Dialog zwischen Interessenvertretern und der Kommission kann aus verfassungsrechtlicher Sicht stärker institutionalisiert werden, solange Organisationsgewalt und Vorschlagsmonopol der Kommission gewahrt bleiben. Gefahren einer stärkeren Institutionalisierung werden teilweise für den Staat wie auch für die Interessenvertreter gesehen, sie können aber widerlegt werden.

I. Gefahren für die Kommission

Befürchtungen aus den 70er Jahren, ob der Staat, wenn er mit den Verbänden enger kooperiert, überhaupt noch Staat genannt werden darf, können entkräftet werden. Die Mitarbeit der Verbände an der staatlichen Willenbildung kann so organisiert werden, dass die Unabhängigkeit und Entscheidungsfreiheit der staatlichen Stellen, hier der Kommission, gewahrt werden.[804]
Eine faktische Abhängigkeit würde bestehen, falls die Kommission nicht in der Lage wäre, einen Sachverhalt eigenständig zu beurteilen. Dies liegt aber nicht allein dann vor, wenn die Kommission wegen ungenügender fachlicher Kapazität auf externen Sachverstand der Interessenvertreter zurückgreifen muss. Erst wenn sie nicht imstande ist, diese Zuarbeit auszuwerten und sich ein unabhängiges Bild der jeweiligen Problemstellung zu verschaffen, wäre sie auf die Zuarbeit von Interessenvertretern angewiesen und müsste auf deren Rat, welche Maßnahmen zu ergreifen sind, vertrauen.
Dies ist tatsächlich aber nicht der Fall. Vielmehr nimmt die Kommission die Expertise von Interessenvertretern nur dann an, wenn sie diese für die effizienteste Methode der Informationsgewinnung hält. Die Kommission ist auch nicht auf das

---

[804] Schröder, Gesetzgebung und Verbände, S. 37.

Wissen der Interessenvertreter angewiesen, da sie die Möglichkeit hat auf Sachverständige (z.B. Experten aus der Wissenschaft, Gutachter) zurückzugreifen, wie sie dies in ihrer Mitteilung über die Einholung und Nutzung von Expertenwissen zum Ausdruck gebracht hat.[805] Nach Angaben der Kommission sollen bewährte Praktiken im Zusammenhang mit der Einholung und Nutzung von Fachwissen in allen Phasen der politischen Entscheidungsprozesse der Kommission verankert und gefördert werden. Ziel ist den Dienststellen der Kommission dabei zu helfen, das jeweils am besten geeignete Expertenwissen zu mobilisieren und zu nutzen, um eine solide Wissensgrundlage für eine bessere Politik zu schaffen. Zudem soll die Glaubwürdigkeit des Prozesses der Wissensbeschaffung gestärkt werden.[806] Die letztendlich entscheidende Auswertung und unabhängige Meinungsbildung erfolgen innerhalb der Kommission. Interessenvertreter und Sachverständige arbeiten nur hilfsweise zu.

II. Gefahren für Interessenvertreter

Auch Gefahren für die Verbände können entkräftet werden. So wird gegen eine formellere Partizipation der Verbände an der Rechtsetzung oft eingewendet, dass diese kein Mandat von ihren Mitgliedern für diese neue Funktion hätten. Die Interessenvertreter seien beispielsweise bei einem ausgehandelten Kompromiss verpflichtet, das Ergebnis gegenüber ihren Mitgliedern durchzusetzen, was zu Konflikten zwischen der Verbandsgeschäftsführung und ihren Mitgliedern führen könne. Daran könne ein Verband zerbrechen.[807] Diese Argumentation ist indes nicht überzeugend, da die Mitglieder einer Interessenvertretung es generell als großen Vorteil ansehen, wenn ihr Verband mit staatlichen Stellen verhandelt und sie so über ihre Organisation einbezogen werden. Ein Konflikt tritt nicht auf, wenn die Abstimmung zwischen der Verbandsspitze und den Mitgliedern bezüglich des Verhandlungsmandats eng abläuft und der Verband diese Vollmacht nicht überschreitet. Zudem können Verbände hier auf ihre demokratische Grundstruktur zurückgreifen, indem sie ihre Mitgliederversammlung und den gewählten Vorstand Entscheidungen treffen lassen, die dann umgesetzt werden. [808]

Ein in dieser Weise agierender Verband wird die mit staatlichen Stellen gefundenen Verhandlungsergebnisse seinen Mitgliedern auch so nahe bringen können, dass die-

---

[805] „Mitteilung der Kommission über die Einholung und Nutzung von Expertenwissen durch die Kommission: Grundsätze und Leitlinien – Eine bessere Wissensgrundlage für eine bessere Politik", KOM(2002) 713 endg.

[806] KOM(2002) 713 endg., S. 2.

[807] Schröder, Gesetzgebung und Verbände, S. 38.

[808] Teubner, Verbandsdemokratie durch Recht?, in Steinberg, Staat und Verbände, 256 (259f.): Vorschläge zur Demokratisierung von Verbänden wurden im Laufe der Verbändediskussion der 70er Jahre ausgearbeitet und setzten bei drei Regelungskomplexen an: Der Stärkung der Mitgliederversammlung (regelmäßiger Tagungsturnus; der Mitgliederversammlung ein Weisungsrecht gegenüber dem Vorstand zu erteilen und ihre verstärkte Kontrollbefugnisse zu erteilen.), der Begrenzung der Vorstandskompetenzen und der Stärkung der Mitgliedschaftsstellung.

se sie umsetzen. Er wird durch diesen Bedeutungszuwachs sogar noch an Attraktivität gewinnen und gestärkt hervorgehen.

III. Benachteiligung nicht organisierter Bürger

Die Einführung formellerer Regelungen der Konsultation für Interessenvertreter hätte zur Folge, dass diese privilegiert wären, in besonderer Weise am Gesetzgebungsverfahren teilzunehmen. Zudem stellt sich das Problem wie mit nichtorganisierten Bürgern zu verfahren ist, die dementsprechend benachteiligt wären.
Europäische Interessenverbände ermöglichen der Kommission eine effiziente Abstimmung mit dem betroffenen Sektor. Es wird die Ansicht vertreten, dass eine Privilegierung zulässig sei, wenn europäische Interessenvertreter ein repräsentatives und pluralistisches Forum für den jeweiligen Sektor bieten. Vertreten Verbände nur bestimmte Auffassungen aus dem Sektor oder ist der Sektor gar in verschiedene Verbände gespalten, verbiete sich eine einseitige Privilegierung. Grenzen der Privilegierung würden sich aus der Meinungsfreiheit der einzelnen Interessenträger und der Freiheit ergeben, auf eine Verbandsmitgliedschaft zu verzichten. Die Kommission dürfe niemanden zwingen, Mitglied eines europäischen Interessenverbandes zu werden, indem sie die individuelle Initiativanhörung verweigere.[809]
Insoweit wäre eine Privilegierung legitim, da Interessenvertreter das Funktionieren einer Demokratie verbessern können und wichtiger Teil der europäischen Zivilgesellschaft sind.

C. Vorteile einer stärkeren Institutionalisierung

Für eine verstärkte Formalisierung des Dialoges zwischen Kommission und Interessenvertretern sprechen die folgenden Argumente:

I. Verbesserung der Informationspraxis der Kommission

Eine Verbesserung des Dialoges zwischen Kommission und Interessenvertretern kann eine bessere Informationspraxis der Kommission zur Folge haben. Vorbild könnte hier Deutschland sein: So versenden die Bundes- und Länderministerien in Deutschland Referentenentwürfe von sich aus an die betroffenen Verbände und bitten um Stellungnahme.
In Brüssel ist jeder Interessierte gezwungen, sich selbst aktiv Informationen zu besorgen, es läuft kein automatischer Informationsweiterleitungsprozess ab. Wer nicht über ein breites Netzwerk verfügt, dem entgehen bei der Vielzahl von Vorgängen, gerade im Umweltbereich, leicht ihn betreffende wichtige Vorhaben. Insgesamt weist die Objektivität der Informationsvergabe durch die Institutionen und die Einholung von Informationen durch die Verbände starke Defizite auf.

---

[809] Sobotta, Transparenz i.d. Rechtsetzungsverfahren der EU, S. 123.

II. Erhöhung der Effizienz und Transparenz der Kommissionsarbeit

Eine stärkere Institutionalisierung des Dialoges zwischen Kommission und Interessenvertretern könnte die Transparenz der Kommissionsarbeit bei der Ausarbeitung eines Rechtsaktes erhöhen, darf aber nicht die Effizienz des Gesetzgebungsverfahrens nachhaltig behindern.

Rechtsakte auf Ebene der EU kommen faktisch, wie oben dargelegt, unter Beteiligung von Interessenvertretern zustande. Diese Interessenvertretung findet in versteckter und offener Form statt. Offensichtlich wird die Interessenvertretung insbesondere bei Anhörungen, in denen Stakeholder zu Wort kommen. Aber auch bei der Erarbeitung von Rechtsakten, bei denen keine Konsultation stattfindet oder die nicht publik werden, werden betroffene Interessengruppen versuchen, den Inhalt des vorgeschlagenen Rechtsaktes zu beeinflussen. Eine Stakeholder-Konsultation hat den positiven Nebeneffekt, dass genau ersichtlich ist, wer sich von dem Gesetzgebungsvorhaben betroffen fühlt und wer versucht, seine Vorschläge an die Kommission zu übermitteln. Der Einfluss sachfremder Erwägungen, gestreut durch Interessengruppen, wird zurückgedrängt.

Fraglich ist, ob diese Erhöhung der Transparenz und damit das Demokratieprinzip mit dem Grundsatz der Sicherung der Funktionsfähigkeit der Gemeinschaft, also mit dem Effizienzprinzip, in Einklang zu bringen ist.

Aus Sicht der Kommission ist die Ausgestaltung eines Konsultationsverfahrens durch einen übertrieben legalistischen Ansatz unvereinbar mit der Notwendigkeit, eine Politik fristgerecht umzusetzen. Dies widerspricht den Erwartungen der Bürger, dass die Europäischen Organe sich mit inhaltlichen Fragen befassen sollen, statt sich auf Verfahrensfragen zu konzentrieren.[810]

Kahl vertritt zur Abwägung Transparenz versus Effizienz die Ansicht, dass die Theorie an ihrer mangelnden Praktikabilität zerbreche. Hierfür spreche die hohe Spezialisierung, Detailliertheit und Komplexität des EU-Rechts. Es könnte eine Übersättigung eintreten. Zudem könne zu viel Transparenz zu einer Konfusion, Überforderung und Übersättigung beim Bürger führen. Als Beispiel hierfür meldete Kahl 1996 auch Bedenken gegen den zu dieser Zeit erst in der Planung begriffenen Parlamentskanal von ARD und ZDF, heute Phoenix, an. Er befürchtet, dass die Debatten weniger sachbezogen und konkret, dafür aber zunehmend populistisch geführt würden. Der Bürger könne der Politik den Rücken kehren. Die Frustration der Bürger und die Entprofessionalisierung könnten das politische und rechtliche System insgesamt schädigen.[811]

Kahl ist teilweise zuzustimmen. Ein „absolut“ transparentes System bei der Ausarbeitung eines Rechtsaktes könnte die Effizienz der Kommissionsarbeit stark beeinträchtigen. Die sehr frühe Konsultation von Stakeholdern kann ein Gesetzgebungsvorhaben zum Scheitern bringen, da es die interne Meinungsbildung der

---

[810] KOM(2002) 704 endg., S. 9,10.

[811] Kahl, Transparenzdefizit, 224 (235) m.w.N.

Kommission nachhaltig beeinflussen und so die verfassungsrechtlich garantierte Unabhängigkeit der Kommission einschränken kann. Es ist auch zu bedenken, dass das europäische Gesetzgebungsverfahren ausbalanciert ist zwischen den Institutionen Kommission, Rat und EP. Die Vorschläge der Kommission orientieren sich an dem, was aus europäischer Sicht wünschenswert ist, und brauchen die Ansichten von EP und Rat bei der Ausarbeitung nicht zu berücksichtigen. Würden Kommissionsvorschläge bereits in der Ausarbeitungsphase frühzeitig veröffentlicht, könnten Mitglieder des EP und Ratsmitglieder versuchen, diese bereits in einem sehr frühen Stadium zu ihren Gunsten zu beeinflussen. Dies würde das im EG-Vertrag festgeschriebene ausgewogene Gleichgewicht der Institutionen im Gesetzgebungsverfahren aus den Angeln heben und die Position der Kommission schwächen.
Auch ist die Problematik der möglicherweise eingehenden großen Anzahl an Stellungnahmen zu beachten. Bei Themen, die viel Aufmerksamkeit erregen, kommen auf die Kommission tausende Stellungnahmen von Interessierten zu, die sie auszuwerten hat. Allerdings zeigen Erfahrungen wie bei der Stoffpolitik (vgl. S. 112f.), dass die Kommission auch mit einer großen Anzahl von Stellungnahmen zurecht kommt. Die Kommission muss sich aber die Frage stellen lassen, wie sie die eingegangenen Stellungnahmen innerhalb von drei Monaten bearbeiten und bewerten konnte.
Auf der anderen Seite kann durch ein Konsultationsverfahren die Effizienz der Kommissionsarbeit gestärkt werden, da durch eine Konsultation der Stakeholder der Kommission zugearbeitet wird und so die Praktikabilität ihres Gesetzgebungsvorschlages erhöht wird (vgl. oben S. 111 ff.).

III. Sicherstellung der Gleichbehandlung aller Interessenvertreter

Wie oben auf S. 107ff. bereits beschrieben, hat der EuGH den allgemeinen Gleichheitssatz in seiner Rechtsprechung als ungeschriebenen allgemeinen Grundsatz des Gemeinschaftsrechts entwickelt. Nach dem allgemeinen Gleichheitsgebot dürfen im Wesentlichen gleiche Sachverhalte nicht unterschiedlich und unterschiedliche Sachverhalte nicht gleich behandelt werden.
Bezogen auf die Interessenvertretung verlangt der allgemeine Gleichheitssatz, dass gleichartige Akteure in gleicher Weise Zugangschancen zu den Anhörungen der Kommission haben, mit den gleichen Informationen versorgt werden und ihre Stellungnahmen chancengleich berücksichtigt werden. Zur Einhaltung dieser Grundsätze hat sich die Kommission verpflichtet.

Zeitlich ist die Information aller Interessengruppen spätestens dann geboten, wenn eine Interessengruppe Informationen erhält. Wenn bestimmte Interessenvertreter vertrauliche Informationen allein oder vor anderen erhalten, so ist dies nur als Ungleichbehandlung zu verstehen, deren Rechtfertigung nicht ersichtlich ist.[812]

---

[812] So auch Sobotta, Transparenz i.d. Rechtsetzungsverfahren der EU, S. 123.

Fraglich ist, ob eine stärkere Institutionalisierung helfen kann, eine solche Ungleichbehandlung zu vermeiden. Die Versorgung einer Interessengruppe mit Informationen ist von der Anhörung der Interessengruppe zu trennen. Ziel einer stärkeren Institutionalisierung kann die gleichberechtigte Versorgung aller interessierten Kreise mit Informationen und die gleiche Anhörung dieser Kreise sein. Bei der Informationsverbreitung ist zu berücksichtigen, dass es aus Effizienz- und aus praktischen Gesichtspunkten nicht im Interesse der Kommission ist ihre Kontakte zu diesen Gruppen zu sehr zu formalisieren. Wenn man jegliche informelle Informationsweitergabe verhindern wollte, müsste man den Kommissionsmitarbeitern jegliche informelle Kontakte zu diesen Kreisen untersagen, was praxisfremd ist. Erfolgversprechender ist eine Regelung, die eine möglichst breite Streuung von Informationen vorschreibt. Diese hat die Kommission mit ihren Mindeststandards für den Umgang mit Interessengruppen getroffen und sich zur Einhaltung selbst verpflichtet. Die Kommission hat zur Umsetzung Datenbanken, wie das CIRCA-Netzwerk und die Internetseite „Ihre Stimme für Europa", zur Umsetzung geschaffen.

IV. Erhöhung der Rechtssicherheit

Durch die Einrichtung verbindlicherer und detaillierterer Regelungen der Konsultation von Interessenvertretern könnte die Rechtssicherheit erhöht werden. Die Rechtssicherheit ist ein wesentliches Element des Rechtsstaatsprinzips und beinhaltet den Schutz der Rechtsordnung.[813]

Der EuGH hat mehrfach festgestellt, dass der Grundsatz der Rechtssicherheit als allgemeiner Rechtsgrundsatz Teil des Gemeinschaftsrechts ist und definiert den Grundsatz der Rechtssicherheit wie folgt: Jede Maßnahme der Organe, die Rechtsauswirkungen entfaltet, muss klar und deutlich sein und dem Betroffenen so zur Kenntnis gebracht werden, dass er mit Gewissheit den Zeitpunkt erkennen kann, von dem an die genannte Maßnahme besteht und ihre Rechtswirkungen zu entfalten beginnt.[814]

Der Grundsatz der Rechtssicherheit ist eng mit dem Grundsatz des Vertrauensschutzes verbunden, da beide die Beständigkeit und Unverbrüchlichkeit des Rechts fordern.[815] Ein Bestandteil der Rechtssicherheit ist zudem das Kriterium der Vorhersehbarkeit staatlicher Entscheidungen. Diese verlangt eine greifbare Maßstabbildung und eine Messbarkeit innerhalb der Rechtsordnung.[816]

Es ist aber fraglich, ob durch Einrichtung eines noch stärker institutionalisierten Dialoges zwischen Kommission und Interessenvertretern die Rechtssicherheit der Betroffenen weiter erhöht werden kann. Die Kommission hat bereits Mindeststan-

---

[813] Schmidt-Aßmann in Isensee/ Kirchhof, HStR., Band I, § 24 Rdnr. 81.

[814] EuGH, Rs. 80/86, 8.10.1997, Slg. 1987, 3969, Rdnr. 13f. (Kolpinghuis Nijmegen); Rs. 265/78, 5.3.1980, Slg. 1980-1 S. 617ff.

[815] Gleichwohl wendet der EuGH den Grundsatz der Rechtssicherheit insbesondere als Ausgangspunkt für die Prüfung des allgemeinen Rückwirkungsverbotes an.

[816] Schmidt-Aßmann in Isensee/ Kirchhof, HStR., Band I, § 24 Rdnr. 81.

dards für den Umgang mit Interessengruppen ausgearbeitet und so auch die Rechtsicherheit für diese Gruppen erhöht. Diese Mindeststandards untersagen bereits willkürliches Handeln bei der Zusammenarbeit der Kommission mit Interessengruppen, was dem Gebot größtmöglicher Objektivität Rechnung trägt. Informelle Kontakte lassen sich durch weiter formalisierte Regelungen auch nicht unterbinden. Es empfiehlt sich, zunächst Erfahrungen zu sammeln und auszuwerten, bevor neue Maßnahmen ergriffen werden.

D. Ergebnis

Die Kommission hat sich freiwillig verpflichtet, Konsultationen in möglichst vielen Fällen durchzuführen und damit den Sachverstand von Externen zu nutzen. Da die Kommission bei der Vielzahl von Gesetzgebungsprojekten nicht fachlich in der Lage sein dürfte, die Auswirkungen zu ermessen, wird sie nahezu immer externen Sachverstand heranziehen. Die Kommission hat vielfältige Maßnahmen ergriffen, um den Dialog zwischen ihr und den Interessengruppen zu systematisieren und damit auch dem Anschein der Mauschelei und Kungelei zwischen der Kommission und Interessengruppen entgegengewirkt. Die getroffenen Regelungen der Kommission sind ein guter Ansatz, der im Laufe der Zeit bei fortschreitender Konsultationspraxis noch verbessert werden kann.

Verbesserungen sind möglich bei der detaillierteren Ausgestaltung der Regelungen der Konsultation, bei der Erstellung einer Liste der Interessengruppen und bei Verhaltensregelungen für Kommissionsmitarbeiter.

Eine Abwägung der Verbesserung dieser Vorschläge mit den Risiken ergibt, dass die Nutzung der wachsenden Erfahrungen in einem laufenden Verbesserungsprozess sinnvoll erscheint. Dies bedeutet, dass eine stärkere Institutionalisierung derzeit nicht wünschenswert ist. Diese Lösung schließt die Option einer zukünftigen Umsetzung der gewonnenen Erfahrungen in Form einer stärkeren Institutionalisierung nicht aus.

Siebter Teil: Zusammenfassende Betrachtung - Thesen

1.
Die EU übt einen großen Einfluss auf die Gesetzgebung in Deutschland aus, insbesondere auch im Umweltbereich. Dieser Entwicklung trägt die Interessenvertretung Rechnung und engagiert sich immer stärker auf EU-Ebene in Brüssel und Straßburg.

2.
Im EU-Rechtsetzungsverfahren hat die Kommission, trotz immer größeren Einflusses des EP, durch ihr Vorschlagsmonopol eine starke Stellung. Sie ist die Agenda-Setterin, bei dem Interessenvertreter in einem möglichst frühen Stadium versuchen, Einfluss auszuüben. Der Rechtsakt wird im für die Umweltpolitik wichtigen Mitentscheidungsverfahren durch EP und Rat verabschiedet.

3.
Auf EU-Ebene wird Interessenvertretung als etwas Nützliches angesehen, von dem die EU-Institutionen profitieren können. Die Kommission nutzt den Sachverstand der Interessengruppen intensiv. Sie ist personell unterbesetzt, benötigt aber auch aufgrund der immer spezielleren Gesetzesinhalte diesen Sachverstand. Eine Abhängigkeit der Kommission von Interessenvertretern ist nicht zu befürchten, da die Kommission eine große Bandbreite von Informationsmöglichkeiten besitzt, wie die Einschaltung von Sachverständigen und den Rückgriff auf sonstige Experten, sowie den eigenen Sachverstand nutzt.

4.
Die zuständige Generaldirektion veröffentlicht Zwischenergebnisse bei der Ausarbeitung eines Legislativvorschlages häufig in sog. Arbeitspapieren, die keinen offiziellen Status haben, da sie nicht mit den anderen Generaldirektionen abgestimmt sind. Daneben nutzt die Kommission Grün- und Weißbücher sowie Programme und Strategien, um gemäß ihrem Vorschlagsmonopol einen Kommissionsvorschlag auszuarbeiten und externe Informationen mit einzubeziehen.

5.
Interessengruppen sind unerlässlich für das Funktionieren einer Demokratie. Sie bündeln, selektieren und artikulieren Einzelinteressen, und erlauben es jedem Bürger, außerhalb der Wahlen am politischen Leben teilzuhaben. Verbände können als Verkörperung des Prinzips der Teilnahme des Bürgers an der Rechtsetzung verstanden werden, wodurch die Transparenz der Entscheidungen der EU-Institutionen erhöht wird. Diese Entscheidungen sind möglichst offen und bürgernah zu treffen, was durch Art. 41 der Grundrechtecharta unterstrichen wird.

6.
Interessenvertretung ist rechtlich legitim, obwohl Interessenvertreter nicht demokratisch legitimiert sind. Interessenverbände können gemeinwohlorientiert handeln, da dies dem Interesse ihrer Mitglieder dient. Interessengruppen dienen der Gemeinwohlfindung und erfahren hierdurch eine weitergehende Legitimation der Mitarbeit, weitergehend als das aus der Vereinsfreiheit resultierende Recht zu ihrer Gründung und Existenz.
Verbände können als Verkörperung des Prinzips der Teilnahme des Bürgers an der Rechtsetzung verstanden werden, wodurch die Transparenz der Entscheidungen der EU-Institutionen erhöht wird. Ihre Arbeit ist als Mitwirkung und nicht als Mitentscheidung einzustufen. Gesetzgebung kann bürgernäher durch Einbeziehung von Interessengruppen gestaltet werden.

7.
Die Grenzen der Interessenvertretung werden vom europäischen Verfassungsrecht gezogen, dessen Überschreitung durch die EU-Institutionen im Umgang mit Interessenvertretern möglich ist. Maßstab einer solchen Überschreitung ist die Rechtmäßigkeit des Gesetzgebungsverfahrens und die Gebundenheit der EU-Institutionen an Recht und Gesetz.
Alternative Rechtsetzungsverfahren wie Ko- und Selbstregulierung binden Interessengruppen in die Rechtsetzung ein, wobei darauf zu achten ist, dass eine im EG-Vertrag vorgeschriebene Beteiligung der EU-Institutionen nicht umgangen wird. Wenn die Ziele alternativer Rechtsetzung nicht erreicht werden, kann die Kommission auf herkömmliche Instrumente der Rechtsetzung zurückgreifen.
Der Gleichbehandlungsgrundsatz allein setzt dem Umgang der Kommission mit Interessengruppen kaum Grenzen, außer in willkürlichen und offensichtlichen Fällen der Ungleichbehandlung.
Das in den Europäischen Verträgen geregelte Transparenzgebot ist von den Institutionen zu beachten. Transparenz und Effizienz sind in Ausgleich zu bringen. Ein Verstoß gegen das Transparenzgebot durch die Kommission beim Umgang mit Interessenvertretern kann nicht durch Effizienzgesichtspunkte geheilt werden.

8.
Es wird der Vorwurf erhoben, Interessenvertretung erfolge in einer Grauzone und dies widerspräche dem Transparenzgebot. Dieser Vorwurf ist ein Grund, den Umgang mit Interessenvertretern in Deutschland und auf EU Ebene auf eine formelle Basis zu stellen. Regulierungen setzen insbesondere beim Verhalten der Behördenmitarbeiter (verpflichtende Verhaltenskodizes) und bei der formalisierten Einbeziehung der Interessengruppen in das Rechtsetzungsverfahren an.
In Deutschland regeln die Geschäftsordnungen von Bundestag, Bundesrat und den Ministerien den Umgang mit Interessenvertretern. Nach Ziffer 9 des Subsidiaritätsprotokolls zum Nizzaer Vertrag sollten Anhörungen durch die Kommission durchgeführt werden.

9.
Die Kommission hat den Problembereich „Dialog mit Interessenvertretern" bereits Anfang der 90er Jahre erkannt. Die Debatte der Kommission über das „Bessere Regieren" wurde in den Jahren 2001 bis Anfang 2003 stark vorangetrieben. Sie dient auch der Umsetzung von Ziffer 9 des Subsidiaritätsprotokolls. Auf EU-Ebene wird der Umgang mit Interessengruppen im Rahmen der Bemühungen zur Verbesserung der Gesetzgebung bearbeitet und befürwortet. Nicht staatliche Akteure bezeichnet die Kommission als die „Zivilgesellschaft". Die organisierte Zivilgesellschaft soll in die Ausarbeitung eines Rechtsaktes durch die Kommission miteinbezogen werden, wobei in Kauf genommen wird, dass nicht jeder Bürger einer Organisation angehört. Die EU-25 und andere moderne Staaten mit ihren vielen Bürgern sind nicht anders zu regieren, und daher verstößt das Prinzip der Zivilgesellschaft auch nicht gegen das Demokratieprinzip.

10.
Die Kommission sieht den Dialog mit Interessenvertretern als notwendig an und hat Selbstverpflichtungen ausgearbeitet, um diesen Dialog in geregelte Bahnen zu lenken. Durch diese Mindeststandards für den Umgang mit Interessengruppen verpflichtet sie sich, gleiche Chancen für alle Interessengruppen sicherzustellen, wie z.B. Wirtschaftsverbände, Umweltverbände, nationale und europäische Organisationen. Diese „Mindeststandards" bezüglich des „ob und „wie" der Durchführung von Konsultationen setzen Ziffer 9 des Subsidiaritätsprotokolls um und gestatten der Kommission einen weiten Ermessensspielraum. Das Subsidiaritätsprotokoll verlangt aber grundsätzlich nur eine pflichtgemäße Entscheidung darüber, „ob" Anhörungen bei der Ausarbeitung von Gesetzgebungsvorschlägen durchzuführen sind, wobei der Kommission ein breiter Spielraum bei der Ausgestaltung der Anhörungen verbleiben soll.
Die Kommission verbindet die Konsultationen von Interessengruppen eng mit der Gesetzesfolgenabschätzung. Hierzu hat sie ein 2-stufiges System entwickelt, bei dem Interessenvertreter erst in der zweiten Stufe, der vertiefteren Analyse, einbezogen werden. Dies ist zu kritisieren, da der Sachverstand der Interessengruppen möglichst frühzeitig genutzt werden sollte, um die Praktikabilität von Legislativvorschlägen zu verbessern.

11.
Neben den allgemeinen Konsultationsmechanismen bestehen zahlreiche sektorale Beteiligungsmöglichkeiten für interessierte Kreise, wie z.B. für die Rohstoffindustrie.

12.
Der Vertrag über eine Verfassung für Europa wurde vom Europäischen Konvent erarbeitet unter Nutzung moderner Konsultationsinstrumente. Der Verfassungsvertrag normiert, dass die Organe der EU einen offenen, transparenten und regelmäßigen Dialog mit den repräsentativen Verbänden und der Zivilgesellschaft pflegen (Artikel I-47 Abs. 2). Die Kommission führt umfangreiche Anhörungen der

Betroffenen durch, um die Kohärenz und Transparenz des Handelns der EU zu gewährleisten.

13.
Aus verfassungsrechtlicher Sicht bestehen keine Bedenken, dass die Kommission die bestehenden Mindeststandards weiter verfeinert oder noch detaillierter und verbindlicher ausgestaltet. Entscheidender Gesichtspunkt ist, dass jegliche Konsultation und Zusammenarbeit der Kommission mit Experten, Interessenvertretern usw. nicht zu einer Pflicht der Berücksichtigung der eingegangenen Stellungnahmen führen und die Unabhängigkeit der Kommission nicht einschränken darf. Die Kommission handelt bei der Ausarbeitung der Mindeststandards unnötigerweise übervorsichtig, offenbar um jegliches Antasten ihres Vorschlagsmonopols zu verhindern.

14.
Die Praxis der Gesetzgebung wird durch die bereits heute zahlreich stattfindenden Konsultationen nicht beeinträchtigt, was aktuelle Beispiele, wie die EU-Stoffpolitik, zeigen. Die Effizienz der Kommissionsarbeit wird sogar erhöht, wobei Effizienz und Transparenz in Ausgleich zu bringen sind. Moderne Kommunikationsmittel, wie das Internet, spielen bei der Arbeit von Interessengruppen und auch bei den Konsultationsverfahren der Kommission eine große Rolle.

15.
Es erfolgt keine systematische oder generelle Benachteiligung von NRO´s gegenüber Wirtschaftsverbänden im EU-Rechtsetzungsverfahren wie oft behauptet. Dies kann durch den Erfolg der Greening-the-Treaty-Kampagnen zur Beeinflussung des EG-Vertrages nachgewiesen werden. Umwelt-NROs sind finanziell und personell gut ausgestattet, auch wenn zweidrittel aller Interessengruppen Interessen der Wirtschaft vertreten.

16.
Der WSA als Institution genügt nicht zur Lösung der Problematik der Beteiligung von Interessenvertretern bei der Rechtsetzung. Er besitzt nur 317 Sitze, und damit bietet er nur wenigen ausgewählten Interessenvertretern Gelegenheit zur Stellungnahme. Es wird sogar die Ansicht vertreten, der WSA solle aufgrund seiner geringen Bedeutung aufgelöst werden. Der WSA kann aufgrund seiner sehr allgemeinen Besetzung nur übergreifende Themen im Detail behandeln. Branchenspezifische Themen werden durch den WSA nicht in ausreichendem Maße behandelt. Dem WSA kommt für die Interessenvertretung lediglich eine ergänzende Funktion neben der Interessenvertretung insbesondere bei der Kommission zu.

17.
Verbesserungsvorschläge sollten bei der Ausgestaltung der Regelungen zur Konsultation, der Erstellung einer Liste für Interessenvertreter und bei den Verhaltensregeln für Kommissionsmitarbeiter ansetzen. Es darf kein „closed-shop-system“ ent-

stehen, bei dem neue Interessengruppen benachteiligt wären. Der Kommission ist zu raten, bei jedem Legislativvorschlag ein Konsultationsverfahren durchzuführen und auch in jedem Fall Interessengruppen miteinzubeziehen. Eine Abwägung der Verbesserungsvorschläge mit den Risiken ergibt, dass die Nutzung der wachsenden Erfahrungen in einem laufenden Verbesserungsprozess sinnvoll erscheint. Eine stärkere Institutionalisierung ist derzeit nicht wünschenswert.

18.
Es ist keine Rückkehr des mittelalterlichen Ständestaates[817] durch stärkere Beteiligung von Interessenvertretern am Rechtsetzungsverfahren zu befürchten. Die Kommission versucht, Transparenzdefizite im Umgang mit Interessengruppen zu beseitigen und hat bereits große Fortschritte erzielt. Es ist aber zu bedenken, dass Transparenzdefizite nicht allein aus der mangelnden Bereitschaft der Institutionen zur Transparenz resultieren, sondern auch in der komplizierten europäischen Rechtsetzungsstruktur begründet sind.

---

[817] Befürchtung von Hilp, Weißbuch "Europäisches Regieren" und Bürgerbeteiligung, ZG 2003, 119 (129).

Literaturverzeichnis

ANHÖRUNG DES ARBEITSKREISES FÜR UMWELTRECHT, Contra und Pro Verbandsklage, in der Reihe Beiträge zur Umweltgestaltung, Heft 47, Bonn 1976.

ARMSTRONG, KENNETH A., Rediscovering Civil Society: The European Union and the White Paper on Governance, European Law Journal, S. 102-132.

BANDILLA, RÜDIGER/ HIX, JAN-PETER, Demokratie, Transparenz und Bürgerrechte in der Europäischen Gemeinschaft, NJW 1997, S. 1217-1219.

BARNARD, CATHERINE, The Social Partners and the Governance Agenda, European Law Journal 2002, S. 80-101.

BIZER, JOHANN/ ORMOND, THOMAS/ RIEDEL, ULRIKE, Die Verbandsklage im Naturschutzrecht, Taunusstein 1990.

BLECKMANN, ALBERT, Europarecht: Das Recht der Europäischen Union und der Europäischen Gemeinschaft, 6. Auflage, Köln u.a. 1997.

BÖHNER, MARTINA, Mitentscheidung des Europäischen Parlaments nach den Verträgen von Amsterdam und Nizza, ZG 2001, S. 85-97.

BÖHRET, CARL, Die Rolle des Staates auf dem Weg in die transindustrielle Gesellschaft, in: Heyde, Wolfrgang/ Schaber, Thomas (Hrsg.), Demokratisches Regieren in Europa? Zur Legitimation einer europäischen Rechtsordnung, Baden Baden 2000, S. 25-38.

BOMBAY, PETER, The Role of Environmental NGOs in International Environmental Conferences and Agreements: Some important Features, European Environmental Law Review 2001, S. 228-231.

BOUWEN, PIETER, Corporate Lobbying in the European Union: Towards a theory of access, European University Institute Working Papers SPS No. 2001/5, Badia Fiesolana 2001.

BREIER, SIEGFRIED, Der Streit um die richtige Rechtsgrundlage in der Rechtsprechung des Europäischen Gerichtshofes, EuR 1995, S. 46-53.

BREUER, RÜDIGER, Wirksamer Umweltschutz durch Reform des Verwaltungsverfahrens- und Verwaltungsprozessrechts?, in NJW 1978, S. 1558- 1566.

BUHOLZER, RENÉ P., Legislatives Lobbying in der Europäischen Union: Ein Konzept für Interessengruppen, Bern/ Stuttgart/ Wien 1998.

BUNDESVERBAND DER DEUTSCHEN INDUSTRIE E.V., Abteilung Umweltpolitik,

- Freiwillige Vereinbarungen und Selbstverpflichtungen, Bestandsaufnahme freiwilliger Selbstverpflichtungen und Vereinbarungen im Umweltschutz, November 2003.

- Fünf Thesen zur Gesetzesfolgenabschätzung in Europa, Mai 2004.

VON BUTTLAR, CHRISTIAN, Das Initiativrecht der Europäischen Kommission, Berlin 2003.

CALLIESS, CHRISTIAN/ RUFFERT, MATTHIAS (Hrsg.), Kommentar des Vertrages über die Europäische Union und des Vertrages zur Gründung der Europäischen Gemeinschaft - EUV/ EGV-, 2. Auflage, Neuwied/ Kriftel 2002.

CALLIESS, CHRISTIAN/ WEGENER, BERNHARD (Hrsg.), Europäisches Umweltrecht als Chance – Die Umweltpolitik der EG und die Einflussmöglichkeiten der Umweltverbände, Taunusstein 1992.

CARSTENS, KAREN, Putting paid to poisonous waste from mining- before another ecological disaster strikes, European Voice 2-8- October 2003, S. 20-22.

CINI, MICHELLE, The European Commission, Manchester/ New York 1996.

CLASSEN, CLAUS DIETER, Europäische Integration und demokratische Legitimation, AöR 119. Band (1994), S. 238-260.

CONRADI, BRIGITTE, Die Mitwirkung außerstaatlicher Stellen beim Erlaß von Rechtsverordnungen, in Varain, Heinz Josef (Hrsg.), Interessenverbände in Deutschland, Köln 1973, S. 295-304.

CREMER, HANS-JOACHIM/ GIEGERICH, THOMAS/ RICHTER, DAGMAR/ ZIMMERMANN, ANDREAS (Hrsg.), Tradition und Weltoffenheit des Rechts - Festschrift Helmut Steinberger, Berlin/ Heidelberg/ New York 2002, S. 1153-1174.

VON DANWITZ, THOMAS, Aarhus-Konvention: Umweltinformation Öffentlichkeitsbeteiligung, Zugang zu Gerichten, NVwZ 2004, S. 272-282.

DEDERER, HAND-GEORG, Die Konstitutionalisierung Europas, ZG 2003, S. 97-118.

DI FABIO, UDO,

- Verwaltung und Verwaltungsrecht zwischen gesellschaftlicher Selbstregulierung und staatlicher Steuerung, VVDStRl 1997, 235-277.

- Ein großes Wort- Verantwortung als Verfassungsprinzip, in: FAZ vom 2. Mai 2002 Nr. 101, S. 10.

DIETZ, WOLFGANG A. / FABIAN, BARBARA, Das Räderwerk der Europäischen Kommission, 3. Auflage, Bonn 1999.

DORSEL, CHRISTOPH, Aufgaben und Funktionsweise der Europäischen Kommission, RNotZ 2002, S. 43- 49.

EDER, KLAUS, in Heyde, Wolfgang/ Schaber, Thomas (Hrsg.), Demokratisches Regieren in Europa? Zur Legitimation einer europäischen Rechtsordnung, Baden Baden 2000, S. 87- 107.

EDWARDS, GEOFFREY/ SPENCE, DAVID (Hrsg.), The European Commission, London 1994.

ELLWEIN, THOMAS, GÖRLITZ, AXEL, Parlament und Verwaltung, 1. Teil: Gesetzgebung und politische Kontrolle, Stuttgart 1967.

EPINEY, ASTRID/ FREIERMUTH ABT, MARIANNE/ MOSTERS, ROBERT, Der Vertrag von Nizza, DVBl. 2001, S. 941-952.

EPINEY, ASTRID, Umweltrecht in der Europäischen Union, Köln u.a. 1997.

EPINEY, ASTRID, Umweltrecht in der Europäischen Union, 2. Auflage, Köln u.a. 2005.

EUROPEAN ECONOMIC AND SOCIAL COMMITTEE, The new role of the European Economic and Social Committee in promoting a structured dialogue on industrial change following expiry of the ECSC Treaty - Explanatory memo on the creation of the consultative commission on industrial change pursuant to Rule 24(3) of the Rules of Procedure, abzurufen im Internet unter: http://www.esc.eu.int/ccmi/presentation/docs/presentation_en.pdf .

FISCHER, ROBERT, Das Demokratiedefizit bei der Rechtsetzung durch die Europäische Gemeinschaft, Inaugural-Dissertation, Münster 2001.

FRENZ, WALTER, Europäisches Umweltrecht, München 1997.

GASSNER, ERICH, Zur Kompetenz in Sachen Naturschutz, NUR 1996, S. 130-135.

GASSNER, ERICH/ BENDOMIR-KAHLO, GABRIELE/ SCHMIDT-RÄNTSCH, Annette, Bundesnaturschutzgesetz: BNatSchG, Kommentar, 2. Auflage, München 2003.

GEIGER, ANDREAS,

- Gastkommentar EuZW 13/ 2003

- Lobbying – Anwaltliches Beratungsfeld der Zukunft?, NJW 2003, S. 2878-2881.

GINIGE, TILAK, Mining waste: the Aznalcóllar tailings pond failure, European Environmental Law Review 2002, S. 76-88 und S. 102-113.

GRABITZ, EBERHARD/ HILF, MEINHARD (Hrsg.), Das Recht der Europäischen Union Kommentar, Band I, II und III EUV/EGV, 29. Ergänzungslieferung, München, Stand Dezember 2005.

GREEN EIGHT (BIRDLIFE INTERNATIONAL, CLIMATE NETWORK EUROPE, EEB, FRIENDS OF THE EARTH EUROPE, FRIENDS OF NATURE INTERNATIONAL, GREENPEACE, T&E, WWF) (Hrsg.), Towards a green EU Constitution – Greening the European Convention Protocoll, August 2003.

GREENWOOD, JUSTIN, Representing Interests in the European Union, Houndmills/ Basingstoke/ Hampshire/ London/ New York 1997.

GROEBEN, HANS VON DER/ THIESING, JOCHEN/ EHLERMANN, CLAUS-DIETER (Hrsg.), Kommentar zum EU- /EG- Vertrag, Band 4 Artikel 137-209a, 5. Auflage, Baden-Baden 1997.

GROEBEN, HANS VON DER/ SCHWARZE, JÜRGEN (Hrsg.), Kommentar zum Vertrag über die Europäische Union und zur Gründung der Europäischen Gemeinschaft, Band 1 (Artikel 1-53 EUV, Art. 1- 80 EGV), Band 3 (Art. 98-188 EGV), 6. Auflage, Baden-Baden 2004.

GRUNWALD, JÜRGEN, Das Ende einer Epoche – das Erbe des EGKS, EuZW 7/2003, Editorial.

GÜNDISCH, JÜRGEN/ MATHIJSEN, PETRUS S.R.F., Rechtsetzung und Interessenvertretung in der Europäischen Union, Stuttgart u.a.1999.

HÄBERLE, PETER,

- Europäische Verfassungslehre, 2. Auflage, Baden Baden 2004.

- Europäische Verfassungslehre, 4. Auflage, Baden Baden 2006.

- Gibt es eine europäische Öffentlichkeit? in: Ehrenzeller, Bernhard (Hrsg.) Der Verfassungsstaat vor neuen Herausforderungen, Festschrift für Yvo Hangartner, St. Gallen/ Lachen 1998, S. 1007-1026.

- Gibt es ein europäisches Gemeinwohl? Eine Problemskizze, in: Cremer, Hans-Joachim/ Giegerich, Thomas/ Richter, Dagmar/ Zimmermann, Andreas (Hrsg.), Tradition und Weltoffenheit des Rechts - Festschrift Helmut Steinberger, Berlin/ Heidelberg/ New York 2002, S. 1153-1174.

HARDING, GARETH, Analysis: Reining in EU Lobbyists, in: The Washington Times, 8. März.

HARTMANN, PETER K.T., Institutionelle Möglichkeiten der Gesetzesfolgenabschätzung, ZG 2003, S. 74-80.

HAYDER, ROBERTO, Das Weißbuch „Europäisches Regieren" der EU-Kommission, ZG 2002, S. 49-58.

HEY, CHRISTIAN, Industrielobbying in Brüssel: Einflussstrategien und- barrieren, ZUR 2003, S. 145-150.

HEYDE, WOLFGANG,

- 50 Jahre deutsche Gesetzgebung im Lichte des europäischen Einigungsprozesses in: Heyde, Wolfrgang/ Schaber, Thomas (Hrsg.), Demokratisches Regieren in Europa? Zur Legitimation einer europäischen Rechtsordnung, Baden Baden 2000, S. 13-23.

- Bericht über Diskussion der Referate der Podiumsdiskussion, in Heyde, Wolfgang/ Schaber, Thomas (Hrsg.), Demokratisches Regieren in Europa? Zur Legitimation einer europäischen Rechtsordnung, Baden Baden 2000, S. 103-107.

HEYEN, ERK VOLKMAR/ WRIGHT, VINCENT, Universität Greifswald, Jahrbuch für europäische Verwaltungsgeschichte 4/1992, Die Anfänge der Verwaltung der Europäischen Gemeinschaft, abzurufen im Internet unter: http://www.uni-greifswald.de/~lo1/ed4.htm

HILP, ULRICH, Weißbuch "Europäisches Regieren" und Bürgerbeteiligung – Ein untauglicher Versuch auf dem Weg zu einem Europa aller Bürger?, ZG 2003, S. 119-129.

HOFFMANN-RIEM, WOLFGANG, Effizienz als Herausforderung an das Verwaltungsrecht. Einleitende Problemskizze, in Hoffmann-Riem, Wolfgang/ Schmidt-Aßmann, Eberhard (Hrsg.), Effizienz als Herausforderung an das Verwaltungsrecht, Heidelberg 1987, S. 11-56.

HUBER, HANS, Staat und Verbände, Tübingen 1958.

HUBER, PETER M., Das institutionelle Gleichgewicht zwischen Rat und Europäischem Parlament in der künftigen Verfassung für Europa, EuR 2003, S. 574-599.

HUCKLENBRUCH, GABRIELE, Umweltrelevante Selbstverpflichtungen - Ein Instrument progressiven Umweltschutzes?, Berlin 2000.

HUMMER, WALDEMAR, Das institutionelle Gleichgewicht als Strukturdeterminante der Europäischen Gemeinschaften, in: Miehsler, Herbert/ Mock, Erhard/ Simma, Bruno/ Tammelo, Ilmar (Hrsg.), Festschrift zum 90. Geburtstag von Alfred Verdross, Berlin 1980, S. 459-485.

IMMENGA, ULRICH/ MÖSCHEL, WERNHARD/ REUTER, DIETER (Hrsg.), Festschrift für Ernst-Joachim Mestmäcker, Baden Baden 1996.

IPSEN, HANS PETER, Verfassungsperspektiven der Europäischen Gemeinschaft, Berlin 1970.

ISENSEE, JOSEF/ KIRCHHOF, PAUL (Hrsg.), Handbuch des Staatsrechts,

- Band I, Grundlagen von Staat und Verfassung, 2. Auflage, Heidelberg 1995.

- Band II, Demokratische Willensbildung – Die Staatsorgane des Bundes, 2. Auflage, Heidelberg 1998.

- Band III, Das Handeln des Staates, Heidelberg 1988.

- Band III, Demokratie – Bundesorgane, 3. Auflage, Heidelberg 2005.

- Band V, Allgemeine Grundrechtslehren, Heidelberg 1992.

- Band VII, Normativität und Schutz der Verfassung – Internationale Beziehungen, Heidelberg 1992.

KAHL, WOLFGANG, Das Transparenzdefizit im Rechtsetzungsprozess der EU. Oder: Die Wiederkehr einer alten Streitfrage unter neuen Vorzeichen, ZG 1996, S. 224-240.

KILB, WOLFGANG, Die Reform des EU-Beamtenstatuts, NVwZ 2003, S. 682-686.

KIRCHNER, CHRISTIAN/ HAAS, JOACHIM, Rechtliche Grenzen für Kompetenzübertragungen auf die Europäische Gemeinschaft, JZ 1993, S. 760-771.

KLOEPFER, MICHAEL,

- Umweltrecht, 2. Auflage, München 1998.

- Umweltrecht, 3. Auflage, München 2004.

KOENIG, CHRISTIAN/ HARATSCH, ANDREAS, Europarecht, 4. Auflage, Tübingen 2003.

KOPP, FERDINAND/ RAMSAUER, ULRICH, Verwaltungsverfahrensgesetz Kommentar, 9. Auflage, München 2005.

KRÄMER, LUDWIG, Arbeit und Konzeption der EG-Kommission, in Calliess, Christian/ Wegener, Bernhard (Hrsg.) Europäisches Umweltrecht als Chance, Bremen 1992, S. 33- 46.

KRÜGER, HERBERT, Allgemeine Staatslehre, 2. Auflage, Stuttgart 1966.

KUGELMANN, DIETER, Zur Transparenz des Handeln der Europäischen Union – Das Urteil des EuG vom 19.10.1995 in der Rs. T-194/94, EuR 1996, S. 207-213.

KUNIG, PHILIP, Verbandsklage im Umweltschutz, Jura 1996, S. 493-497.

LAIS, MARTINA, Das Recht auf eine gute Verwaltung unter Berücksichtigung der Rechtsprechung des EuGH, ZEuS 2002 Heft 3, im Internet abrufbar unter http://www.jura.uni-sb.de/projekte/Bibliothek/texte/Lais.html#A .

LAMPRECHT, ROLF, Untertan in Europa - Über den Mangel an Demokratie und Transparenz, NJW 1997, S. 505-506.

LANGE, CHRISTIAN, Gesetzesfolgenabschätzung auf Ebene der Europäischen Union, ZG 2001, S. 268-278.

LEHMANN, WILHELM, Working paper - Lobbying in the EU: Current rules and practices, European Parliament Constitutional Affairs Series, AFCO 104 EN, Brüssel, 04-2003.

LENZ, CARL OTTO/ BORCHARDT, KLAUS-DIETER (Hrsg.), Kommentar zum EU- und EG- Vertrag, 3. Auflage Köln/ Basel/ Genf/ München/ Wien 2003.

MAGIERA, SIEGFRIED, Parlament und Staatsleitung in der Verfassungsordnung des Grundgesetzes, Berlin 1979.

MARZIALI, VALERIA, Lobbying in Brussels – Interest Representation and Need for Information, Zentrum für Europäische Integrationsforschung, Center for European Integration Studies, Rheinische Friedrich-Wilhelms-Universität Bonn, ZEI Disucssion Paper C155/ 2006.

MATHIESEN, ANDERS, Public Participation in Decisionmaking and Access to Justice in EC Environmental Law: the Case of Certain Plans and Programmes, European Environmental Law Review 2003, S. 36-52.

MAUNZ, THEODOR/ DÜRIG, GÜNTER/ U.A. (Hrsg.), Grundgesetz, Loseblatt-Kommentar, 43. Ergänzungslieferung, München 2004.

MAURER,HARTMUT, Allgemeines Verwaltungsrecht, 15. Auflage, München 2004.

MAYNTZ, RENATE (Hrsg.), Verbände zwischen Mitgliederinteressen und Gemeinwohl, Gütersloh 1992.

MAZEY, SONIA/ RICHARDSON, JEREMY (Hrsg.),

- Lobbying in the European Community, Oxford 1993.

- The Commission and the lobby, in Edwards, Geoffrey/ Spence, David (Hrsg.), The European Commission, London 1994, S. 169-187.

MEHDE, VEITH, Verwaltungsreformen in der Europäischen Kommission, ZEuS 2001, S. 403-451.

MENGEL, HANS-JOACHIM, Die Funktion der parlamentarischen Anhörung im Gesetzgebungsprozess, DöV 1983, S. 226-233.

METTLER, ANN, Mobilize the quiet Majority, Newsweek October 25, 2004, S. 27.

MIEHSLER, HERBERT/ MOCK, ERHARD/ SIMMA, BRUNO/ TAMMELO, ILMAR (Hrsg.), Festschrift zum 90. Geburtstag von Alfred Verdross, Berlin 1980.

MOERSCH, WOLFRAM, Leistungsfähigkeit und Grenzen des Subsidiaritätsprinzips, Berlin 2001.

NASS, KLAUS OTTO, Eine Institution im Wandel: Die Europäische Kommission, in Immenga, Ulrich/ Möschel, Wernhard/ Reuter, Dieter (Hrsg.), Festschrift für Ernst-Joachim Mestmäcker, Baden Baden 1996, S. 411-432.

OPPERMANN, THOMAS, Europarecht, 3. Auflage, München 2005.

PACHE, ECKHARD, Die Kontrolldichte in der Rechtsprechung des Gerichtshofs der Europäischen Gemeinschaften, DVBl. 1998, S. 380-387.

PEDLER, ROBIN H./ SCHAEFER, GUENTHER F. (Hrsg.), Shaping European Law and Politics: The Role of Committees and Comitology in the Political Process, Maastricht 1996.

PEINE, FRANZ-JOSEPH/ SAMSEL, ANNA, Die Europäisierung des Umweltrechts und seine deutsche Umsetzung, EWS 2003, S. 297-308.

PETERSON, JOHN/ BOMBERG, ELIZABETH, Decision-Making in the European Union, London/ New York 1999.

PORTE, CAROLINE DE LA, Is the Open Method of Coordination Appropriate for Organising Activities at European Level in Sensitive Policy Areas?, European Law Journal 2002, S. 38-58.

REDEKER, KONRAD, Wege zu besserer Gesetzgebung, ZRP 2004, S. 160-163.

RENGELING, HANS WERNER,

- in ders. (Hrsg.), Handbuch zum europäischen und deutschen Umweltrecht, Band I: Allgemeines Umweltrecht, Köln u.a. 1998.

- Das Kooperationsprinzip im Umweltrecht, Köln u.a. 1988.

REUTTER, WERNER, Organisierte Interessen in Deutschland. Entwicklungstendenzen, Strukturveränderungen und Zukunftsperspektiven, Ausdruck aus dem Internet - Angebot der Zeitschrift „Das Parlament", abzurufen im Internet unter: http://www.bpb.de/popup_druckversion.html?guid=DUH5YS .

RÖGER, RALF, Ein neuer Informationsanspruch auf europäischer Ebene: Der Verhaltenskodex vom 6. Dezember 1993 für den Zugang der Öffentlichkeit zu Kommissions- und Ratsdokumenten, DVBl. 1994, S. 1182-1189.

RÖHL, HANS CHRISTIAN, Die Beteiligung der Bundesrepublik Deutschland an der Rechtsetzung im Ministerrat der Europäischen Union. Die Rolle des Ausschusses der Ständigen Vertreter (COREPER) und der Ständigen Vertretung, EuR 1994, S. 409-444.

RÖSCHEISEN, HELMUT, Einfluss der Umweltverbände auf die Gesetzgebung der EG, in Calliess, Christian/ Wegener, Bernhard (Hrsg.), Europäisches Umweltrecht als Chance, S. 69-77.

ROLL, HANS-ACHIM, Geschäftsordnung des Deutschen Bundestages. Kommentar, 1. Auflage, Baden Baden 2001.

ROMETSCH, DIETRICH, Die Rolle und Funktionsweise der Europäischen Kommission in der Ära Delors, Frankfurt a.M. 1999.

SCHILLER, THOMAS, Zusammenfassung der Diskussion mit Helmut Röscheisen, in Calliess, Christian/ Wegener, Bernhard (Hrsg.), Europäisches Umweltrecht als Chance, S. 78-80.

SCHMIDT-AßMANN, EBERHARD, Perspektiven der verwaltungsrechtlichen Systembildung, in Hoffmann-Riem, Wolfgang/ Schmidt-Aßmann, Eberhard (Hrsg.), Effizienz als Herausforderung an das Verwaltungsrecht, Heidelberg 1987, S. 245ff..

SCHRÖDER, HEINRICH JOSEF, Gesetzgebung und Verbände – Ein Beitrag zur Institutionalisierung der Verbandsbeteiligung an der Gesetzgebung, Berlin 1976.

SCHUPPERT, GUNNAR FOLKE,

- Bürgerinitiativen und Bürgerbeteiligung an staatlichen Entscheidungen – Verfassungstheoretische Aspekte politischer Beteiligung, AöR 1977, S. 369-409.

- Demokratische Legitimation jenseits des Nationalstaates – Einige Bemerkungen zum Legitimationsproblem der Europäischen Union, in: Heyde, Wolfrgang/ Schaber, Thomas (Hrsg.), Demokratisches Regieren in Europa? Zur Legitimation einer europäischen Rechtsordnung, Baden Baden 2000, S. 65-85.

- Gute Gesetzgebung, Bausteine einer kritischen Gesetzgebungslehre, ZG Sonderheft 2003, S. 4-102.

SCHWARZE, JÜRGEN (Hrsg.), EU-Kommentar, 1. Auflage, Baden-Baden 2000.

SCHWEITZER, MICHAEL/ HUMMER, WALDEMAR, Europarecht, 5. Auflage, Neuwied 1996.

SEBALDT, MARTIN, Organisierter Pluralismus. Kräftefeld, Selbstverständnis und politische Arbeit deutscher Interessengruppen, Opladen 1997.

SIEBEKE, SIMONE, Institutionalisierte Interessenvertretungen in der Europäischen Union, Baden Baden 1996.

SIEGEL, THORSTEN, Die Verfahrensbeteiligung von Behörden und anderen Trägern öffentlicher Belange, Berlin 2001.

SMISMANS, STIJN, European Civil Society: Shaped by Discourses and Institutional Interests, European Law Journal 2003, S. 473-495.

SOBOTTA, CHRISTOPH, Transparenz in den Rechtsetzungsverfahren der Europäischen Union, Stand und Perspektiven des Gemeinschaftsrechts unter besonderer Berücksichtigung des Grundrechtes auf Zugang zu Informationen, Baden Baden, 2001.

SORIA MARTÍNEZ, JOSÉ, Die Kodizes für gute Verwaltungspraxis – Ein Beitrag zur Kodifikation des Verwaltungsverfahrensrechts der EG, EuR 2001, S. 682-705.

SPARWASSER, REINHARD/ ENGEL, RÜDIGER/ VOßKUHLE, ANDREAS, Umweltrecht: Grundzüge des öffentlichen Umweltschutzrechts, 5. Auflage, Heidelberg 2003.

STEINBERG, RUDOLF,

- Die Interessenverbände in der Verfassungsordnung, in ders. (Hrsg.) Staat und Verbände, Zur Theorie der Interessenverbände in der Industriegesellschaft, Darmstadt 1985, S. 228-255.

- Parlament und organisierte Interessen in Schneider, Hans-Peter/ Zeh, Wolfgang (Hrsg.), Parlamentsrecht und Parlamentspraxis in der Bundesrepublik Deutschland, S. 217-239, Berlin/ New York 1989.

STELKENS, PAUL/ BONK, HEINZ JOACHIM/ SACHS, MICHAEL (Hrsg.), Verwaltungsverfahrensgesetz, 6. Auflage, München 2001.

STERN, KLAUS, Das Staatsrecht der Bundesrepublik Deutschland, Band I, 2. Auflage, München 1984.

STETTER, SEBASTIAN, Maastricht, Amsterdam and Nice: The Environmental Lobby and Greening the Treaties, European Environmental Law Review 2001, S. 150- 159.

STOBER, ROLF, Handbuch des Wirtschaftsverwaltungs- und Umweltrecht, Stuttgart 1989.

STREINZ, RUDOLF (Hrsg.), Kommentar EUV/EGV, 1. Auflage, München 2003.

STREIT, MANFRED E., Der deutsche Verbändestaat im Reformstau, Volkwirtschaftliche Korrespondenz der Adolf-Weber-Stiftung, Nr. 3/04.

TEUBNER, GUNTHER, Verbandsdemokratie durch Recht? Die Diskussion um ein Verbändegesetz in demokratietheoretischer Sicht, in Steinberg, Rudof (Hrsg.) Staat und Verbände – Zur Theorie der Interessenverbände in der Industriegesellschaft, Darmstadt 1985, S. 256-283.

TILCH, HORST/ ARLOTH, FRANK (Hrsg.), Deutsches Rechtslexikon, Band 2, 3. Auflage, München 2002.

UERPMANN, ROBERT, Das öffentliche Interesse: Seine Bedeutung als Tatbestandsmerkmal und als dogmatischer Begriff – zugleich Habil. Schrift Berlin 1998/1999, Tübingen 1999

VARAIN, HEINZ JOSEF (Hrsg.), Interessenverbände in Deutschland, Köln 1973.

VOBRUBA, GEORG, Wirtschaftsverbände und Gemeinwohl in Mayntz, Renate (Hrsg,), Verbände zwischen Mitgliederinteressen und Gemeinwohl, Gütersloh 1992, S. 80-121.

WÄGENBAUR, ROLF, Verbesserung der Rechtsetzung durch mehr Konsultation und Folgenabschätzung, ZRP 2002, S. 454-455.

WALLACE, WILLIAM/ SMITH, JULIE, Democracy or Technocracy? European Integration and the Problem of Popular Consent, WEP (West European Politics) 1995/3 (Special Issue), S. 137-157.

WEBER, JÜRGEN, Die Interessengruppen im politischen System der Bundesrepublik Deutschland, Stuttgart 1977.

WILRICH, THOMAS,

- Vereinsbeteiligung und Vereinsklage im neuen BNatSchG, DVBl. 2002, S. 872-880.

- Verbandsbeteiligung im Umweltrecht – Wahrnehmung von Umweltinteressen durch Verbände in Rechtsetzungs-, Planungs- und Verwaltungsverfahren, Baden Baden 2002.

WIMMER, RAIMUND, Brauchen wir ein Verbändegesetz? DVBl. 1977, S. 401-405.

WUERMELING, JOACHIM, Europa neu verfasst. Der Vertrag für eine europäische Verfassung vom 19. Juni 2004, BayVBl. 2004, S. 577-583.

ZIEKOW, JAN/ SIEGEL, THORSTEN, Anerkannte Naturschutzverbände als 'Anwälte der Natur' - Rechtliche Stellung, Verfahrensbeteiligung und Fehlerfolgen, Berlin 2000.

ZULEEG, MANFRED, Demokratie in der Europäischen Gemeinschaft, JZ 1993, S. 1069-1074.

STUDIEN ZUM ÖFFENTLICHEN RECHT,
VÖLKER- UND EUROPARECHT

Herausgegeben von Prof. Dr. Eckart Klein

Band 1 Ulrike Suchsland-Maser: Menschenrechte und die Politik multilateraler Finanzinstitute. Eine Untersuchung unter völkerrechtlichen Gesichtspunkten an den Beispielen der Weltbank, des Währungsfonds und regionaler Entwicklungsbanken. 1999.

Band 2 Jean Angelov: Grundlagen und Grenzen eines staatsbürgerlichen Informationszugangsanspruchs. 2000.

Band 3 Norman Weiß: Objektive Willkür. Zu einem Prüfungskriterium im Verfahren der Urteilsverfassungsbeschwerde. 2000.

Band 4 Eva Tanuschev: Entwicklung, Stand und Perspektiven eines freien Personenverkehrs in Europa. 2001.

Band 5 Heiner Baab: GATT und WTO im Recht der USA. Die Integration des Völkervertragsrechts in die Rechtsordnung der USA am Beispiel der GATT-Abkommen und der WTO-Übereinkommen. 2001.

Band 6 Malte Graßhof: Die Vollstreckung von Normenkontrollentscheidungen des Bundesverfassungsgerichts. Ein Beitrag zum Verhältnis zwischen Bundesverfassungsgericht und Gesetzgeber. 2003.

Band 7 Christof Berthold: Die Europäische Politische Gemeinschaft (EPG) 1953 und die Europäische Union (EU) 2001. Eine rechtsvergleichende Betrachtung. 2003.

Band 8 Felix Bark: Das gemeinschaftsrechtliche Defizitverfahren. Reformansätze und ihre rechtlichen Umsetzungsmöglichkeiten. 2004.

Band 9 Astrid Ihns: Entwicklung und Grundlagen der europäischen Rechtsangleichung. 2005.

Band 10 Stefanie Klein: Recht zu erben - Pflicht zu teilen. Das Grundrecht Angehöriger auf Nachlaßteilhabe. Zugleich ein Beitrag zur Dogmatik des Verfassungserbrechts. 2006.

Band 11 Matthias Schlotmann: Interessenvertretung bei der Europäischen Kommission. Am Beispiel des Rechtsetzungsverfahrens im Bereich der Umweltpolitik. 2006.

www.peterlang.de

Peter Lang · Europäischer Verlag der Wissenschaften

Gerald G. Sander / Andreas Sasdi

Freihandel und Umweltschutz

Legitimation und Grenzen grüner Handelsbeschränkungen in EU und WTO

Frankfurt am Main, Berlin, Bern, Bruxelles, New York, Oxford, Wien, 2005. 227 S.
ISBN 3-631-54271-2 · br. € 39.–*

Das Spannungsverhältnis zwischen Freihandel und Umweltschutz ist so aktuell geblieben wie vor einem Jahrzehnt. Die EU sucht die widerstreitenden Belange der Ökonomie und Ökologie über den Erlass immer neuen Sekundärrechts voranzutreiben. Die Osterweiterung 2004 stellt eine zusätzliche Herausforderung für die Umsetzung der europäischen Umweltstandards in den mittelosteuropäischen Mitgliedstaaten dar. In der WTO bleibt abzuwarten, ob die Doha-Runde den seit langem international gesuchten *goldenen Schnitt* zwischen den Handels- und Umweltinteressen von bald 150 Staaten findet. Diese Studie macht die erheblichen europarechtlichen Anforderungen und weltwirtschaftsrechtlichen Schwierigkeiten auf diesem Wege deutlich und legt Vorschläge zu ihrer Überwindung vor.

Aus dem Inhalt: Das Umweltargument im Gemeinschaftsrecht: Einschlägige Rechtsprechung des EuGH · Das Umweltargument im Lichte der EG-Warenverkehrsfreiheit · Umweltschutz im EG-Sekundärrecht · EG-Außenkompetenzen im Umweltbereich · Der Umweltschutz im Rahmen der Welthandelsorganisation · Umweltschutz und Freihandel aus Sicht der WTO · Handelsbeschränkungen zur Verbesserung des Umweltschutzes · Das Öko-Labelling · Multilaterale Lösung zur Beseitigung globaler Umweltbeeinträchtigungen

Frankfurt am Main · Berlin · Bern · Bruxelles · New York · Oxford · Wien
Auslieferung: Verlag Peter Lang AG
Moosstr. 1, CH-2542 Pieterlen
Telefax 00 41 (0) 32 / 376 17 27

*inklusive der in Deutschland gültigen Mehrwertsteuer
Preisänderungen vorbehalten

Homepage http://www.peterlang.de

FSC
www.fsc.org
MIX
Papier | Fördert gute Waldnutzung
FSC® C083411

Kolibri 360 GmbH
Ferdinand-Jühlke-Straße 7
99095 Erfurt, Deutschland
produktsicherheit@kolibri360.de

Druck:
CPI Druckdienstleistungen GmbH
im Auftrag der
Kolibri 360 GmbH
Ferdinand-Jühlke-Str. 7
99095 Erfurt